社会治理河南省协同创新中心智库丛书
A SERIES OF SOCIAL GOVERNANCE
COLLABORATIVE INNOVATION CENTER OF HENAN

河南社会治理发展报告

(2017)

ANNUAL REPORT ON SOCIAL GOVERNANCE DEVELOPMENT OF HENAN (2017)

主　编／郑永扣
副主编／郑志龙　刘学民　高卫星　樊红敏

社会科学文献出版社
SOCIAL SCIENCES ACADEMIC PRESS (CHINA)

社会治理河南省协同创新中心简介

社会治理河南省协同创新中心原成立于2012年10月。牵头单位为郑州大学，协同单位包括河南财经政法大学、河南理工大学、郑州轻工业学院，以及民政部政策研究中心、河南省社会管理综合治理委员会办公室、河南省人民政府研究室、河南省发展和改革委员会、河南省民政厅、河南省人力资源和社会保障厅。中心主任郑永扣教授为河南省社会科学界联合会副主席，第十一届、十二届全国人大代表，郑州大学马克思主义理论一级学科、哲学学科学术带头人。中心常务副主任为郑州大学公共管理学科学术带头人郑志龙教授。中心自成立以来，致力于打造河南省社会治理智库，在数据库建设、社会服务、学术研究、人才培养等方面取得了丰硕成果，获得了较大的社会影响力。

建立资源共享、开放包容的河南省社会治理数据库。中心已经形成寒暑假常规调查及专项调查相结合的调查机制，为出版《河南省社会治理发展报告》奠定了基础。已启动且完成的社会调查主要有：2014年春、夏"百村调查"；2014年冬"河南省城市居民幸福感专项调查"；2015年春"城乡社区综合调查"；2015年"河南省经济发展环境调查"；2015年"河南省居民幸福感调查"；2016年春"河南省社会治理综合调查"；等等。

构建河南省社会服务高地，设立社会服务平台。中心精心组织编写了《决策参考》，涉及当前河南省社会发展的各个方面，包括新型城镇化建设、产业集聚区发展和社会管理创新、基层公共文化建设、新型农村社区建设、基层信访稳定治理等内容。定期报送省委、省政府相关部门，以及18个地市和直管县党政领导，促进了中心与政府、学术机构的沟通和联系，推动了科研成果的转化。中心参与的政府决策咨询，为河南省各级政府提供社会治理专家咨询工作，并与政府开展横向课题研究。

产出一系列有重大影响的研究成果。《河南省社会治理发展报告》为中心系列成果之一，是中心对外交流、推动河南省社会治理创新、打造社会治理智库的平台，首部《河南社会治理发展报告》已于2014年6月由社会科学文献出版社出版。

探索建立协同机制，发挥学术研究部门、政府决策部门、基层实践部门协同创新平台功能。中心与省政府相关部室、地方政府、相关院校、企事业单位以及校内相关院系、部室建立了协同合作机制；与汝州市政府、孟州市政府等确立了战略合作关系；与省政府研究室、省综治办等建立了协同合作机制，在县、乡、村建立了城镇化、社会工作、公共服务等多层次、宽领域实验基地。以项目为支撑，以蓝皮书为平台，建立了跨学科、跨部门、跨学校的学术团队；充分发挥校内不同学科、校外各学术单位协同的优势，实现协同合作。

主编简介

郑永扣 教授,博士生导师;社会治理河南省协同创新中心主任,郑州大学马克思主义哲学研究中心主任,河南省社会科学界联合会副主席,第十一届、十二届全国人大代表,郑州大学马克思主义理论一级学科、哲学学科学术带头人,河南省哲学学会会长。

郑永扣教授长期从事马克思主义理论教学与研究工作,承担国家社会科学基金项目、省部级重大项目十余项。在《中国社会科学》《哲学研究》等刊物发表学术论文 40 余篇,出版专著《共产党员理想信念论》等 5 部。

摘　要

本书突出四个特点：一是保持时效性，报告运用的是2016及2017年的社会调查和调研数据；二是体现社会治理的价值导向，如社会活力、社会参与、社会公平等；三是突出地方特色，面向河南省经济社会发展重大需求，反映河南省地方社会治理创新的实践探索；四是凸显实践创新，将社会治理与当前社会发展面临的新形势、新问题、新任务结合起来，与各行动主体创新性实践结合起来。

报告共分为六个部分：第一部分为总报告，即《2017年河南省社会治理形势分析与展望》，该报告从社会安全、矛盾化解、社会组织、公共服务、社会公平五个维度，对河南省社会治理形势进行分析和总体评价。研究结果表明，河南省社会安全形势总体向好，社会矛盾化解推进有方，社会组织逐步壮大，基本公共服务状况显著改善，社会公平状况有待改善。

第二部分为自主创新示范区建设篇，主要研究郑洛新自主创新示范区的创新体系建设、创新能力评价和创新环境评价，提出创新示范区建设发展的方向和着力点。

第三部分为新型城镇化与社会治理篇，聚焦河南省新型城镇化建设、直管县城镇化质量和城市社区治安等议题。

第四部分为公共服务篇，主要研究河南省社会保障事业发展、志愿服务队伍发展、教育治理公众满意度评价、小学教育服务质量和农村老人医疗服务需求等问题。

第五部分为评价篇，主要包括河南省居民价值观、城市居民获得感、经济发展环境、宜居城市、社会治理舆情和地方政府门户网站等调查分析，基于问卷调查数据，调查报告从不同角度对河南省社会治理诸多方面进行定量分析，提出优化河南省社会治理的对策建议。

第六部分为案例篇，主要介绍和研究了郑州市精准扶贫"N+2"模式、汝州市以党建为统领创新基层社会治理、淮阳县内生性经济发展模式、郑州市城市精细化治理、郑州市"村改居"社区治理、河南省村规民约建设和方城县W村"光棍村"问题等社会治理典型案例。这些实践探索反映了河南省在社会治理方面的努力和成果，为河南省社会治理方式的创新和社会治理能力的提高提供了经验和启示。

Abstract

This report is written by researchers of Social Governance Collaborative Innovation Center of Henan Province after the thorough investigation and study. The researchers include some officials of government and specialists and scholars from collaborative research institutions. The data depend on 2 aspects: the first is from China statistical yearbooks, Henan province statistical yearbooks and regional work summaries of Henan province in 2016, etc; the second is from special surveys of social governance which was conducted by Social Governance Collaborative Innovation Center of Henan Province, such as the comprehensive survey of social governance in Henan Province in the summer of 2016, the economic development environment in Henan Province in 2016, the happiness of citizens in Henan province in 2016, and the comprehensive survey of social governance in Henan Province in the spring of 2016, the investigation of returning migrant workers in the spring etc.

Based on the connotation of social governance, this report reflects 4 characteristics: the first is timeliness, the date are latest, including two social surveys conducted by Social Governance Collaborative Innovation Center of Henan Province in 2016; the second is value guidance, this report gives prominence to the participation of social organization and citizens in governance and the change of social service mode, and shows the governance's value orientation such as social energy, participation and justice; the third is local features of Henan province, this report pays close attention to the current situation of social governance in Henan Province; the forth is practicalness, the report reflects innovations of local social governance practices, it combines the theory and the innovative practice of social governance well.

This report includes 5 parts: the first is general report—the analysis and prospect of situation of social governance in Henan Province. The general report analyzes and comprehensively evaluates the situation of the social governance in Henan province from 5 dimensions: social security, social contradiction resolving, social organizations, public services and social justice. It shows that the situation of public security is getting better, the resolution of social contradiction is promoted steadily, the social organizations are expanding gradually, the conditions of fundamental public services improve significantly, and the conditions of social justice need to make better.

The second part is the subject of construction of independent innovation demonstration zone. This subject mainly discusses innovation system construction of Zhengluoxin's Independent Innovation Demonstration Zone, evaluates it's innovative environment and ability. Put forward the development direction and focus of construction of independent innovation demonstration zone.

The third part is the subject of new urbanization and social governance. This subject mainly analysis the new urbanization construction, urbanization development quality of provincial directly governing county and urban community security in Henan Province.

The fourth part is the subject of public service, mainly introduce and analysis the development of social security, the development of volunteer service team, evaluation of public satisfaction of education governance, awareness evaluation and influencing factors of primary school education service quality and the demand and satisfaction of medical service for the elderly in Henan Province.

The fifth part is the subject of social governance evaluation, mainly analysis residents' values, urban residents' accessibility, economic development environment, livable city, public opinion and the website of local government of Henan Province. Based on the questionnaire survey data, the survey reports from different perspective on the social management of Henan Province, puts forward to optimize the social management of Henan Province.

The sixth part is the subject of social governance cases, mainly introduce and analysis the "N + 2" model of precision poverty, the experience and revelation of Ruzhou City's party construction as the guidance to innovate grassroots social governance, exploration and enlightenment of endemic economic development model in Huaiyang County, the difficult position and countermeasures of the

Abstract

"Village-to-change" community, Problems and Management of Wart Village in W Village of Fangcheng County, Nanyang City and the status quo and countermeasures of the implementation of village regulations in Henan Province. These practices reflect the great efforts and the achievements of the social governance which provide the experiences and inspiration for the innovation of social governance forms and the improvement of its capability.

目 录

Ⅰ 总报告

2017年河南省社会治理形势分析与展望 …………… 马 琳 岳 磊 / 001

Ⅱ 自主创新示范区建设篇

郑洛新国家自主创新示范区区域创新体系建设
　　　　　…………… 王淑英　张水娟　李博博 / 034
郑洛新国家自主创新示范区自主创新能力研究
　　　　　…………… 李文亮　李博博　张水娟　肖星野 / 053
国家自主创新示范区建设中河南省城市创新环境评价报告
　　　　　…………… 刘兆鑫　张振焱　王　楠 / 073

Ⅲ 新型城镇化与社会治理篇

河南城镇化建设现状与趋势分析 ………………… 高林照 / 089
河南省直管县（市）城镇化发展质量评价研究 …… 马　琳　蒋明河 / 101
河南省城市社区治安研究 ………………… 蒋美华　刘士超 / 111

Ⅳ 公共服务篇

河南省社会保障事业发展报告 …………… 孙远太　侯　帅　张玉博 / 126

河南省志愿服务队伍发展研究
　　——基于豫东文明单位志愿者的调查与分析 …………… 朱　磊 / 143

河南省教育治理公众满意度评价研究 …………… 何　水　刘济源 / 161

河南省小学教育服务质量感知评价与影响因素分析
　　——基于服务质量感知模型（SERVQUAL）的调查
　　………………………………… 丁辉侠　闫茜茜　张素丹 / 173

河南省农村老人医疗服务需求及满意度研究
　　………………………………………………… 刘春平　侯圣伟 / 187

Ⅴ 评价篇

河南省宜居城市调查分析 …………………… 梁思源　顾蕴韬 / 200

河南省社会治理舆情报告 …………… 张彦帆　耿琼琼　马秋爽 / 220

河南省城市居民获得感调查分析 …………… 樊红敏　王　艺　杜鹏辉 / 236

河南省居民价值观调查分析 …………… 郑永扣　俞　靖　郝　涵 / 253

河南省经济发展环境调查分析 …………… 樊红敏　郭志会　李　琳 / 269

河南省地方政府门户网站评价 …………… 马　闯　王高松　王兆君 / 280

Ⅵ 案例篇

郑州市精准扶贫"N+2"模式的经验及启示
　　………………………………………………… 杨　曦　李晨煜 / 292

汝州市以党建为统领创新基层社会治理的经验与启示
　　………………………………………………… 王　江　王怡宁 / 301

目 录

淮阳县内生性经济发展模式的探索与启示
………………………………………… 王 博 杜鹏辉 / 310
郑州市城市精细化治理的实践探索
………………………………… 谢海军 马昕蔓 刘 珍 / 320
郑州市"村改居"社区的治理困境及其对策研究 ………… 徐京波 / 329
河南省村规民约建设现状及对策研究 ……………… 王海昌 王奎清 / 346
方城县 W 村"光棍村"问题及其治理
………………………………… 栗志强 王 浩 魏晓燕 / 354

CONTENTS

I General Report

The Analysis and Prospect of Situation of Social Governance in

  Henan Province in 2016 *Ma Lin, Yue Lei* / 001

II Construction of Independent Innovation Demonstration Zone

Innovation System Construction of Zhengluoxin's Independent

  Innovation Demonstration Zone

                              Wang Shuying, Zhang Shuijuan and Li Bobo / 034

Research on Independent Innovation Ability of Zhengluoxin's

  Independent Innovation Demonstration Zone

                      Li Wenliang, Li Bobo, Zhang Shuijuan and Xiao Xingye / 053

Evaluation of Urban Innovative Environment in the Construction

  of Independent Innovation Demonstration Zone

                              Liu Zhaoxin, Zhang Zhenyan and Wang Nan / 073

CONTENTS

III New Urbanization and Social Governance

Research on New Urbanization Construction in Henan Province

Gao Linzhao / 089

Study on Evaluation of Urbanization Development Quality of
  Provincial Directly Governing County in Henan Province

Ma Lin, Jiang Minghe / 101

Research on Urban Community Security in Henan Province

Jiang Meihua, Liu Shichao / 111

IV Public Services

Report on the Development of Social Security in Henan Province

Sun Yuantai, Hou Shuai and Zhang Yubo / 126

Research on the Development of Volunteer Service Team in
  Henan Province
  —*The Investigation and Analysis Based on the Volunteers of*
  the Eeastern Givilized Units   *Zhu Lei* / 143

A Study on the Evaluation of Public Satisfaction of Educational
  Governance in Henan Province   *He Shui, Liu Jiyuan* / 161

Analysis of Awareness Evaluation and Influencing Factors of Primary
  School Education Service Quality in Henan Province
  —*The Investigation Based on Service Quality Perception Model*

Ding Huixia, Yan Xixi and Zhang Sudan / 173

Study on the Demand and Satisfaction of Medical Service for the

 Elderly in Henan Province   *Liu Chunping, Hou Shengwei* / 187

V Evaluation

Investigation and Analysis of Livable City in Henan Province

              Liang Siyuan, Gu Yuntao / 200

Report on Public Opinion in Henan Province

        Zhang Yanfan, Geng Qiongqiong and Ma Qiushuang / 220

Investigation and Analysis of Urban Residents' Accessibility in

 Henan Province   *Fan Hongmin, Wang Yi and Du Penghui* / 236

Investigation and Analysis of Residents' Values in Henan Province

          Zheng Yongkou, Yu Jing and Hao Han / 253

Investigation and Analysis of Economic Development Environment in

 Henan Province   *Fan Hongmin, Guo Zhihui and Li Lin* / 269

Evaluation of Local Government Official Website in Henan Province

         Ma Chuang, Wang Gaosong and Wang Zhaojun / 280

VI Cases

The "N + 2" Model of Precision Poverty of Zhengzhou

                 Yang Xi, Li Chenyu / 292

The Experience and Revelation of Ruzhou City's Party Construction

 as the Guidance to Innovate Grassroots Social Governance

               Wang Jiang, Wang Yining / 301

CONTENTS

Exploration and Enlightenment of Endemic Economic Development
  Model in Huaiyang County   *Wang Bo, Du Penghui* / 310
Practice and Exploration of Urban Fine Management In Zhengzhou
    Xie Haijun, Ma Xinman and Liu Zhen / 320
Research on the Difficult Position and Countermeasures of the
  "Village-to- change" Community   *Xu Jingbo* / 329
A Study on the Status Quo and Countermeasures of the Implementation
  of Village Regulations in Henan Province
    Wang Haichang, Wang Kuiqing / 346
Problems and Management of Wart Village in W Village of Fangcheng
  County, Nanyang City   *Li Zhiqiang, Wang Hao and Wei Xiaoyan* / 354

总 报 告

General Report

2017年河南省社会治理形势分析与展望

马琳 岳磊

摘 要： 本文以《中国统计年鉴》《河南省统计年鉴》及2016年社会治理河南省协同创新中心开展的城乡社会治理调查数据为基础，从社会安全、矛盾化解、社会组织、公共服务、社会公平五个方面对河南省社会治理状况进行系统分析。研究发现，河南省社会安全形势总体向好，社会矛盾化解平稳推进，社会组织逐步发展，基本公共服务状况显著改善，社会公平状况有待改善。河南省社会治理的发展方向是：构建社会治理绩效评估体系，完善社会治理考核问责机制；健全公共服务体系，创新公共服务供给；激发社会组织发展动力，促进社

---

* 马琳，博士，郑州大学公共管理学院讲师，社会治理河南省协同创新中心研究员，研究方向为新型城镇化与社会发展；岳磊，博士，郑州大学公共管理学院讲师，社会治理河南省协同创新中心研究员，研究方向为廉政建设与社会治理。

会组织健康有序发展；以破解重点难点问题为突破口，提升公众社会治理效能感；强化源头治理，健全依法维权和矛盾纠纷化解机制。

关键词： 社会治理　社会安全　社会服务　社会公平

党的十八届三中全会通过的《中共中央关于全面深化改革若干重大问题的决定》，将"推进国家治理体系和治理能力现代化"作为全面深化改革的总目标，并专门阐述"社会治理"。自此，创新社会治理体制、改进社会治理方式、提升社会治理水平成为学界和政界关注的主要议题。学术界不断构建和丰富社会治理的相关理论，各级政府也不断深化基层社会治理的新实践，使得社会治理的理论内涵和实践创新不断取得新发展、新突破。随着我国经济发展进入新常态，经济体制持续深刻变革、社会结构持续深刻变动、利益格局持续深刻调整、思想观念持续深刻变化，适应新常态、把握新常态、引领新常态，使推进社会治理创新任务越来越艰巨繁重、标准要求越来越高。因而，党的十八届四中、五中全会以及中央全面深化改革领导小组历次会议先后对社会治理创新提出一系列新要求、新思路、新举措，社会治理的"法治化""精细化""科学化""智能化""专业化"成为提升社会治理能力和水平、构建全民共建共享的社会治理格局、实现社会既充满活力又安定和谐的重要途径和手段。

加强和创新社会治理，必须坚持以现实问题为导向，紧密联系地方经济社会发展水平和阶段性特征，准确评估地方社会治理整体状况，系统总结社会治理创新和改革的先进经验，全面探寻社会治理发展过程中的薄弱环节，敏锐发现社会治理实践过程中存在的突出问题，引导社会治理创新的方向，及时调整相关社会政策，从整体上提高社会治理水平。为了系统考察河南省社会治理实践的动态变迁过程，本文延续《河南社会治理发展报告（2014）》《河南社会治理发展报告（2015）》《河南社会治理发展报告（2016）》中社治理评估指标体系的总体框架,从社会安全、矛盾化解、社会组织、公共服务、社会公平五个方面评估河南省社会治理状况,并对其中的三级指标进行略微的调整。具体指标如表1所示。

表1 河南省社会治理三级指标评价体系

一级指标	二级指标	三级指标
社会治理	社会安全	(1)安全生产 (2)火灾事故 (3)交通事故 (4)社会治安 (5)群众对社会安全满意度
	矛盾化解	(1)人民调解 (2)劳动人事仲裁 (3)法律援助 (4)民商案件 (5)公众对矛盾化解满意度
	社会组织	(1)社会组织数量 (2)社会组织的增长速度 (3)公众对社会组织满意度
	公共服务	(1)预算支出 (2)人均水平 (3)社会保障 (4)公共服务满意度
	社会公平	(1)居民参与人大选举情况 (2)城乡收入差距 (3)城镇居民差距 (4)农村居民差距 (5)社会公平满意度 (6)低保发放公平程度

为准确描述和客观评价河南省社会治理的整体状况,本书以国家及各省统计年鉴中相关数据为主,并以社会治理河南省协同创新中心开展的关于河南省居民的专项调查数据为补充,其主要包括以下三部分。

第一,《中国统计年鉴2016》《河南省统计年鉴2016》和民政部网站公布的社会服务统计数据。

第二,2016 年河南省城乡社会治理调查。调查涵盖河南省 18 个地市,调查对象为河南省城乡居民,调查时间为 2016 年 7 月 10 日到 2016 年 8 月 20 日,调查人员为经过系统培训的郑州大学公共管理学院、商学院、法学院等学院研究生 362 名。为保证调查数据的真实性、可靠性,调查采用结构式访谈的方法,由调查员进行一对一的面访。调查共发放问卷 6335 份,回收有效问卷 6015 份。

第三,2016 年河南省城市居民幸福感调查。调查涵盖河南省 18 个地市,采用多阶段抽样方法,首先在每一地市按照等距抽样方法抽取 2 个街道办事处,其次在每一街道办事处按照等距抽样方法抽取 4 个社区居委会。由于难以获取每一社区居委会详细名单,所以调查采用在社区居委会偶遇抽样的方法选取调查对象,每一社区居委会选择 40 名居民作为调查对象。共调查城市居民 4100 名,回收有效问卷 4007 份。其中,男性 1703 人,女性 2304 人。

在写作思路上,本文不仅利用数据对各个指标进行了单变量描述,而且还对部分指标进行了年度趋势分析。为突出河南省社会治理的基本特征,本文还选取了部分指标与中部地区其他省份以及全国的平均数据进行了对比分析,并从公共安全、矛盾化解、社会组织、公共服务和社会公平等方面对河南省社会治理状况进行了评价,在此基础上提出了河南省社会治理形势的发展展望。

一 社会安全形势总体向好

社会安全是社会稳定、经济发展的基础,也是社会治理的首要目标,而保障社会安全的根本所在就是找准影响社会安全与稳定的关键因素。以下主要从社会治安、生活安全和生产安全三方面来具体分析河南省的总体社会安全形势。

(一)社会治安形势基本稳定

社会治安问题是事关政治稳定、改革开放和经济发展的重大紧迫问题。

近年来,河南省积极探索维护社会治安长效工作机制的有效途径,同时,大力开展各项社会治安综合治理工作,使得社会治安形势忧中有稳。

1. 河南省社会治安形势优于全国平均水平

2015年河南省公安机关立案的刑事案件数目为546891件,较上年增长29.60%;万人刑事案件率为57.69件/万人,比2014年高出12.97件/万人。法院审理刑事罪犯人数71978人,较上年增加了2.41%;万人犯罪率为7.59起/万人,比2014年增加0.14起/万人(见表2)。

表2 2014年、2015年河南省社会治安情况

类别\年份	2014	2015
公安机关立案的刑事案件数目(件)	421981	546891
万人刑事案件率(件/万人)	44.72	57.69
法院审理刑事罪犯人数(人)	70285	71978
万人犯罪率(起/万人)	7.45	7.59

从各项数据可知,虽然河南省公安机关立案的刑事案件数目、万人刑事案件率、法院审理刑事罪犯人数、万人犯罪率略有增长,但与全国平均情况相比,2015年,全国的万人刑事案件率为60.78件/万人,而河南省的万人刑事案件率为57.69件/万人,显著低于全国水平。此外,2015年全国的万人犯罪率为8.65起/万人,而河南省的万人犯罪率为7.59起/万人,也显著低于全国平均水平。因此,总体来看,河南省社会治安形势优于全国平均水平,整体处于平稳状况。

2. 社会治安情况的评估结果为良好

在调查问卷中,关于评价社会治安形势的问题"您对当地社会治安的总体评价",问卷数据显示,认为"非常好"的居民占2.42%,认为"比较好"的居民占45.16%,认为"一般"的居民占42.54%,认为"不太好"的居民占8.62%,认为"非常差"的居民占1.26%。只有8.62%和

1.26%的被调查者对周边社会治安评价是"不太好"和"非常差",整体来看,群众对公共安全的评价较高(见图1)。

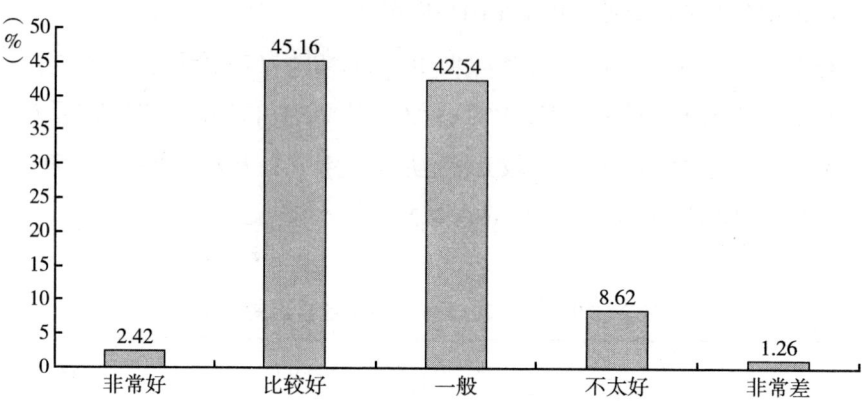

图1 居民对社会治安情况的总体评价

(二)生活安全情况有待改善

1. 火灾形势严峻

在社会生活中,火灾严重威胁着公共安全和人民生命财产。通常火灾事故的发生率和死亡率是评价火灾形势的指标。根据2015年河南省火灾事故的相关数据,河南省的火灾发生数量和造成的经济损失均略有下降,死亡人数却大幅度上升,极大威胁着人民群众的人身安全。与2014年相比,河南省火灾发生数量下降了12.89%,由2014年的22873起下降到2015年的19925起;火灾造成的死亡人数增长了60.27%,由2014年的73人增长到2015年的117人;火灾造成的经济损失下降了4.75%,由2014年的20740万元下降到2015年的19755万元。但相较2013年,河南省火灾发生数量增长了46.65%,由2013年的13587起增长到2015年的19925起;火灾造成的死亡人数由2013年的46人增长到2015年的117人,增长了154.35%;火灾造成的经济损失由2013年的14843万元增长到2015年的19755万元,增长了33.09%(见表3)。因此,河南省居民的生活安全形势较为严峻。

表3　2013~2015年河南省火灾形势

类别＼年份	2013	2014	2015
发生数量(起)	13587	22873	19925
死亡人数(人)	46	73	117
损失折款(万元)	14843	20740	19755

表4显示了2015年河南省18个省辖市的火灾事故情况。从火灾事故发生数量来看，郑州市最多，为5394起，三门峡市最少，为94起；从死亡人数来看，最多的是平顶山市（41人），最少的为1人。

表4　2015年河南省各市火灾事故情况

地区	发生数量(起)	死亡人数(人)	损失折款(万元)
郑州市	5394	35	3460
开封市	765	2	936
洛阳市	789	2	1100
平顶山市	2412	41	2674
安阳市	895	5	1423
鹤壁市	393	6	155
新乡市	1563	6	571
焦作市	1524	3	568
濮阳市	863	3	873
许昌市	533	2	298
漯河市	500	1	476
三门峡市	94	—	114
南阳市	375	1	393
商丘市	485	—	2068
信阳市	729	1	727
周口市	815	—	1307
驻马店市	1058	2	1786
济源市	738	7	825

从河南省18个省辖市的十万人火灾发生率来看，南阳市最低（3.74起），三门峡市第二（4.18起），商丘市第三低（6.67起），之后由低到高依次为周口市9.25起、信阳市11.39起、洛阳市11.71起、许昌市12.28

起、驻马店市15.20起、开封市16.85起、安阳市17.48起、漯河市19.01起、濮阳市23.91起、鹤壁市24.41起、新乡市27.33起、焦作市43.17起、平顶山市48.63起、郑州市56.36起，济源市最高，为101.10起。整体来看，河南省各省辖市的十万人火灾事故发生率差异很大，其中最多的济源市是最少的南阳市的27倍（见图2）。

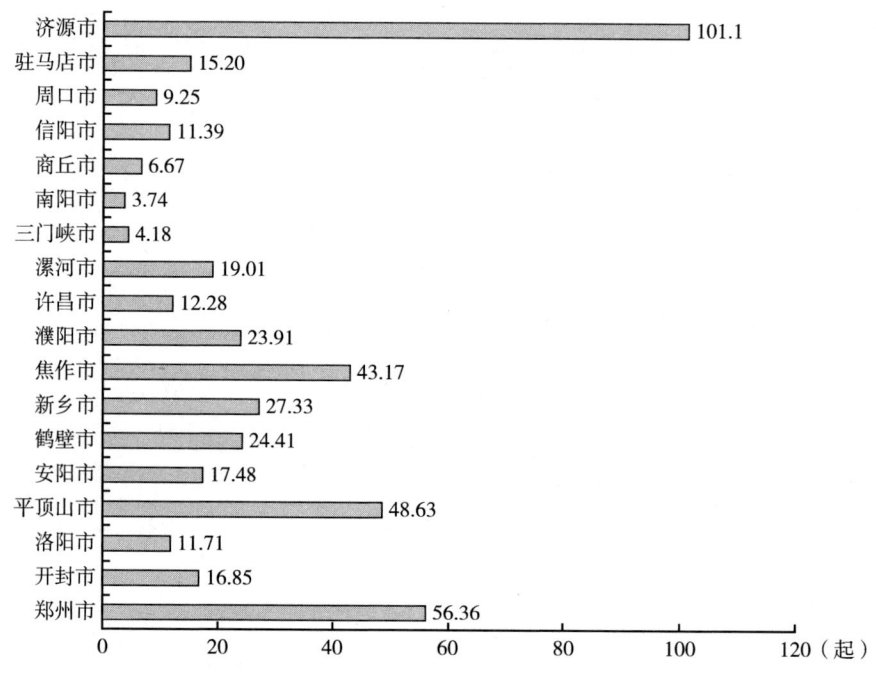

图2　河南省各市十万人火灾事故发生情况

2. 河南交通事故十万人死亡率在中部六省最低

近年来，随着机动车数量的不断增长，交通事故发生数量急剧增长，交通安全形势日益严峻。2015年，河南省共发生交通事故6429起，死亡人数1631人。十万人交通事故发生率和十万人交通事故死亡率为衡量交通安全形势的常用指标。2015年，河南省十万人交通事故发生率为6.51起，远低于全国的13.66起，在中部六省中为最低。同时，2015年，河南省十万人交通事故死亡率为1.87人，显著低于全国的4.22人，在中部六省中为最低

（见图3）。整体来看，2015河南省交通安全形势显著优于全国平均水平和中部六省中其他五个省份。

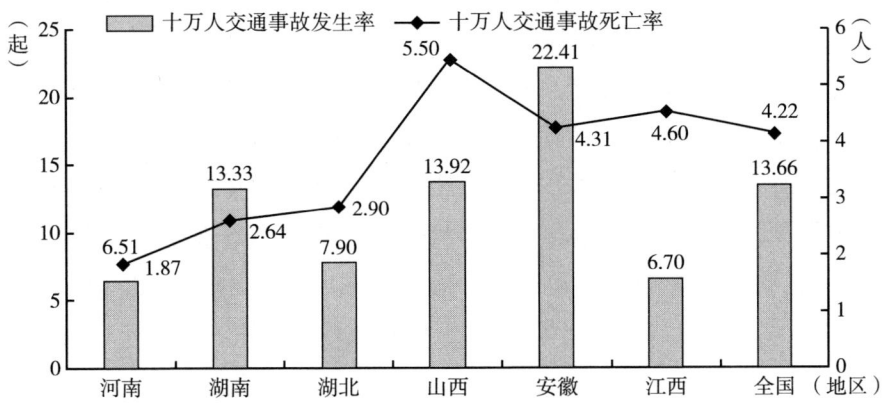

图3　2015年中部六省与全国交通事故发生率与死亡率比较

3. 食品安全评价

对于"当地食品安全状况的评价"问题，仅有1.94%的居民认为"非常好"，26.74%的居民认为"比较好"，44.09%的居民认为"一般"，22.19%的居民认为"不太好"，5.04%的居民认为"非常差"（见图4）。从调查数据分析来看，仅有2/7的居民认为当地食品安全状况好，群众对食品安全的评价不高。

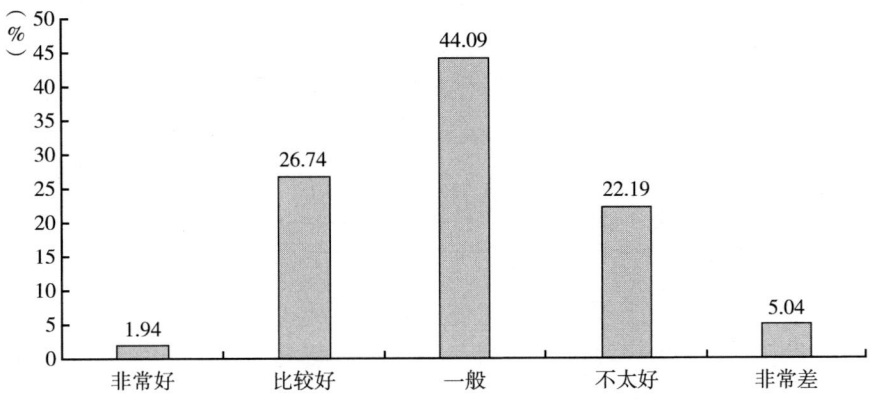

图4　河南省居民对食品安全的评价

（三）生产安全有所改善

安全生产的核心内涵是保护劳动者的生命安全和职业健康。表5显示了2015年河南省安全生产基本情况。

2015年，河南省共发生伤亡事故1438起，包括1221起道路交通事故和89起工矿商贸企业生产安全事故，道路交通事故和工矿商贸企业生产安全事故分别占比84.91%和6.19%。2015年，河南省伤亡事故造成死亡总人数753人，包括道路交通事故的544人和工矿商贸企业生产安全事故的135人，道路交通事故和工矿商贸企业生产安全事故分别占比72.24%和17.93%；一次死亡10人以上特大事故共1起，为道路交通事故（见表5）。

表5 2015年河南省安全生产情况

类别	道路交通事故	工矿商贸企业生产安全事故
发生伤亡事故总数(起)	1221	89
造成死亡总人数(人)	544	135
一次死亡10人以上特大事故(起)	1	0

与2014年的数据对比可以发现，河南省安全生产形势有所缓解：一是伤亡事故总数显著减少，从2014年的1716起减少到2015年的1438起，减少了16.20%；二是伤亡事故造成死亡总人数显著减少，从2014年的903人减少到2015年的753人，减少了16.61%；三是煤矿百万吨死亡率显著降低，从2014年的0.348人减少到2015年的0.109人，减少了68.68%（见表6）。

表6 2014年与2015年河南省安全生产形势

类别 \ 年份	2014	2015
发生伤亡事故总数(起)	1716	1438
造成死亡总人数(起)	903	753
煤矿百万吨死亡率(人)	0.348	0.109

二 社会矛盾化解平稳推进

近年来,河南省以"维护社会稳定"为目标,化解了大量社会矛盾纠纷案件,为全省的经济社会发展创造了良好的社会环境。

(一)人民调解工作稳中求进

人民调解属于诉外调解的一种,能够在一定程度上反映出社会矛盾化解的情况。表7反映了2011～2015年河南省人民调解工作的基本情况。整体来看,人民调解委员会的数量变化不大,一直稳定在5.55万个左右。但是,调解民间纠纷的案件数量显著增长,2011年仅有55.39万件,2015年则达到101.80万件。

表7　2011～2015年人民调解工作基本情况

类别\年份	2011	2012	2013	2014	2015
人民调解委员会(万个)	5.60	5.52	5.53	5.56	5.57
调解民间纠纷(万件)	55.39	52.12	49.72	90.76	101.80

(二)劳动人事仲裁委员会处理案件趋于稳定

劳动仲裁是指由劳动争议仲裁委员会针对当事人申请,依法对劳动争议在事实上做出判断和裁决的一种法律制度,一定程度上反映了社会矛盾化解情况。2011～2015年,河南省劳动人事仲裁委员会立案受理案件总数有所增长,从2011年的17118件增长到2015年的23799件,增长了39.03%;集体劳动(人事)争议数量有所减少,从2011年的219起减少到2015年的209起,减少了4.57%;立案受理案件涉及劳动者人数略有增长,从2011年的23853人增加到2015年的28711人,增加了20.37%;集体劳动(人事)争议人数显著减少,从2011年的3579人减少到2015年的2904人,减少了18.86%(见表8)。

表8　2011~2015年劳动人事仲裁委员会受理情况

类别＼年份	2011	2012	2013	2014	2015
立案受理案件总数(件)	17118	19101	21689	21437	23799
集体劳动(人事)争议数(起)	219	268	254	162	209
立案受理案件涉及劳动者人数(人)	23853	25336	27369	26276	28711
集体劳动(人事)争议人数(人)	3579	4639	3494	2552	2904

（三）法律援助工作覆盖面不断扩大

法律援助主要是由政府设立的法律援助机构给予经济困难和特殊案件的人无偿法律服务的一项法律保障制度。表9为2013~2015年河南省法律援助工作基本情况。法律援助机构个数基本保持不变，实有人数也变化不大；诉讼案件总数由2013年的81442件增长至2015年的88402件，增长了8.55%；咨询（来访、来电）数大幅增长，由2013年的497242次增长至2015年的688791次，增长了38.52%。

表9　2013~2015年法律援助工作情况

类别＼年份	2013	2014	2015
机构数(个)	207	209	211
实有人数(人)	1043	1023	1023
诉讼案件总数(件)	81442	81540	88402
咨询(来访、来电)数(次)	497242	648100	688791

（四）居民矛盾化解满意度偏低

1.居民矛盾处理方式平和

根据调查问卷结果，河南省居民的矛盾处理方式相对平和。居民处理矛盾的方式最多的为"法律途径"（占比56.69%）和"自己协调解决"（占比56.10%）。而不理智地选择"使用暴力"的比例仅为2.71%（见图5）。

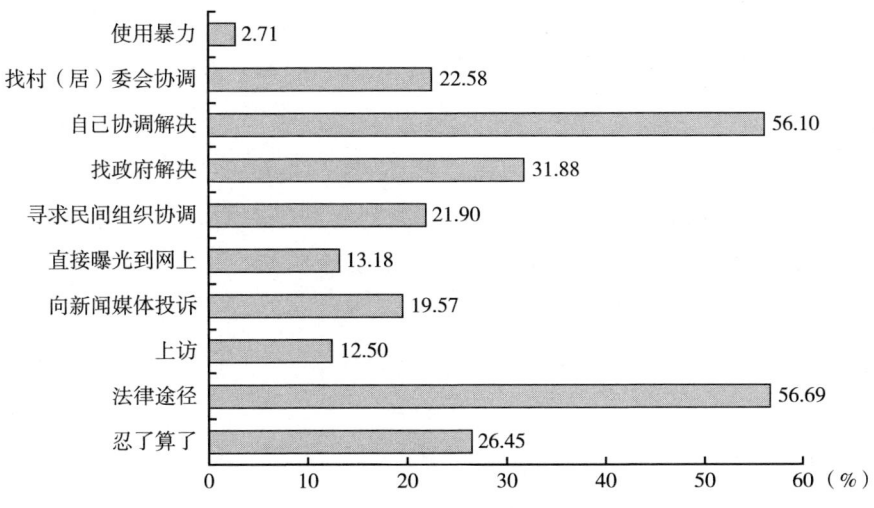

图 5　居民利益受到侵害时的解决方式

2. 维权制度建设欠完善

对于"当地有关矛盾纠纷化解的制度规范或村规民约是否完善"问题，仅有0.97%和18.90%的居民认为"非常完善"和"比较完善"，认为"一般"的占34.59%，而认为"不太完善"和"没有"的分别占41.57%和3.97%。仅有不到20%的居民认为当地矛盾纠纷化解制度完善（见图6）。居民维权的制度建设需进一步加强。

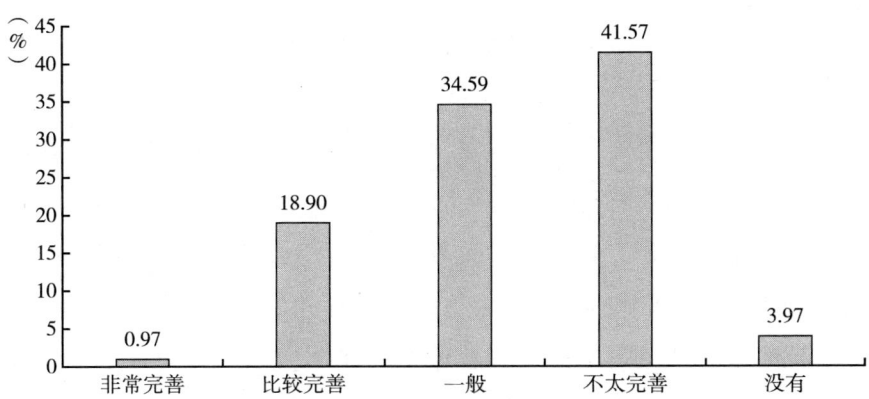

图 6　居民维权制度建设情况

3.居民满意度不高

对于"当地化解基层社会矛盾的满意度"问题,仅有1.26%的居民认为"非常满意",25.29%的居民认为"比较满意",认为"一般"的居民占53.49%,认为"不太满意"的居民占18.60%,认为"非常不满意"的居民占1.36%(见图7)。从调查问卷数据来看,仅有约1/4的居民对当地化解矛盾纠纷的满意度为"非常满意"和"比较满意",因此,群众对于化解矛盾的满意度较低。

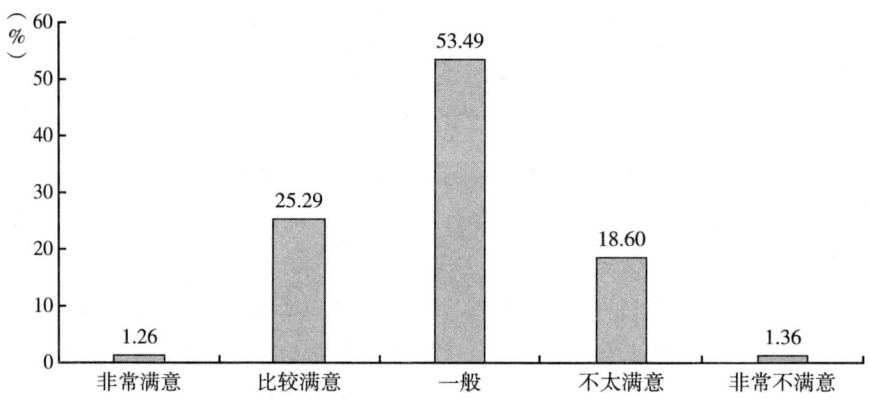

图7 居民矛盾化解满意度情况

三 社会组织逐步壮大

党的十八届三中全会将"激发社会组织活力"作为创新社会治理体制的重要方面,从政府与社会关系的角度提出"推进社会组织明确权责、依法自治、发挥作用,适合由社会组织提供的公共服务和解决的事项,交由社会组织承担"。一方面社会组织在了解和反映民生需求、递送公共服务、调解公共冲突等方面发挥着重要的作用,另一方面社会组织作为公民参与社会治理的有效途径,已经成为推进社会治理精细化的重要载体。

（一）河南省社会组织数量位居中部六省前列

2012年以来，河南省聚焦社会组织管理体制改革，开展一系列富有成效的举措，如推动社会组织登记改革、推进社会组织信息化和规范化建设、实施省级社会组织网上年检、开展社会组织去行政化探索，有力地促进和保障河南省社会组织健康有序的发展。自2010年以来，河南省社会组织的数量呈逐年上升趋势。2012年河南省各类社会组织数量为20970个，2014年为27238个，2016年为29293个。2015年河南省社会组织数量为29207个，居中部六省首位；2016年由于社会团体的数量减少，河南省社会组织的数量居中部六省第二位（见表10）。

表10　2016年中部六省社会组织数量

单位：个

排名	省份	社会团体	民办非企业	基金会	合计
1	湖南省	13805	15792	245	29842
2	河南省	9576	19592	125	29293
3	湖北省	12226	15938	132	28296
4	安徽省	12504	13092	112	25708
5	江西省	8584	7552	53	16189
6	山西省	6538	6427	73	13038

（二）河南省社会组织增长速度放缓，民办非企业增长迅猛

从社会组织发展速度看，2012年以来，河南省社会组织数量的增长速度整体上处于上升趋势，至2014年达到顶峰，之后的增长速度开始逐步放缓。其中，2012年增长7.4%，2013年增长9.6%，2014年增长18.5%，2015年增长7.2%，2016年仅增长0.29%（见表11）。

表11 2012~2016年河南省社会组织数量及增长速度

单位：个，%

年度	社会组织			合计	较上年增长
	社会团体	民办非企业	基金会		
2012	10915	9978	77	20970	7.4
2013	10817	12068	98	22983	9.6
2014	11158	15976	104	27238	18.5
2015	11728	17365	114	29207	7.2
2016	9576	19592	125	29293	0.29

与全国社会组织的平均增长速度相比，2016年河南省社会组织的增长速度为0.29%，低于全国平均增长速度（6.49%）。河南省民办非企业的增长速度（12.82%）高于全国平均增长速度（9.89%），而河南省社会团体及基金会的增长速度分别为-18.35%和9.65%，都低于全国平均增长速度（见表12）。

表12 2016年河南省社会组织数量及增长速度与全国比较

单位：个，%

类别	河南省		全国	
	数量	增长速度	数量	增长速度
社会团体	9576	-18.35	335410	2.93
民办非企业	19592	12.82	358945	9.89
基金会	125	9.65	5523	17.03
合计	29293	0.29	699878	6.49

2016年，中部六省除山西省社会组织总体数量的增长速度有所提升外，其他五省社会组织数量的增长速度均有所下降。河南省社会组织数量的增长速度为0.29%，低于其他五省社会组织数量的增长速度（见表13）。同时，中部六省社会团体增长速度均有所放缓，河南省及安徽省出现负增长。但河南省民办非企业的增长速度（12.82%）居中部六省首位（见表14）。

表13　2015~2016年中部六省社会组织数量及增长情况

单位：个，%

省份	2015年社会组织数量	2015年增长速度	2016年社会组织数量	2016年增长速度
湖南省	27682	17.81	29842	7.80
安徽省	24463	8.65	25708	5.09
江西省	15319	7.62	16189	5.68
河南省	29207	7.23	29293	0.29
湖北省	27371	3.86	28296	3.38
山西省	12236	1.69	13038	6.15

表14　2016年中部六省社会组织各类别数量及增长情况

单位：个，%

省份	社会团体		民办非企业		基金会	
	数量	较上年增长	数量	较上年增长	数量	较上年增长
湖南省	13805	4.68	15792	10.65	245	10.36
安徽省	12504	-0.18	13092	10.56	112	17.89
江西省	8584	4.24	7552	7.36	53	6.00
河南省	9576	-18.35	19592	12.82	125	9.65
湖北省	12226	1.16	15938	5.00	132	24.52
山西省	6538	2.22	6427	11.33	73	9.00

（三）公众对社会组织发展状况满意度不高

社会组织已经成为社会公共服务的重要依托和基础力量之一，发挥社会组织在社会治理创新中的协同作用，就需要社会组织为公众提供大量社会化、多样性的公共服务。因此，公众对社会组织的满意度也是社会组织发展状况的重要衡量指标。通过调查发现，河南省公众对社会组织的发展状况整体满意度不高。仅有1.5%和24.8%的公众选择"非常满意"和"比较满意"，50%的公众选择"一般"，19.5%和4.2%的公众选择"不太满意"和"非常不满意"（见图8）。另外，2016年河南省公众对社会组织发展状况满意度与2015年（非常满意1.1%、比较满意27%、一般49%、不太满意19.9%、非常不满意3%）基本持平，没有显著提升。

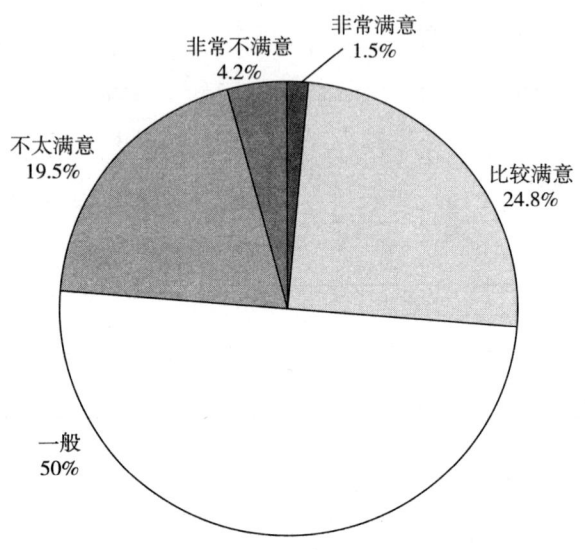

图8 公众对社会组织发展状况满意度

四 基本公共服务状况显著改善

公共服务的数量、质量和公平分配决定着社会治理效果。健全基本公共服务体系是人民群众现实利益的基本保障。下文从基本公共服务预算、人均基本公共服务支出区域差异、人均公共服务支出、居民对基本公共服务满意度四个方面来分析河南省基本公共服务状况。

（一）基本公共服务预算支出显著增长

表15显示了河南省2014年和2015年公共财政预算支出中公共服务类支出情况。整体来看，2015年河南省公共财政预算总支出为6799.4亿元，较2014年的6028.7亿元增长了12.8%。其中，社会保障和就业、科学技

术、教育、医疗卫生四大类公共预算支出均实现了增长。从占比来看，社会保障和就业、医疗卫生略有增加，而科学技术、教育略有减少。

表15 河南省2014年、2015年公共财政预算支出及占比情况

单位：亿元，%

类别	2014年	2015年	2014年占比	2015年占比
社会保障和就业	790.9	945.8	13.1	13.9
科学技术	81.3	83.3	1.3	1.2
教育	1201.4	1271.0	19.9	18.7
医疗卫生	603.0	717.7	10.0	10.6
公共财政预算总支出	6028.7	6799.4	100	100

（二）人均基本公共服务支出区域差异大

从统计数据来看，河南省各省辖市基本公共服务水平差异显著。其中，济源市表现突出，在各项公共服务人均财政预算支出水平排名中都居于河南省的前列。

从各省辖市分项水平看，在教育方面，三门峡市（1560.44元）、郑州市（1542.32元）、兰考县（1480.95元）的人均财政预算支出位于前三名，邓州市（774.13元）、滑县（833.33元）、巩义市（932.93元）位于后三名；在科学技术方面，郑州市（186.62元）、洛阳市（131.90元）、长垣县（100.00元）的人均财政预算支出位于前三名，邓州市（3.5元）、新蔡县（4.76元）、固始县（5.56元）位于后三名；在社会保障和就业方面，济源市（879.45元）、固始县（877.78元）、驻马店市（853.45元）的人均财政预算支出位于前三名，长垣县（510.67元）、滑县（561.26元）、新乡市（562.06元）位于后三名；在医疗卫生方面，济源市（1163.01元）、巩义市（1131.71元）、濮阳市（875.07元）的人均财政预算支出位于前三名，许昌市（593.78元）、滑县（603.60元）、南阳市（651.10元）位于后三名（见表16）。

表16　2015年河南省各市人均公共服务财政预算支出

单位：元

地区	教育	科学技术	社会保障和就业	医疗卫生
郑州市	1542.32	186.62	813.38	850.47
开封市	1034.36	55.95	768.50	727.53
洛阳市	1271.51	131.90	678.64	652.37
平顶山市	995.97	44.35	741.73	665.52
安阳市	1089.06	75.39	564.45	670.51
鹤壁市	1127.95	63.35	784.47	677.64
新乡市	1147.73	55.59	562.06	652.97
焦作市	1020.96	99.43	752.97	733.43
濮阳市	1247.92	59.00	844.04	875.07
许昌市	1246.31	64.29	624.42	593.78
漯河市	1004.94	34.22	740.30	675.67
三门峡市	1560.44	84.00	680.89	830.67
南阳市	998.60	61.58	719.06	651.10
商丘市	973.18	26.55	777.72	711.14
信阳市	1277.97	31.25	735.16	709.38
周口市	1058.00	30.65	708.63	766.06
驻马店市	1101.44	47.41	853.45	776.87
济源市	1308.22	84.93	879.45	1163.01
巩义市	932.93	96.34	629.27	1131.71
兰考县	1480.95	15.87	649.21	828.57
汝州市	980.65	53.76	621.51	772.04
滑县	833.33	11.71	561.26	603.60
长垣县	1182.67	100.00	510.67	746.67
邓州市	774.13	3.50	616.78	657.34
永城市	982.11	17.07	591.06	761.79
固始县	1025.00	5.56	877.78	845.37
鹿邑县	1098.88	59.55	716.85	835.96
新蔡县	1154.76	4.76	754.76	791.67
全省	1340.72	87.82	997.71	751.11

（三）人均公共服务支出在中部六省中排名靠后

表17显示了2015年中部六省人均公共服务财政支出的情况。根据统计数据，由于人口众多，河南省的人均公共服务支出水平在中部六省中排名靠后。其中，河南省社会保障和就业的人均财政支出在中部六省排名第六（997.7元）；河南省科学技术人均财政支出在中部六省排名倒数第一（87.8元）；河南省教育人均财政支出在中部六省排名倒数第一（1340.7元）；河南省医疗卫生人均财政支出在中部六省排名倒数第二（751.1元），略高于湖南省。

表17 2015年中部六省人均公共服务财政支出比较

单位：元

地区	社会保障和就业	科学技术	教育	医疗卫生
河南	997.7	87.8	1340.7	751.1
湖南	1159.4	97.7	1365.8	719.5
湖北	1467.4	269.3	1560.2	880.5
山西	1455.9	102.3	1645.3	793.4
安徽	1125.6	240.8	1394.4	790.4
江西	1117.4	163.8	1737.3	873.4

（四）居民对基本公共服务满意度有喜有忧

1. 居民对最低生活保障满意度较低

对于"最低生活保障"问题，认为"非常满意"的有2.62%，认为"比较满意"的有27.42%，认为"一般"的有52.52%，认为"不太满意"有13.37%，认为"非常不满意"的有4.07%。因此，从调查结果看，有约30%的居民对最低生活保障的满意度为"非常满意"和"比较满意"，居民对于最低生活保障的满意度较低（见图9）。

2. 居民比较满意社区医疗保健服务

问卷设计了"社区医疗保健服务满意度"问题，对于该问题的回答，认为"非常满意"的居民仅占3.39%，认为"比较满意"的居民占31.10%，

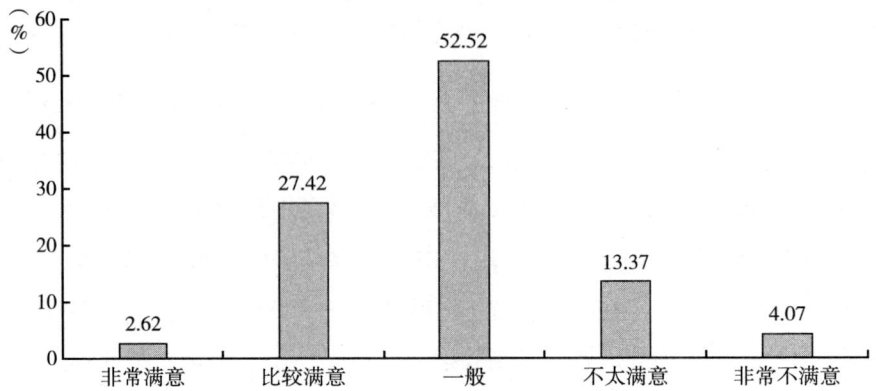

图 9　居民对最低生活保障满意度情况

认为"一般"的居民占49.03%，认为"不太满意"的居民占13.95%，认为"非常不满意"的居民占2.52%。整体来看，仅有不到17%的居民对当地医疗保健服务"不太满意"和"非常不满意"，因此，群众对于社区医疗保健服务满意度较高（见图10）。

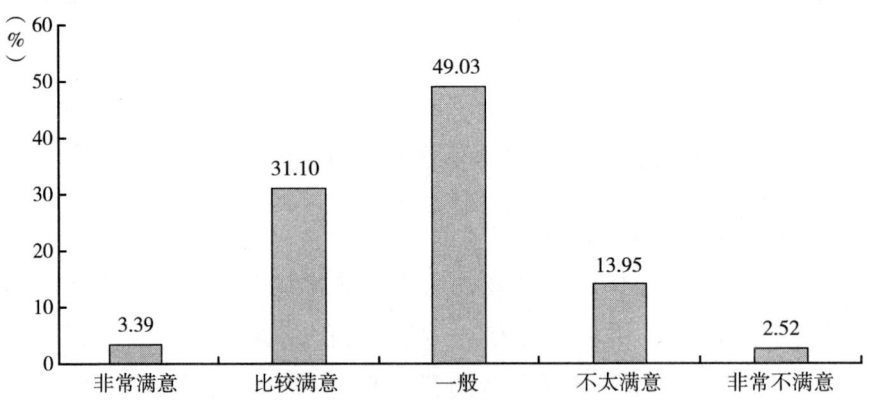

图 10　居民对社区医疗保健服务满意度情况

3. 居民对社区养老服务的满意度适中

问卷设计了"社区养老服务的满意度"问题，对该问题的回答中，认为"不太满意"和"非常不满意"的居民分别占17.54%和3.49%；认为"比较满意"和"非常满意"的居民分别占 24.42% 和 3.00%；而认为"一般"的居民占 51.55%。因此，居民对于社区养老服务的满意度适中（见图11）。

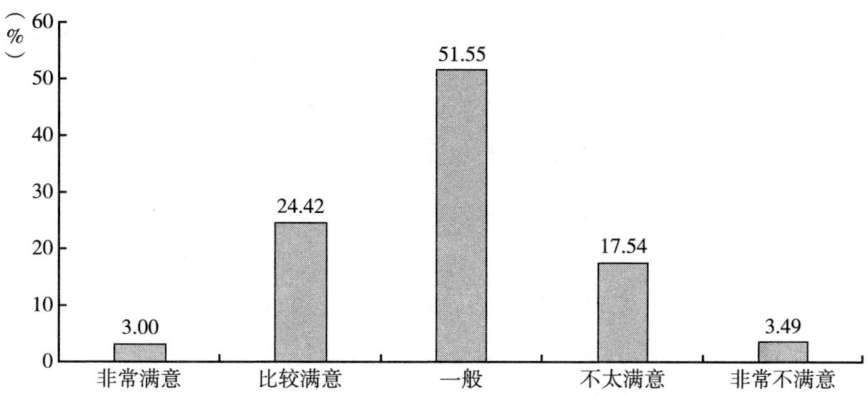

图11 居民对社区养老服务满意度情况

4. 居民对社区服务的总体满意度适中

对于"社区服务的总体满意度"问题，认为"非常满意"和"比较满意"的居民分别占 2.23% 和 27.52%；认为"一般"的居民占 54.75%；认为"不太满意"和"非常不满意"的居民分别占 12.11% 和 3.39%。整体来看，居民对于社区服务的总体满意度适中（见图12）。

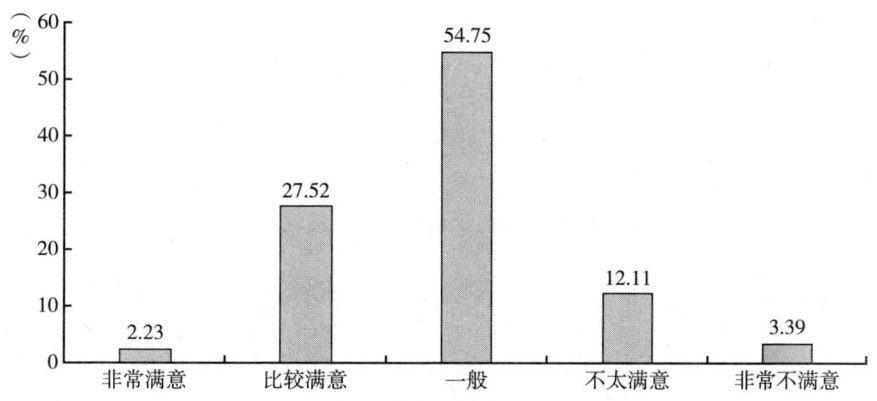

图12 居民对社区服务总体满意度情况

五　社会公平状况稍劣

权利公平、规则公平、效率公平、分配公平和社会保障公平是衡量社会公平的主要指标。下文主要利用权利公平、分配公平、社会保障公平和居民公平感四个指标对河南省社会公平形势进行分析。

（一）权利公平略有失衡

调查问及"您认为当地居民正当权益维护情况"时，认为"非常好"和"比较好"的分别占0.87%和23.55%，认为"一般"的占58.53%，认为"比较差"和"很差"的分别占15.21%和1.84%。仅有近1/4的居民认为正当权益维护情况"非常好"和"比较好"（见图13）。因此，权利公平状况需要改善。

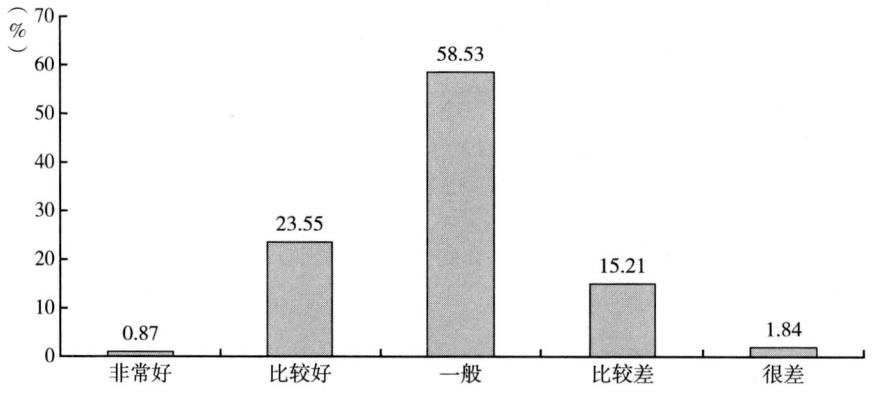

图13　居民正当权益维护情况

调查问及"您认为本地派出所在化解矛盾纠纷时的公正程度"时，认为"非常公正"和"比较公正"的分别占1.55%和37.98%，认为"一般"的占48.26%，认为"不太公正"和"很不公正"的分别占10.27%和1.94%。仅有39.53%的居民认为本地派出所化解矛盾纠纷时"非常公正"和"比较公正"(见图14)。因此,居民对于派出所维护权利的公平状况评价较低。

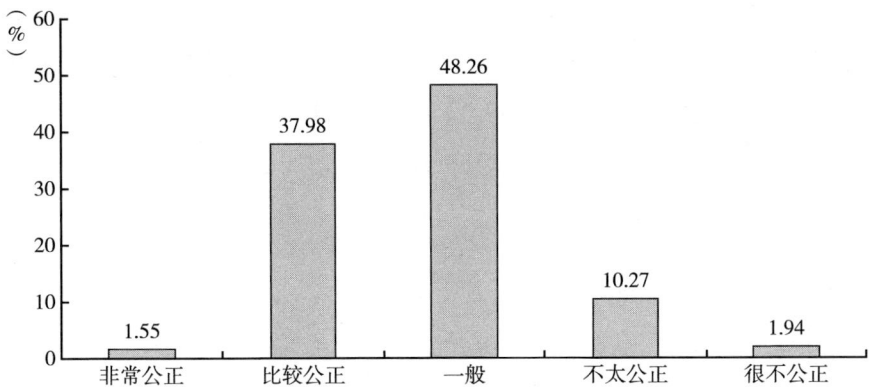

图14 居民对派出所处理矛盾纠纷的公正状况评价

调查问及"据您了解,您或您周围的人在诉讼(打官司)时法院判决的公正程度"时,分别有3.59%和46.41%的居民认为"非常公正"和"比较公正",认为"一般"的居民占38.57%,认为"不太公正"和"很不公正"的居民分别占9.98%和1.45%。仅有不到1/2的居民认为法院判决时"非常公正"和"比较公正"(见图15),因此,居民对于法院维护权利的公平状况评价不高。

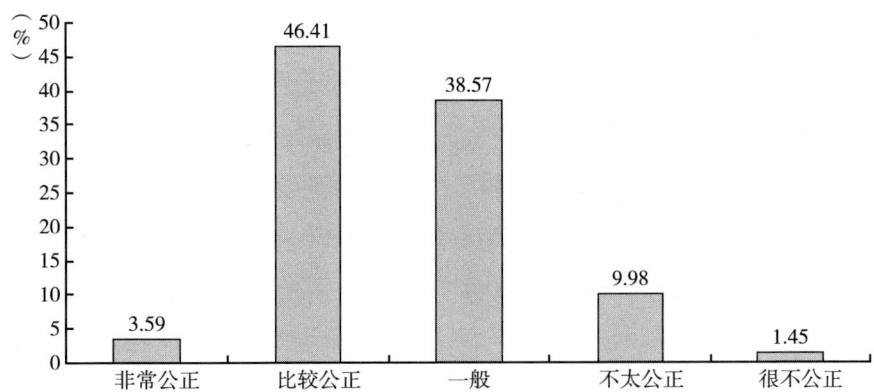

图15 居民对法院判决公正状况评价

调查问及"您认为通过法律途径维护自身权利的可能性"时,认为"非常大"和"比较大"的分别占9.69%和49.13%,认为"一般"的占29.17%,认为"比较小"和"没有"的分别占11.34%和0.67%。随着法治化建设的推进,有超过一半的居民认为通过法律途径维护自身权利的可能性较大(9.69%为"非常大",49.13%为"比较大")(见图16)。但仍有部分居民认为不能通过法律途径维护自身权利,法治化建设仍需加强。

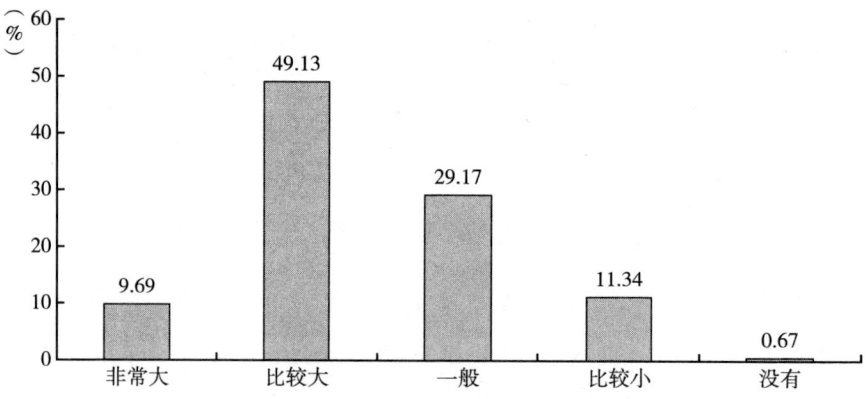

图16 居民对通过法律途径维权的可能性评价

(二)分配公平有待改善

1. 城乡居民人均收入差距大

图17显示了2011~2015年河南省城镇居民家庭人均可支配收入与农村居民家庭人均可支配收入的对比情况。一方面,城镇居民和农村居民的收入都呈上涨趋势;另一方面,城镇居民和农村居民的收入差距依然显著。

图18为2011~2015年河南省城镇、农村居民家庭恩格尔系数的对比情况,从城乡居民恩格尔系数的差距来看,2011年至2014年城镇居民和农村居民的恩格尔系数差距并不显著,仅2015年差异明显。2015年城镇居民和农村居民的恩格尔系数差距明显,农村居民的恩格尔系数是城镇居民的1.7倍。由此看来,河南省城乡居民生活水平差异已经变大。

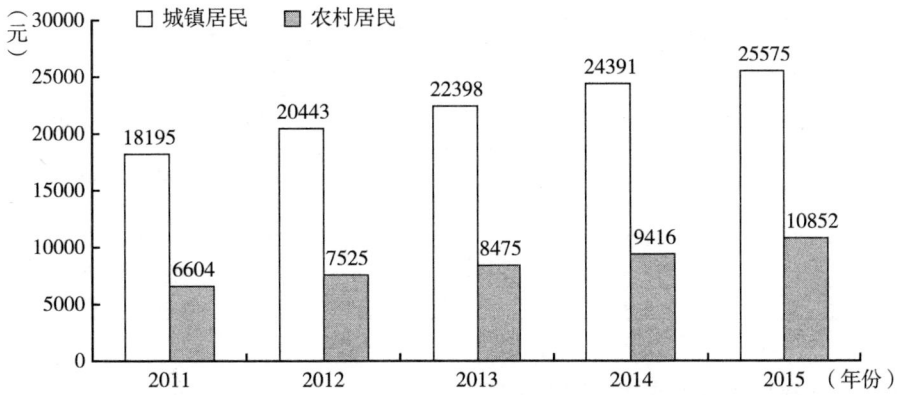

图17 2011~2015年河南省城镇、农村居民家庭人均可支配收入对比

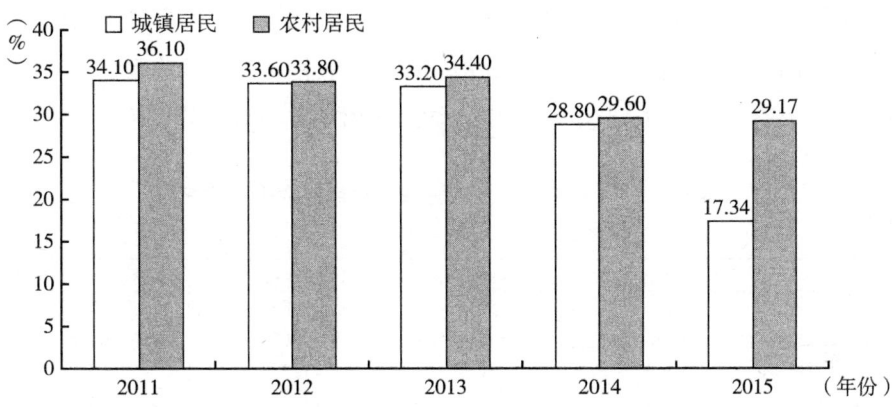

图18 2011~2015年河南省城镇、农村居民家庭恩格尔系数对比

2. 城镇居民收入支出状况差异显著

表18显示了2015年按收入等级分城镇居民家庭生活情况。城镇家庭人均可支配收入均值为25576元，工资性收入占比61.1%，家庭人均总支出为21339元，消费性支出占比80.4%。收入方面，高收入户为低收入户的4.6倍；支出方面，高收入户为低收入户的3.0倍。因此，城镇居民的低收入户与高收入户不论在家庭人均可支配收入还是在家庭人均总支出上差距都十分显著。

表18　2015年按收入等级分城镇居民家庭生活情况

单位：元，%

类别	家庭人均可支配收入	工资性收入占比	家庭人均总支出	消费性支出占比
低收入户	11270	70.8	12631	78.2
中低收入户	18493	73.3	16717	83.1
中等收入户	24419	67.0	20573	81.4
中高收入户	32211	58.8	25359	79.6
高收入户	51648	49.4	37764	79.7
城镇平均	25576	61.1	21339	80.4

3.农村居民收入支出状况差异明显

表19显示了2015年按收入等级分农村居民家庭生活情况。农村家庭人均总收入均值为13667元，经营性收入占比51.8%，家庭人均总支出为12176元，消费性支出占比64.8%。收入方面，高收入户为低收入户的4.8倍；支出方面，高收入户为低收入户的2.3倍。因此，农村居民的低收入户与高收入户不论在家庭人均总收入还是在家庭人均总支出上差距都十分显著。

表19　2015年按收入等级分农村居民家庭生活情况

单位：元，%

类别	家庭人均总收入	经营性收入占比	家庭人均总支出	消费性支出占比
低收入户	6155	59.1	8878	65.5
中低收入户	9235	49.6	9620	68.8
中等收入户	12344	47.2	11313	67.7
中高收入户	15864	43.7	12763	66.9
高收入户	29533	58.3	20792	58.2
农村平均	13667	51.8	12176	64.8

（三）社会保障公平有待完善

调查问及"您认为当地低保认定、发放过程中的公平程度"时，结果显示，认为"非常公平"和"比较公平"的仅分别占1.95%和32.56%，认为"一般"的占37.30%，而认为"不太公平"和"非常不公平"的分别占21.12%和7.07%。仅有1/3的被调查者认为低保认定、发放过程"非常公平"和"比较公平"（见图19）。因此，社会保障的公平状况有待改善。

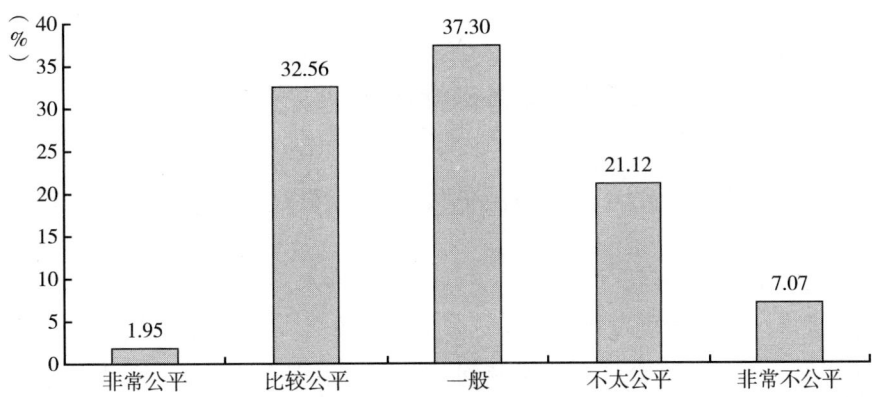

图 19 河南省居民社会保障公平感

（四）居民的社会公平感偏低

对于"您认为当前社会的公平状况"问题，认为"非常公平"的居民仅有 1.26%，认为"比较公平"的居民占 37.02%，认为"一般"的居民占 43.41%，认为"不太公平"的居民占 16.67%，认为"非常不公平"的居民占 1.65%。整体来看，仅有 38.28% 的居民对社会公平的判断为"非常公平"和"比较公平"（见图 20），因此，群众的社会公平感较低。

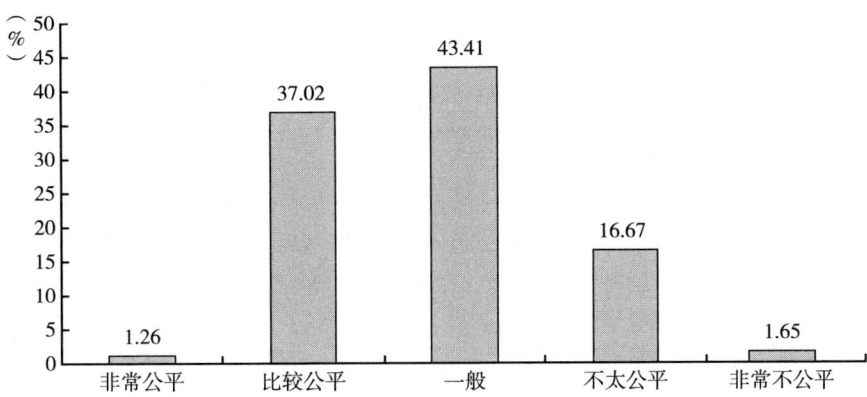

图 20 河南省居民社会公平感

六 2017河南省社会治理发展展望

（一）构建社会治理绩效评估体系，完善社会治理考核问责机制

《国民经济和社会发展"十三五"规划纲要》提出"完善社会治理考核问责机制"。社会治理考核问责的前提和基础在于进行客观有效的社会治理绩效评估。因而，绩效评估与考核问责是社会治理实践过程中的两个重要组成部分，绩效评估是推动社会治理体制创新的重要动力来源，考核问责是提升社会治理实践能力的重要体制保障。一方面，社会治理绩效评估通过科学完善的指标体系对社会治理实践活动的实现目标、运作流程、社会效果进行全面准确的测量，从而系统发现社会治理实践工作中的薄弱环节及其存在的问题，为进一步改进社会治理实践工作、提升社会治理实践水平提供现实依据。另一方面，社会治理考核问责有利于明确政府和社会各方的权责关系，推动社会治理走向法治化、标准化和规范化，为落实社会治理实践工作提供保障。首先，构建科学、客观、可操作的社会治理绩效评估指标体系。以协同参与为理念，党委、政府、社会组织、专家学者、普通公众等各方主体协同参与，广泛征求意见建议，从而建立独具河南地方特色的社会治理绩效评估体系。其次，探索建立社会治理绩效评估机制。注重管评分离，引入第三方专业评价和公民满意度评价，把社会外部评判压力转化为社会治理实践改进创新的动力，把民众满意度评价作为检验社会治理实践工作的重要标准，从而真正实现以绩效评估促改革、促发展、促创新。最后，建立失责必问、问责必严、层层落实的社会治理考核问责机制。以社会治理绩效评估为重要参照，有效发挥考核的激励作用，充分发挥问责的惩戒作用，着力解决社会治理实践过程中不担当、不负责等突出问题。

（二）健全公共服务体系，创新公共服务供给

公共服务体系建设是保障基本民生、增进人民福祉的现实需要，是提升

社会治理能力、实现社会治理现代化的重要保障。增加公共服务供给，应从解决社会公众最关注的问题和保障社会公众最切身的利益入手，不断提高公共服务共建能力和共享水平。首先，以公众需求为导向，积极促进公共服务供给与公众需求的耦合，努力实现两者的无缝衔接。构建群众参与公共服务决策的有效机制，由自上而下的政府供给导向转变为自下而上的群众实际需求导向，切实增强公共服务的针对性、有效性。其次，以创新服务方式为抓手，推进政府向社会力量购买服务。准确把握社会公共服务的重点需求，优先考虑和安排与改善民生密切相关的公共服务项目；制定政府购买公共服务指导性目录，明确政府购买服务的种类、性质，并根据地方经济社会发展情况及公众需求进行实时动态调整。最后，以"微服务"为试点，通过群众的自我服务弥补制度性供给的不足。一方面，强化社区居委会引领居民自治的职能，充分发挥社区居委会在服务居民群众、鼓励居民参与、协调居民利益等方面的引领主导作用。另一方面，积极培育以公益、民生服务、互帮互助为主要内容的社区社会组织，搭建公益民生互助平台，以普通人帮助普通人的形式，切实解决公众的实际困难。

（三）激发社会组织发展动力，促进社会组织健康有序发展

政府、营利性组织、社会组织被称为现代社会的"三大支柱"，是社会共治体系不可或缺的重要组成部分。社会组织具备政府和营利性组织所没有的独特属性，因而在社会治理中扮演着特殊角色，发挥着重要作用。社会组织是民生需求的扫描仪，能够全面了解和反映民生需求；社会组织是公共服务的递送者，能够有效承接政府服务职能的转移；社会组织是公共冲突的调节器，能够保障社会安定和谐。首先，开展"枢纽型"社会组织体系建设。"枢纽型"社会组织是对同类别、同性质、同领域社会组织进行联系、服务和管理的大型联合性组织，是社会组织之间联系、互动、聚合的核心推动者和组织协调者。因而，通过发挥其在政治上的桥梁纽带作用、在业务上的引领聚合作用、在日常服务管理上的平台窗口作用，可促进本领域社会组织健康有序发展。其次，以政府购买专业服务的方式支持社会组织的培育和发

展。完善相关政策，为社会组织发展创造良好环境，凡适合社会组织提供的公共服务，尽可能交由社会组织承担。通过政府向社会组织购买服务引导社会组织加强自身能力建设，优化内部管理，提升社会组织服务能力和水平，充分发挥社会组织提供公共服务的专业和成本优势，提高公共服务质量和效率。最后，推进社区社会组织发展。依托街道（乡镇）综合服务中心和城乡社区服务站等设施，建立社区社会组织综合服务平台，为社区社会组织提供组织运作、活动场地、活动经费、人才队伍等方面的支持。鼓励在街道（乡镇）成立社区社会组织联合会，联合业务范围内的社区社会组织承接政府购买服务，带动社区社会组织健康有序发展。

（四）以破解重点难点问题为突破口，提升公众社会治理效能感

创新社会治理，宏观层面上在于推进国家治理体系和治理能力现代化；微观层面上在于维护最广大人民的根本利益，解决好人民最关心、最直接、最现实的利益问题，更好地满足人民需求，提升社会治理效能感，从而让人民群众有更多"获得感"。这就需要在社会治理实践工作中，聚焦社会热点，突出工作重点，组织动员社会各方力量参与治理重点难点问题。首先，大气污染综合治理。编制《河南省大气污染防治"十三五"规划》，制定《河南省2017年度蓝天工程实施方案》，建立完善大气污染防治长效机制，严格落实党政同责、责任追究、网格监管、排污许可、生态补偿、目标考核等相关制度。要积极开展多种形式的宣传教育，普及大气污染防治的科学知识。倡导文明、节约、绿色的消费方式和生活习惯，引导公众从自身做起、从点滴做起、从身边的小事做起，在全社会树立起"同呼吸、共奋斗"的行为准则，共同改善空气质量。其次，交通拥堵综合治理。全面推进安全、便捷、高效、绿色的现代化综合交通运输体系建设，加快交通拥堵综合治理，完善省级统筹、市区共治、社区自治的停车治理体系，倡导市民绿色出行、生态驾驶，引导市民文明行车、停车、乘车、行路，形成全社会共同参与、共同治理的和谐交通环境。最后，生态环境综合治理。加快推进生态文明建设，优化产业结构和布局，严格排放标准；完善环境治理与生态建设机制，建立健全生态环

境指标体系、监测体系和评价体系；加大城乡结合部燃煤清洁化力度，提高污水治理、垃圾处理能力；倡导低碳、简约、环保的生活方式，促进环境友好型社会建设。

（五）强化源头治理，健全依法维权和矛盾纠纷化解机制

中央全面深化改革领导小组第十七次会议审议通过的《关于完善矛盾纠纷多元化解机制的意见》指出，"完善矛盾纠纷多元化解机制，对于保障群众合法权益、促进社会公平正义具有重要意义"。构建上下联动、左右协调的矛盾纠纷预防化解体制，探寻引发矛盾纠纷和影响预防化解成效的源头性、根本性、基础性问题，有利于提高预防化解矛盾纠纷的能力和水平，能够有效地把矛盾纠纷化解在萌芽状态，从而确保社会和谐稳定。首先，健全维护社会公众合法权益机制，维护社会公平正义。畅通公众利益诉求表达渠道，完善利益表达制度设置，探索建立公众意见采纳情况反馈制度，引导和支持公众理性表达诉求、依法维护权益。其次，创新思路方法，预防化解矛盾纠纷。构建覆盖全面的矛盾纠纷排查网络，完善社会矛盾多元调解体系，健全人民调解、行政调解、司法调解、行业调解联动工作机制。鼓励和支持社会组织参与矛盾纠纷化解，扶持并发展专业化、区域化、社会化的社会组织参与矛盾纠纷预防和化解工作，开展矛盾纠纷调解社会化公益服务，不断拓宽矛盾纠纷化解渠道。开展人民调解进派出所、人民调解进立案庭等工作，用法治、协商等方式疏导和化解矛盾纠纷，发挥基层在社会矛盾纠纷调处的中心作用。最后，加强社会舆论引导，培育公众健康的社会心态。探索开展河南省居民社会心态调查，建立公众社会心态测量与预警指标体系，建立实施社会心态第三方评价机制，及时评估公众的社会价值取向和行为方式，为社会治理创新提供良好的社会心态支撑。充分利用手机、网络等新兴媒体的作用和优势，宣传先进典型和凡人善举，培养公众理性平和、健康向上的社会心态。加强精神文化产品的供给，用积极健康的文化生活调节情感、陶冶情操，丰富公众的精神生活，实现公众的心理和谐。

自主创新示范区建设篇

Construction of Independent Innovation Demonstration Zone

郑洛新国家自主创新示范区区域创新体系建设

王淑英　张水娟　李博博*

摘　要： 本文以郑洛新三市2016年工作总结为数据基础，通过政府访谈、企业座谈和问卷调查等方式，从高新技术企业、政府、高校、科研院所和中介机构五个主体对郑洛新国家自主创新示范区区域创新体系建设情况进行了系统分析，剖析了郑洛新国家自主创新示范区区域创新体系建设存在的问题，提出了郑洛新国家自主创新示范区区域创新体系建设的对策和建议。研究发现，郑洛新国家自主创新示范区区域创新体系建设还处于构建阶段，各区域之间的协同创新并不紧密；创新主体在创新创业发展中还存在很多困难和障碍，主要有人才问题、资金问题、政策问题和环境问题等。为加快郑洛新国

---

* 王淑英，郑州大学管理工程学院教授，研究方向为区域创新与战略投资决策；张水娟，郑州大学管理工程学院2015级硕士研究生；李博博，郑州大学管理工程学院2015级硕士研究生。

家自主创新示范区区域创新体系建设的进程，政府要明确企业的主导地位，并解决区域的人才、资金和政策等问题。

关键词： 郑洛新国家自主创新示范区　区域创新体系　创业孵化体系

在全球化时代、知识经济时代与低碳经济时代多重叠加的背景下，创新发展成为推动区域产业升级、经济转型与可持续发展的核心与关键。创造能力最强的自主创新不仅对生产力的提高发挥着重要作用，也对社会进步具有重大意义。在此背景下，打造能够系统化实现自主创新的企业、区域与国家成为这个时代最重要的主题之一。而实施以自主知识产权为主导的自主创新，是增强我国区域创新能力，重塑市场竞争地位，摆脱长期以来对发达国家的技术依赖，使我国成为创新型国家的必然选择。

自主创新示范区作为创新引领和内生增长的重要载体，发挥着日益重要的作用。在我国提升自主创新能力、建设创新型国家的关键阶段，建设自主创新示范区是根本举措；同时，建设自主创新示范区也是我国转变经济发展方式、提升综合竞争力的主要手段。创新资源的汇聚、新兴技术的捕捉与高端产业的培育成为实施创新驱动发展战略的历史性机遇和重大契机。河南省作为传统的农业大省、工业大省，迫切需要自主创新引领支撑未来发展。通过打造创新发展的核心增长极，推进区域创新体系建设，是河南省适应经济发展新常态、弥补发展短板、加快动力转换与实施创新驱动发展战略的重大机遇和重要实践。

郑洛新国家自主创新示范区的设立为河南省创新发展提供了历史性机遇和重大契机。郑洛新国家自主创新示范区依托河南省集中的创新资源、丰富的创新活动和显著的创新成果，旨在建设成引领带动全省创新驱动发展的综合载体和增长极。这需要对郑洛新国家自主创新示范区区域创新体系进行系统建设，推进体制机制改革，优化区域空间布局，形成以企业主体为核心、以政府引导为手段、以创新创业为模式的发展主线，形成以郑州、洛阳、新乡三市的高新区为中心，辐射周边地区的创新发展格局，为实现创新驱动发展与建设创新型国家提供力量。

对郑洛新国家自主创新示范区的区域创新体系进行研究，有利于河南省进一步集聚创新资源，促进自主创新技术发展、捕捉战略性新兴产业，为培育区域竞争优势、实现创新驱动发展提供思路；有利于河南省推进创新制度协同，实现区域利益协同、政策协同与产业协同，为国家自主示范区政策的先行先试提供经验借鉴，为国家自主创新示范区提供重要的示范窗口。

一 区域创新体系

（一）郑洛新国家自主创新示范区区域创新体系建设的内涵

区域创新体系是指由一定区域内的政府、企业、高等院校、科研院所和中介机构所组成的产生创新或者与创新相关的组织系统。在这个系统内，影响经济发展的要素或者影响创新的要素将会被重新组合，引入区域经济系统中，形成更加有效的资源配置方式，使区域的系统功能得到最大限度的发挥，资源得到更大限度的利用，最终实现区域创新能力的提升和产业结构的升级，促进区域经济的快速发展。

郑洛新国家自主创新示范区的区域创新体系建设就是指以郑州、洛阳、新乡三市高新区为中心，辐射周边地区，以高新技术企业为重点创新主体，协同区域内的高校、科研院所、中介机构和政府等其他创新主体，整合影响创新的生产要素，构建出一个致力于促进河南省创新驱动发展和为建设创新型国家提供力量的区域创新体系。

（二）郑洛新国家自主创新示范区区域创新体系的建设过程

首先是区域创新体系的构建阶段。在这个阶段，郑洛新政府部门的相关负责人应该成为区域创新体系建设的发起人和推动者。政府可以作为一个联系的纽带，通过建立创新创业平台、科技成果转化平台和人才引进平台等，将高校和科研院所拥有的各类资源，比如实验室、仪器设备、科研成果和培养的人才等放在这些平台上进行展示，同时也将企业的研发方向、技术需求和发展障碍罗列出来，从而实现双方的良性互动。通过政府的激励机制和政策导向，促进企业与高校、科研院所的合作，实现创新资源的"无缝对接"，促进创新成果的快速转化。

其次是区域创新体系的发展阶段。不同于初建阶段，在这个阶段内，政府需要利用行政手段和相关政策将各个创新主体引进区域创新体系中。郑洛新政府部门相关负责人的构建任务已经完成，这时候需要中介机构的加入，中介机构可以提供更为专业化和系统化的服务，能够使区域内的资金、人才等资源得到有效的利用。同时，示范区内高新技术企业的创新能力已经有所提升，对政府政策的把控已经成熟，对资金、人才的需求也逐步加大，中介机构能够利用有效的资源最大限度地满足不同的企业需求。

最后是区域创新体系的进化阶段。在这个阶段，科技人才成为示范区区域创新体系中的核心行动者。科技人才通过自己创办公司，将自己的科研成果直接投入到生产应用中，技术成果转化上的障碍不复存在。而政府部门可以为其提供政策支持和服务，解决其创新创业的后顾之忧。这说明区域的创新能力已经有了很大的提升，区域创新体系的发展已经进入成熟阶段，各个创新主体之间形成了一种良性互动机制，为示范区的经济增长提供较强的动力。

二 郑洛新国家自主创新示范区区域创新体系基础环境建设

（一）研发机构平台建设

郑洛新国家自主创新示范区积极发挥高校资源和科研院所集聚的优势，支持高校、科研院所整合科研资源，面向市场提供专业化的研究服务。以郑州高新区为例，区内集聚了5个国家重点实验室、3个产业技术研究院、7

个国家级工程技术研究中心、8个部属研究院、33个市级以上院士工作站、25个博士后科研工作站（基地）、552个市级以上研发机构等一批研发机构，以及被誉为"军中清华"的解放军信息工程大学、河南省唯一的国家"211工程"高校郑州大学等知名高校。而洛阳方面，新增了省级重点实验室4个、省级工程技术研究中心9个、院士工作站2个、省级国际科技合作基地3个。新乡市现有重点实验室72个，其中国家级1个、省级12个、市级59个。

（二）创新创业平台建设

郑洛新国家自主创新示范区积极发挥区位优势和科研资源优势，强力推进创新创业综合平台的建设，同时，大力引进众创空间等科技服务载体。以郑州高新区和洛阳高新区为例来看创新创业平台的建设现状。目前，郑州高新区大学科技园创新创业综合体建成总面积达152.1万平方米，其中孵化面积约28.4万平方米、加速面积约116.7万平方米、综合服务面积（含公寓）约7万平方米；建设20家众创空间，累计入孵项目180余项，面积达到10万平方米。而洛阳方面，打造了高品质双创平台，举办中国（洛阳）小微双创企业商品交易博览会和国家小微企业创业创新峰会，实现了高端人才、国际资本、先进技术、优质项目等的有效对接，目前已有清科激光、神策数据等10个优秀团队落户洛阳，中国科学院纳米所高端纳米涂层团队等11个项目签约落地；建设科技成果转化服务机构，加快洛阳科技大市场建设，发挥成果交易、项目孵化和公共服务功能，打造包括咨询评估、展示交易、知识产权及法律、投资融资、人才交流、技术培训、技术合同登记等的一站式服务平台。新乡方面，在政府的支持下，探索开展具有新乡市特色的众创空间建设。目前，已与新乡市创客空间创业服务有限公司签订合作协议，路演厅、创客区等基本配置已完成建设，进驻企业或团队16个。

（三）创业孵化体系

2009~2016年，郑州高新区内的河南省国家科技园区连续7年举办

"国家大学科技园杯"科技创新大赛及中国创新创业大赛，探索出一条"孵化器+风险投资+大赛平台"之路。通过大赛共评出280个获奖项目，已有风投界投入资金近3亿元。企业技术创新方面，在国内领先的有54家，国际领先的有12家。目前，郑州高新区已经有以大学科技园、创业中心、863软件园等为代表的10余个孵化器，其中4个国家科技企业孵化器和6个省级科技企业孵化器。现阶段已经累计孵化面积约600万平方米，孵化企业累计3000余家，在孵企业5000余家。洛阳高新区新增省级以上创新战略联盟2个，以洛阳企业为理事长单位的联盟总数达28个。依托联盟开展联合创新、协同创新等活动，高铁轴承、机器人轴承、高效节能多晶硅等一大批关键技术实现突破，创新联盟已成为洛阳市产业创新的中坚力量。新增创新龙头企业8家、创新型试点企业8家、高新技术企业38家、科技型中小企业268家，初步形成创新龙头企业带动、高新技术企业助推、科技型中小企业等创新主体快速集聚发展的格局。新乡市科技孵化器粗具规模。新乡高新技术产业开发区管理委员会火炬园管理办公室获批国家级科技企业孵化器；认定和组建市级科技企业孵化器各1家，认定市级众创空间5家。

（四）发展环境

2016年，郑州市高新区管委会编制了《郑州高新区建设国家自主创新示范区的若干政策研究（初稿）》，出台了《关于进一步加强知识产权工作的若干意见》，对创新创业、人才引进、科技平台建设、成果转化、知识产权保护等方面给予重点支持。洛阳方面，积极借鉴中关村相关的"先试先行"政策，出台了洛阳市"30条"意见，重点在科研项目、经费管理、股权激励、科技金融结合、知识产权运用与保护、人才培养与引进、科技成果转化、科技评价等方面先行先试，形成具有洛阳特色的政策体系。在政府职能转变、贸易转型升级、投资和金融领域开放等方面有序推进各项改革政策落地和试点工作，着力营造法治化、国际化、便利化的营商环境。

三 郑洛新国家自主创新示范区区域创新体系建设的主体

(一)政府

政府相关部门在郑洛新区域创新体系中应当扮演好引导者、支持者和协调者的角色。首先,政府作为区域创新体系的引导者,应该利用其地位的特殊性为创新体系中的其他主体营造一种良好的政策环境,如颁布"先试先行""双创"等创新政策引导企业创新。另外,政府应该积极与其他创新主体构建创新创业平台,引导大众创新。建设创新创业平台需要大量硬件支持,单一创新主体如企业通常难以承担,需要公共财政投入资金进行建设。其次,政府作为区域创新体系的支持者,应该以研发补贴、政策奖励等方式为示范区的其他创新主体提供必要的资金支持。自主创新活动往往伴随着较高的风险,并且依靠大量的资金支持,企业、高等院校和科研院所难以负担,政府理应为其提供资金支持并且替企业等承担一部分风险。同时,政府作为支持者,有时候应承担起示范区创新成果的购买工作。在很多情况下,示范区内的企业通过项目投标等方式开发出政府需要的产品或技术,如新型轨道列车项目、高铁项目等,政府应该承担起这些项目的购买工作。除此之外,政府可以通过采购刺激企业创新,达到提升区域创新能力的目的。最后,政府作为区域创新体系的协调者,虽然不直接进行技术的改良或者产品的创新,但可通过发挥对企业、高校和科研机构等创新主体的协调作用提升创新活动的效率,也可直接为创新主体之间的合作提供良好的创新环境、服务条件和重要支撑。

(二)企业

企业是开展创新活动最重要的行为主体,也是将技术转化为经济效益的市场主体。在郑洛新示范区区域创新体系建设的过程中,企业将占据创新主体的重要地位。首先,企业是各种创新资源的整合者。企业开展自主创新活动时，需要整合资金流、物流、人流和信息流等各种资源，并进行有效配置。之后，企业通过整合的最佳资源配置进行创新活动。其次，企业承担着技术成果转化生产并推向市场产生经济效益的使命。技术产生和成果转化两者并不相等，技术产生到成果转化不仅需要研究人员的努力，也需要企业提供先进的生产设备和成熟的工艺技术。再次，企业向市场提供产品并因市场而产生技术需求。一方面，企业为了满足市场需求，需要提供相应的产品；另一方面，为了提供更好的产品，企业也会向大学和研究院提出技术需求。最后，在整个产业链中，企业既是产品的提供者，又是产品的接收者。企业是技术创新最重要的主体，是经济与技术的结合体，因此，要进行区域技术创新体系建设，就必须努力提高企业核心技术的创新能力。

（三）高等院校和科研院所

高等院校和科研院所是示范区内"高精尖"技术的代表机构，它们能够为示范区的区域创新体系建设提供理论基础和应用技术。首先，高等院校的办学宗旨是为国家建设培养各类人才和进行基础研究。依托设施齐全的实验室和对外交流的便利性，高等院校可以比企业先得到国外先进的技术和引进的人才。与高等院校注重基础研究不同的是，科研院所更加注重的是应用技术研究，培养的人才也多为应用型技术人才，这能为示范区区域创新体系建设输送大量人才，满足示范区的部分人才需求。科研院所的实验室和工程实训中心，为示范区提供了设施齐全的协同创新平台。其次，高等院校和科研院所也是高新技术企业的用户。高等院校和科研院所因为其研究的目的，往往需要最新的技术产品，这就变成了高新技术企业的产品购买者，可以达成区域内的良性循环。

（四）中介机构

中介机构是不同创新主体之间联系的纽带和桥梁。中介机构在创新活动中可以加快信息的流通、整合社会资源、实现成果转化、实施科技评估、提供管理咨询等，在科技成果转换中有着不可替代的作用。中介机构主要包括信息中心、咨询公司、经纪人组织、技术评估机构、技术争议仲裁机构、生产力促进中心、技术开发交流中心以及技术市场和科学园区等。在企业与高等院校和科研院所等的合作过程中，各类中介机构可以为其提供科技成果转换、人员培训、管理咨询和资金融通等服务。科技中介机构在区域创新体系的建设中发挥着很重要的作用：保证企业、政府、高等院校和科研院所之间能够保持良好的沟通；保证了科技成果从高等院校和科研院所到企业之间的转移过程正常进行，从而实现科技成果的商业化；加强了人才、技术在区域内的流动，可以很好地配置区域内部的资源；支撑了区域创新指标体系，促进区域创新能力的提升。

郑洛新示范区创新主体的网络如图1所示。

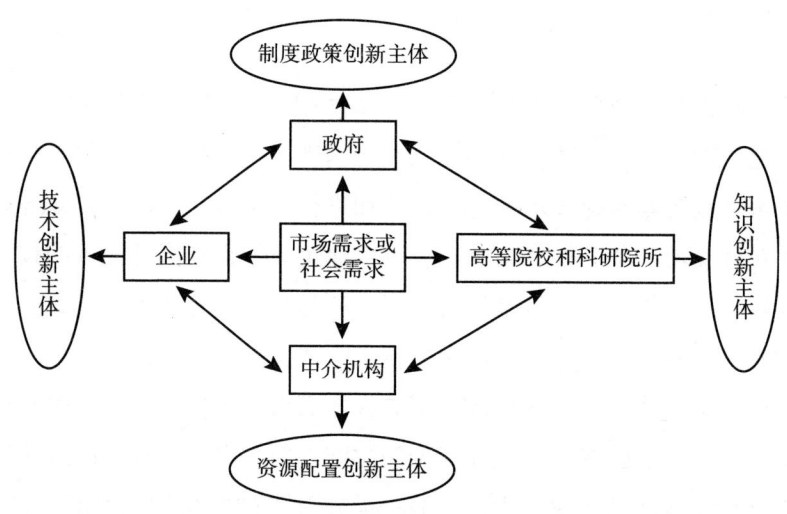

图1　郑洛新示范区创新主体的网络

（五）从企业的角度分析郑洛新示范区内创新主体之间的联系

为了充分了解郑洛新示范区内各创新主体之间的联系，我们对郑洛新三个地市自主创新示范区内的高新技术企业进行了问卷调查，问卷的发放方式包括实地调研发放、电子邮件发放和培训集中发放。此次共发放问卷200

份，回收173份，有效问卷为145份，问卷的有效回收率为72.5%。本次调查的对象主要包括国有企业32家，占样本总量的22.1%；民营企业94家，占样本总量的64.8%；外商投资企业、集体企业分别有3家和2家，分别占样本总量的2.1%和1.4%；其他14家，占样本总量的9.6%。问卷调查的内容主要涉及两方面，一是企业的基本情况，二是企业在示范区内与其他创新主体之间的关系。调查结果如表1所示。

表1 郑洛新示范区创新主体关系问卷调查结果

单位：分

测评题项	均值	标准差
1 企业产品的生产技术主要来源是区域内比较新的技术	3.87	0.933
2 企业主要通过引进或吸收新技术的方式进行技术创新	3.57	0.944
3 政府引导企业与研究院所开展合作	3.81	0.913
4 企业更愿意在政府指引下开展创新	3.90	1.145
5 当前的创新政策能够满足企业创新的实际需要	4.28	1.071
6 政府制定的相关政策很大程度支持了企业技术创新活动	3.76	0.93
7 科研院所的技术能够被企业吸收利用	2.41	0.962
8 企业科技创新活动能够得到金融机构的资金支持	2.33	1.028
9 科技中介机构为与企业之间的创新合作提供了支持	2.35	1.084
10 企业有很多专业的科技型人才	3.72	0.998
11 企业高管团队有很多科技型人才	3.76	1.045
12 企业技术大部分来源于行业内国际领先的技术	1.93	1.113
13 与固守市场比，企业更偏好开拓具有不确定性的新市场	3.48	1.145
14 与稳定的短期收益相比，企业更注重不确定的更好的长期绩效	3.52	1.094
15 区域人才保障政策有效地满足了企业对人才的需求	2.61	1.123

企业作为示范区区域创新体系建设中不可缺少的创新主体，从企业的角度分析其与其他创新主体之间的关联程度，可以总结出各个主体在郑洛新示范区的地位。

整体来看，大部分题项的均值都在2~4分，并且各题项的标准差均在0.9~1.2分，说明每个题项还是相对比较稳定的（见图2）。

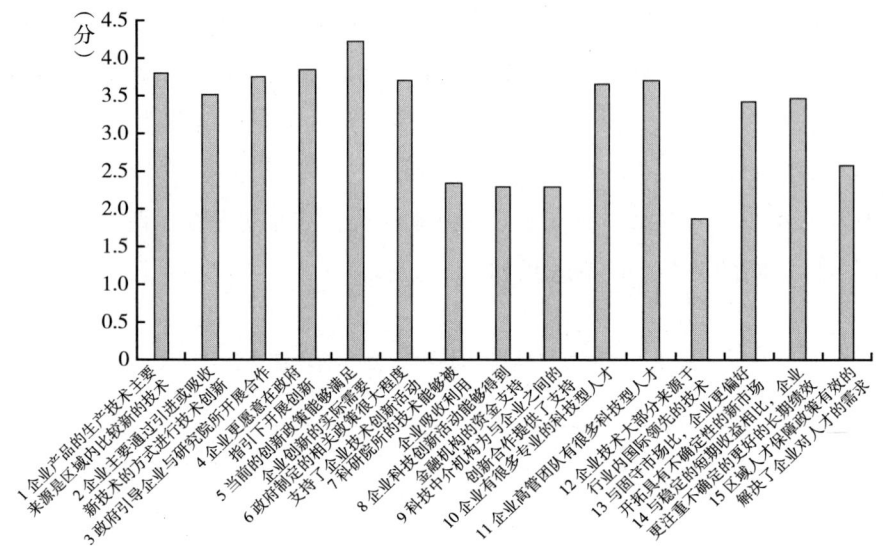

图 2　郑洛新示范区创新主体关系统计结果

从 1~2 项和 11~14 项来看，示范区内的高新技术企业拥有一定的创新能力，同时，企业也有创新意识和创新团队。但这种创新能力主要来源于引进或者吸收已有的先进技术，通过企业访谈我们也了解到示范区内现有的企业主要从事实用新型或者外观上的创新，这说明示范区企业的创新能力存在很大的欠缺，创新动力不足。从 3~6 项来看，企业处于被政府引导的位置，政府在区域创新体系中是一个发起者和推动者的角色，政府为高新技术企业的创新提供良好的外部环境，比如制定"先试先行"等一系列有利于企业创新的政策，并且向企业传达现有的利好政策。在企业与高校或者中介机构合作出现困难时，郑洛新相关部门负责人可以充当中间人，为达成双方的合作出一份力。从表 1 还可以看出，企业与科研院所和中介结构的合作存在一定的障碍。科研院所的研发成果对企业来说存在转化障碍，并且在访谈中我们了解到，企业在与科研院所和高校对接的过程中，存在信息不畅的问题，企业重实践，高校和科研院所重理论，这些都导致他们在合作的时候出现问题。企业与中介机构合作题项的均值只有 2.35 分，并没有达到一半分数。这说明，在与中介机构的合作方面，企业并不积极,在访谈时我们已经了解到,企业对中介机构并不信任,担心自己的研发成果会被模仿或者剽窃,这对示范区的创新体系建设会产生一种不利的影响。区域创新体系的建设离不开各个创新主体间的合作,缺少这种合作,企业在创新上会遇到更多的问题。

四 郑洛新国家自主创新示范区建设各创新主体存在的问题

为了全面了解郑洛新示范区内高新技术企业在创新活动中遇到的困难,本文对三市高新区的高新技术企业进行了相关的访谈。

(一) 小微企业

小微企业在创新方面的问题主要有以下几个方面:一是资金问题。首先是小微企业融资难。现有银行通用的贷款系统主要是通过抵押物来获取资金,但小微企业不具备固定资产抵押条件。据统计,出于资金不到位、销售市场缺乏等原因而破产的企业占20%左右。其次是政府对小微企业的财政补贴少且采取后补助形式,企业在创新起步之初享受不到补贴;同时对于创新失败的情况,其资金风险全由小微企业承担,这进一步影响了小微企业的创新积极性。二是人才问题。从郑洛新的区位来看,小微企业的人才大多是居住在企业附近区域的人,难以吸引外部人才。从人才挽留来看,小微企业经过培养的员工会因为住房问题、孩子的教育问题和发展平台问题离开企业,转而去发展空间更大、薪资待遇更高的大中型企业,这使得原本就难以引进人才的小微企业面临更严重的人才流失问题。三是政府管理问题。首先,政府针对企业的管理太过"大一统",对企业个性化重视不够,政策精准度不够。对于初创期的小微企业来说,失败风险很大,成功只是偶然,这种大小企业无差别的管理,使小企业很难应付政府的管理费用问题。政府建立的平台,比如财务咨询、信息系统等,不能为小企业提供免费服务,小企业运营资金少,年报录入等管理资金的累加使小企业难以招架。其次，政府的税收优惠政策停留在口头上，与实际的落实情况相去甚远。同时，小微企业对相关支持鼓励政策了解得不充分，从而错失较多机会和补偿。

（二）大型民营企业

大型民营企业在创新方面的困难：一是人才问题。在招聘人才方面，民营企业习惯从人才市场寻找相关专业的人才，但是高等院校在培养人才方面重理论轻实践，达不到企业的要求，实际入职时需要进行长期的在岗培训，有的企业也会因为开展业务的领域不为大众所熟知，很难在市场上找到所需求的人才，所以企业需要的人才往往只能自行培养，这对企业来说，会耗费大量人力物力成本。同时，民营企业也会面临人才流失的问题。民营企业员工尤其是刚毕业入职的大学生群体，有时不能抵抗工作辛劳或认为收获与付出不符而离职，通常这时候企业对其的培养才刚刚结束，对企业而言则会造成成本浪费。除此之外，民营企业的高端人才还面临职称评定的问题，现有通行的职称评定标准主要依照发表论文或者申请专利的数量，这对企业而言并不适用，企业在创新方面更注重的是成果的转化和经济效益的提升，现有评定标准会导致企业高端人才发展困难，增加了高端人才的流失率。二是知识产权问题。对于创新型企业来说，总会存在知识产权的问题，这与国民产权意识薄弱有关；对于习惯模仿大企业的小企业而言，模仿投入少、收入高、代价小，因此此类风气屡禁不止。对于拥有知识产权的企业来说，处理这种产权纠纷费时费力且效果不明显，从而最终影响企业创新积极性和经济效益。三是政策问题，地方政策在制定时会出现不贴合现实的问题。同时，在倡导权力下放的过程中，相关的事项没有清晰明确的接管部门，企业办事的时候不知道找谁。四是项目申请难，民营企业缺少申请项目的机会。一方面因为项目准入的资质限制，民营企业竞争不过国企；另一方面政府政策存在各部门相互矛盾的现象，有的部门鼓励民营企业申请，放松准入条件，其他部门则在政策上又会有限制。除此之外，项目申请立项失败后相关部门缺乏反馈机制，企业对失败原因全然不知，全凭猜测改进，期待下一次的立项。五是产学研合作障碍，企业与高校之间的合同签订存在障碍。对企业来说，高校老师的研发成果可能不适用于企业，会存在技术成果转化失灵等现象，所以，通常情况下，企业都是定好研发项目之后，再与高校老师商谈合作。

（三）国有企业和科研院所

国有企业和科研院所在创新方面的问题主要有四点。一是人才问题。在国有企业中工资总额一定，员工工资有固定的执行标准，工资涨幅标准由专有部门制定，但由此制定的标准与员工的绩效和能力关系甚微。有时员工工资涨幅远远低于销售收入与利润的增长幅度。在这种分配机制下，内部激励机制无法实行，有能力的人才会因待遇问题被大型民营企业或外企挖走（人才流失严重）。除此之外，一些企业因为行业领域的问题，所需求的人才高校并没有培养，产业学术带头人难找。二是产业环境有待改善。对于一些产业，尤其是传统行业来说，法律法规对替代品的管理不到位，致使整个行业的发展趋势下滑。三是缺少国家项目的支持。现在的项目指南主要由北京或者上海等地方的院士编制，通常情况下，这些项目都是根据这些地方的需求进行编制的，科技资源分配不公，对边缘城市较为不公。所以郑洛新这些地区在申请项目时就会发现能够申请的项目微乎其微，企业创新时更关注基础前沿方面的东西会导致企业发展的后发动力不足。四是政策变动问题。企业的发展离不开政府政策的引导，好的政策引导可以让企业了解经济形势，帮助企业明确发展方向，但现实中存在政策变动过快的情况，企业会因为过快的变动，来不及更改经营策略和发展方向，最终导致企业的断崖式发展。

（四）政府

政府方面存在的问题：作为国家自主创新示范区，郑洛新示范区享有政策"先试先行"的权利，现阶段很多的政策都是从"中关村"等其他国家自主创新示范区引进的，但是每个地区都有自身的特点，比如历史环境、科技创新能力等，所以引进的先进政策不一定适合郑洛新国家自主创新示范区。目前，政府出台了"双30""双创"等相关政策，如何围绕这些政策建立接地气、客观、便于操作、公平公正、无暗箱操作的政策体系，是政府现阶段要解决的问题。政府需要建立一个政策引导平台，通过这个平台把方针政策简单明了地向企业传达，以便企业理解和利用。郑洛新示范区现在还没有形成稳定的对高端人才的发展、薪金需求重视的政策体系，人才考核体系单一，主观意识强烈。对企业创新进行资金支持时，政府怕问题追责，对企业的审核过于复杂，不利于企业的创新和政府的服务。

（五）郑洛新自主创新示范区区域创新体系的定位

从示范区各个主体在创新中所遇到的障碍和困难，以及各个主体之间的联系分析我们可以看出，在郑洛新自主创新示范区内，各个创新主体之间的联系并不是特别紧密，政府处于一种领导者和中介者的角色，将企业与其他创新主体联系在一起。同时，政府为企业的创新提供良好的外部环境，制定各种利于区域创新能力提升和创新能力建设的政策。企业作为创新体系中最重要的主体，在郑洛新示范区内发挥着重要的作用，但是企业的活力还没有发挥完全，企业还处于被领导的位置。郑洛新示范区的区域创新体系还处于一个萌芽阶段，还需要各个主体不断配合，共同推动郑洛新国家自主创新示范区区域创新体系的建设。

五 郑洛新国家自主创新示范区区域创新体系建设的对策建议

在示范区的范围内形成以政府为主导、以高新技术企业为主体、集政产学研于一体的区域创新体系，需要各个行为主体多方面的协同合作。

（一）改变企业在创新体系中的被动地位

企业在创新体系中拥有重要地位，但从实地调研中我们发现，示范区中的高新技术企业还处于被动的地位，所以，我们应该依托"先试先行"政策,为企业打造良好的创新环境,改变企业现在的被动状态。首先,进一步完善市场环境,为企业的创新活动建设一个开放、竞争、有序的外部环境。其次,政府可以通过项目支持、研发补贴、税收激励、政府采购等一系列政策服务对企业开展创新活动进行支持。最后,政府还需要引导企业将创新作为核心竞争力,将企业打造成为行业内的领头羊。应鼓励企业建立技术研发中心,推动企业与其他企业的交流合作,引导区域内的企业进入良性竞争的环境中,减少因知识产权保护对企业造成的损失。最终形成以高新技术企业群体为主导,集成高等院校和科研院所技术成果的创新战略体系。在该体系中,信息、技术和资源可以得到交流与合作。改变国有企业现有的考核制度,将技术创新能力和效益纳入员工的考核标准;支持小微企业科技创新,对小微企业创新活动进行大力扶持。

(二)明确政府在示范区创新体系建设中的引导和服务地位

政府在示范区中的角色主要是引导企业发展,同时为其他创新主体提供良好的外部环境。首先,政府应该发挥宏观调控的功能,利用其规划和政策的导向作用,为示范区的高新技术企业、科研院所、高校和中介机构等谋划发展的蓝图,制定长远的发展战略。政府要通过制定各种政策,指导企业的科技创新活动,为企业的创新活动做好服务。示范区政府应该加大 R&D 投入和开放创新力度,组织协调区域各个创新主体之间的关系,通过实施财政补贴、政府购买和资金奖励等优惠政策,激发企业开展创新活动的积极性。政府还要鼓励和引导企业与中介结构合作,使示范区的资金、信息得到最优的配置。其次,政府应建立健全与知识产权保护和专利申请相关的法律法规体系和服务保障平台,并指定相关部门和管理机构直接负责运作,减轻过程的复杂性。这将有利于保护示范区内企业的创新成果,减少企业在知识产权保护方面所花费的人力、物力和财力等成本。除此之外,建立健全知识产权法律法规,将创新活动规范化,有利于示范区内的企业跟国际企业接轨。最后,示范区政府应发挥科技服务的功能。现有的政府服务体系中,存在职责不明、政策宣传不到位现象,所以加快示范区区域创新体系建设,政府部门需要加强各部门的职能性服务，将权力和职责划分明确，并加强相关政策的解读工作。

（三）打造产学研无缝对接机制

示范区政府需要通过不断了解企业、高校和科研院所的需求来制定出符合需求的优惠政策，鼓励和引导示范区内的企业与科研院所和高等院校（不限于示范区内）合作，以达到不同创新主体之间共享社会科技资源的目的，从而逐步形成产学研无缝对接的机制，改变现有的企业与高校等信息沟通不畅、合作结果不理想的局面。现阶段，企业重实用，高校重理论，科研院所重技术，各有各的优点。我们可以遵循优势互补、利益共享的原则，通过政府或者企业搭建平台，引导其建立机制灵活、形式多样的协同创新机制。第一，示范区政府提高组织和协调能力，由政府出面引导，企业、高等院校和研发机构在政府建立的平台上开展重大科技活动；第二，政府通过规划和计划，在重大科技项目上鼓励产学研合作；第三，政府部门在制定相关政策的时候，通过研发补贴和税收激励等，鼓励高等院校和科研院所将开发出来的技术通过企业进行转化，同时积极引导企业与高校和科研院所就引进的技术进行合作，帮助企业吸收和再创新；第四，鼓励和引导区域内科研机构、高等院校与区域外创新主体合作与交流，比如，与区域外的创新主体联合建立实验室、技术研究中心、成果转化基地等，吸收和引进其他地区的创新成果进而提升区域内的技术创新能力和科研能力，提高科技成果转化效率。

（四）大力推动科技中介机构发展，合理优化资源配置

根据示范区区域创新体系建设的不同阶段、各个主体发挥作用的不同，在示范区内大力培养和建立一批为企业自主创新提供科技孵化、信息咨询、成果转化、知识产权保护、金融投资等服务的各种类型的科技中介机构，并引导企业与科技中介机构的合作。科技中介机构应该具备完善的服务门类和良好的服务质量，为加强示范区人才、资金、信息、技术等科技创新资源的

优化配置而努力。首先，在政府的引导下，结合市场经济的需求，科技中介机构发挥在企业之间的双重积极性，改善企业和市场之间的信息交流方式，帮助示范区建立机制灵活、行为规范、市场活跃的区域创新体系。科技中介机构应该根据自律性原则组建行业协会，以会员制的发展模式，实现行业的自我管理和自我约束，规范行业行为，提升行业信誉。其次，科技中介机构应该加强工作人员的素质培养和能力提升，促进中介机构整体服务水平的提升，不再出现泄露企业商业机密的现象，使企业愿意与之合作。最后，科技中介机构应该将人才引进作为改善内部血液的方式，不断地从外部吸引高精尖人才，以便使机构的活力得到不断提升。示范区内的科技中介机构应该定期开展学习工作，借鉴国内外同类型机构的成功经验，掌握世界前沿的核心内容、专业知识，不断根据企业需求改变服务方式和服务内容，拓宽机构的服务领域，满足示范区内不同类型企业的多样化、多层次和系统化需求。企业在进行创新创业的时候，不仅需要信息、技术、资金、人才等科技要素，还需要科技中介机构提供评估、咨询等软服务。所以，大力推动科技中介机构发展，提升资源优化配置效率，对示范区的区域创新体系建设有良好的推动作用。

（五）加快人才引进和培养，为示范区区域创新体系建设塑造软环境，带动示范区创新积极性

示范区政府应以人才为核心，深化用人制度改革，确保人尽其才，改善人才选拔、任用、激励、监督制度，在人才培养与企业发展之间建立更好的对接机制。示范区政府应该改善现阶段以论文数量或申请专利数为主的职称评定标准，建立与示范区发展模式相适应的高层次人才认定和考核方法。同时，依托示范区的优势资源和政策福利，制定出吸引高端人才的相关政策并给予资金支持，以便更多的高端人才开展创新创业活动，从而为区域创新增加新的团队和活力。针对职称评定问题，应对高校和企业人才评定标准加以区分，不再采用发表论文或者申请专利数量的"大一统"考核标准，将科技项目、经济效益和技术的先进性纳入企业评定职称的考核体系，带动企业

人才培养的积极性。示范区应根据企业需求大力培养和引进高精尖人才、实用型人才。首先，加强学术带头人的培养工作。示范区应该依托现有的重大科技项目、建立的重点学科以及国际学术交流会议等，加强区域内学术带头人的培养工作，以学术带头人为核心，推进科技创新团队的建设工作；为学术带头人设立培养基金，并予以优先保障，便于他们进行自选课题研究和继续深造，并通过此种方式建立多元化的创新投入机制。除此之外，还应该为学术带头人创造一个舒适和谐的创新环境，解决其最要紧最现实的住房、交通、教育等问题。其次，广泛吸纳高层次创新创业人才。示范区政府可通过制定相关政策吸引和留住科技型人才。就引进人才来说，示范区政府应该在岗位设置、人员流动等方面对高层次人才引进实行绿色通道，简化办事程序，实现随报随批、特事特办，打破户籍、地域、身份等的制约。实现人才的无障碍流通，同时将个人意愿和政府导向统一起来，尊重高端人才的个人意愿。就薪资待遇来说，从我们的调研结果来看，郑洛新三地的工资待遇都不高，企业本身很难吸引到人才。所以，政府相关部门在引进人才方面要提供政策保障，尤其是薪资待遇等方面，除此之外，政府还应该对引进的高层次人才实行由财政统一负担的特殊津贴，以便留住高精尖人才。

郑洛新国家自主创新示范区自主创新能力研究

李文亮　李博博　张水娟　肖星野[*]

摘　要： 郑洛新国家自主创新示范区的设立为推动河南省创新驱动发展带来了重大契机和挑战。为更好地推进示范区自主创新能力建设，本文通过访谈、问卷调查等方式对示范区自主创新能力建设进行了深入研究，全面地剖析了示范区自主创新能力建设进程中存在的问题和障碍，分析了自主创新能力形成机制的激励效果，以期为郑洛新示范区自主创新能力建设提供有益参考。研究发现，自示范区成立以来，示范区自主创新能力得到了进一步的提升，但仍存在着许多亟待解决的问题，主要表现为创新资源短缺、创新意识薄弱、创新形成机制激励不足、产学研协同创新效率不高以及缺乏良好的创新生态环境等问题。因而为加快示范区自主创新能力的提升，各级政府应当加强创新生态环境建设，培育良好的创新文化氛围，重视创新人才的引进和培养，加快推进区域间的合作开放，破除区域间行政壁垒，促进示范区协同发展。

关键词： 自主创新示范区　自主创新能力　创新生态环境

---

[*] 李文亮，郑州银行博士后工作站博士后；李博博，郑州大学管理工程学院 2015 级硕士研究生；张水娟，郑州大学管理工程学院 2015 级硕士研究生；肖星野，郑州大学管理工程学院 2015 级硕士研究生。

随着全球一体化进程不断加快，经济增长呈现区域化，区域经济在经济增长中也表现出很强的竞争力。而区域创新能力在很大程度上影响着区域经济发展和综合实力，这主要表现在区域创新能力可以加快产业结构升级，调整区域经济结构，进而改变区域在整个经济链中的位置，最终提升区域的经济效益和综合实力。河南省作为中部地区的经济大省，通过不断提升创新能力，可以加快转变经济增长方式，实现跨越式发展。2016年郑洛新国家自主创新示范区的建立，为河南省创新驱动发展提供了历史性机遇和重大契机。为了牢牢把握这一历史性机遇，郑洛新各级政府认真贯彻示范区"先试先行"政策，不断推进示范区自主创新能力提升。而相对于中关村等示范区的建设，郑洛新示范区还处于起步阶段，在提升郑洛新示范区自主创新能力过程中仍存在一定的问题，需要不断地摸索前进。因而，为了更好地提升郑洛新示范区自主创新能力，很有必要对郑洛新示范区自主创新能力提升进行深入研究，认识示范区自主创新能力现状，发现自主创新能力提升进程中存在的制约性问题和障碍。

本文以郑洛新示范区自主创新能力提升为研究主题，以郑洛新示范区的企业和政府等创新主体为研究对象，一方面，从区域创新能力的形成机制出发，研究了创新激励机制、科技中介服务机制、人才培养与激励机制、创新开放机制以及协同创新机制对企业自主创新能力形成的激励效果，旨在发现企业自主创新能力形成的关键所在；另一方面，通过对郑洛新示范区高新技术企业和相关政府部门的深度访谈，进一步分析示范区创新主体在提升自主创新能力进程中存在的问题和障碍，以期更好地促进郑洛新示范区自主创新能力提升，加快形成以郑州、洛阳、新乡等城市为中心，以安阳、南阳为两翼的"一中心两侧翼"创新格局，为河南省创新驱动发展提供针对性意见和对策。

一 区域自主创新能力概念界定及相关理论

（一）区域自主创新能力

区域创新是指"区域能够成功地运用新知识"，区域创新能力就是

"区域能够成功地运用新知识的能力"。区域自主创新能力以提升区域经济发展水平为目标,有效发挥区域创新主体(即企业、高校及研究机构、科技中介服务及金融机构、政府等)的创新积极性,通过人力资本的集聚和创新资源的高效配置,将创新思想转化为新产品、新工艺和新服务。区域自主创新能力具有创新、开放性、非线性、不可复制性等特征。

(二)区域自主创新能力形成机制

区域自主创新能力是增强区域竞争实力、获取竞争优势的重要途径,为提高郑洛新示范区自主创新能力,应首先对区域自主创新能力的形成机制进行分析。形成机制作为区域自主创新能力的产生机理,能够推动示范区自主创新能力的产生和提升。通过对现有文献进行梳理,本文将区域自主创新能力的形成机制总结为创新激励机制、科技中介服务机制、人才培养与激励机制、创新开放机制和协同创新机制。

(1)创新激励机制。创新激励机制作为提升创新能力的基础环节,可通过政府的各项政策和措施激发创新主体的创新积极性,促进区域创新活动,因而从创新激励的目的、主体和措施来讲,政府一直扮演着主导者的角色。本文从财政激励、税收激励和金融激励三个方面对创新激励机制进行研究,深度挖掘政府对郑洛新示范区自主创新能力提升的激励和引导作用。

(2)科技中介服务机制。科技中介是区域创新系统的重要组成部分,在区域创新中起着协调政府、高校、科研院所以及企业之间的创新合作,优化创新资源配置,加快创新成果转化,提高区域自主创新能力的作用。培育自主创新能力需要通过科技中介服务机构的网络化、功能社会化、服务无产业化来保障自主创新资源和要素的供给与需求。

(3)人才培养与激励机制。高素质人才是稀缺的自主创新资源,影响着自主创新能力的提高。高素质人才的短缺已然成为制约区域自主创新能力提升的重要因素,因此,加大人才培养和激励力度、提升人才的质量和数量是促进区域创新能力提升的重中之重。本文主要从存量人才激励和增量人才培养两个方面研究人才机制,其中人才激励主要针对企业,包括物质激励、精神激励和文化激励,人才培养包括高校和企业的人才培养以及政府针对人才培养制定的政策和实施的措施。

(4)创新开放机制。开放式创新是经济发展战略中的新理念,创新资源流动是经济社会发展的新要求。资源流动能够改善区域的资源禀赋,不仅有助于优化区域产业结构和促进区域产业发展水平的提高,而且能促进区域创新系统的构建和发展。本文基于资源流动的一般规律,从人才流动、知识流动和资金流动三个方面探讨创新开放机制对区域自主创新能力提升的激励效果。

(5)协同创新机制。协同创新是有效推动区域可持续发展的动力来源。企业是真正的协同创新主体,同时,政府的引导和推动在区域协同创新中具有重要作用。协同创新既包含产学研的协同,也包括政府、科技中介机构等的深度合作。根据协同创新的不同范围,可将协同创新分为企业间的微观协同、各创新主体间的中观协同以及国家间的宏观协同。本文主要研究各创新主体间的中观协同,分析中观协同对自主创新能力提升的激励效果和协同创新过程中的问题。

二 郑洛新国家自主创新示范区自主创新能力现状分析

(一)创新活动单位和机构情况

创新活动单位和机构的数量和分布可以在一定程度上反映企业创新活力和创新意识的发展程度。2016年,郑洛新三市高新区紧抓郑洛新国家自主创新示范区建设工作,在创新活动和机构建设方面取得了新的成绩。截至2016年底,郑州高新区内集聚了5个国家重点实验室、3个产业技术研究院、7个国家级工程技术研究中心、8个部属研究院、33个市级以上院士工作站、25个博士后科研工作站、552个市级以上研发机构。2016年洛阳高新区研发机构建设取得了新进展，呈现明显的高端科技创新资源集聚效应。洛阳高新区共培育引进7个新型研发机构，新增省级以上孵化器9个、省级以上众创空间7个，新增国家级专业化众创空间1个，新增省级重点实验室4个、省级工程技术研究中心9个、院士工作站2个、省级国际科技合作基地3个。新乡片区2016年在完善创新平台体系方面深入推进科技平台建设，科技载体逐步完善。创建新科众创空间，科技孵化器粗具规模，争取国家首批星创天地3个（数量居全国第一）、省级首批星创天地3个（数量与郑州、洛阳并列全省第一），新建市级首批农业科技园区4个、市级涉农工程技术研究中心3个。

（二）产学研协同创新情况

高校与企业、科研院所的产学研合作对培育形成坚实的研发能力，提升区域自主创新能力和竞争力具有重要的意义。郑洛新三市高新区政府对产学研工作高度重视，在2016年的工作中取得了一定的成绩。2016年，郑州高新区80%的高新技术企业与高校、科研院所建立了产学研合作关系。一方面，郑州高新区依托郑州机械研究院的郑州高端装备与信息产业技术研究院、郑州大学的产业技术研究院、中国人民解放军信息工程大学的郑州信大先进技术研究院，组建了产业技术研究院，并全部获批河南省新型研发机构。另一方面，为了更好地了解企业需求为企业解决困难，高新区分中心积极引进中国科学院专家与区内企业对接，建立了与科研院所的合作关系。此外，截至目前，高新区院士工作站建设成就突出，共建立了33个市级以上院士工作站。2016年洛阳片区以企业为主体，联合高校、科研院所进行技术攻关，实施"机器人控制与驱动及离线编程关键技术研究与样机研制"等42个省级、市级重大科技专项。在产学研方面，新乡片区积极筹备"北上南下"专项行动。积极谋划与北京技术转移中心、浙江大学、上海交通大学、西安科技大学等高等院校和科研机构的合作，推进科技成果转化和技术对接工作。目前，共收集整理全市科技开放合作项目200余项，近期拟签约项目19项。

（三）创新环境情况

郑洛新示范区的建设，为创新创业营造了良好的环境。郑洛新示范区依据《中共河南省委河南省人民政府关于加快推进郑洛新国家自主创新示范区建设的若干意见》，结合各自发展情况分别出台了相关的意见。一方面，各片区政府按照国家税制改革的总体方向与要求，落实新修订的高新技术企业认定、研发费用加计扣除政策。企业获得的财政性科技资金，符合不征税收入条件的，在计算应纳税所得额时从收入总额中扣除。比如，新乡片区为了贯彻落实加计扣除优惠政策，组织开展企业研究开发费用税前加计扣除项目鉴定工作，在电池、装备制造、生物医药、新材料等领域59家企业鉴定项目220项，可加计扣除额达到3.7亿元。

另一方面，加深了对知识产权工作的重视程度。为了提升专利申请质量，进一步提升示范区创新能力，2016年郑州高新区管委会编制了《关于进一步加强知识产权工作的若干意见》，在高新区内高新技术企业及科研院所的专利和软件著作权申请、专利产业化、企业知识产权优势培育、知识产权服务机构开展服务以及知识产权金融服务等方面给予了重点支持。

此外，为了积极构建并倡导崇尚创新、支持创新、包容创新的创新创业文化，各片区强化了宣传和舆论引导。2016年洛阳片区建立创新容错免责机制，加快形成鼓励创新、宽容失败的制度、政策、法律环境，激发各类创新主体的积极性、主动性和创造性。通过各级媒体、网络平台等多种渠道，加强宣传和舆论引导，对重大科技创新成果、创新创业人才和创新型企业进行宣传，营造浓厚的创新创业氛围。

三 区域自主创新能力形成机制激励效果分析

为了更好地了解区域自主创新能力的形成机制以及在自主创新过程中存在的主要问题和障碍，本文以区域自主创新的主体——企业为对象进行了问卷调查和实地访谈。问卷调查和实地访谈的主要对象为郑洛新示范区内的高新技术企业。

问卷调查的目的是通过企业对自主创新能力形成机制的评价，认识各形成机制对企业自主创新能力形成的激励效果，把握形成企业自主创新能力的关键所在，为提升企业自主创新能力进而提升郑洛新区域自主创新能力提供有益借鉴。问卷的发放方式包括实地调研发放、电子邮件发放和培训集中发放。此次共发放 200 份调研问卷，收回 173 份，其中有效问卷 145 份，问卷的有效回收率为 72.5%。问卷内容主要涉及两方面：一是企业的基本情况，二是创新能力形成机制对企业自主创新能力形成的激励效果评价。

（一）企业基本情况的描述性统计分析

企业作为区域自主创新的核心，对区域自主创新能力的形成与提升发挥着至关重要的作用，因而很有必要了解企业自主创新能力的基本情况。而企业的基本情况作为影响企业自主创新能力的重要因素是我们首先需要了解的内容。本文为了了解郑洛新示范区内高新技术企业的基本情况，主要从企业的产权性质、企业所属高新技术企业类型、企业所属的领域、企业成立年限、企业现有员工数、企业 2016 年销售收入、企业有无独立研发机构等方面进行了调查。

在企业产权性质方面，国有企业共 32 家，占样本总量的 22.1%；民营企业 94 家，占样本总量的 64.8%；外商投资企业、集体企业分别有 3 家和 2 家，分别占样本总量的 2.1% 和 1.4%（见图 1）。

这一分布相对比较符合我国企业发展的基本情况。从企业产权性质的分布来看，郑洛新示范区内的高新技术企业中民营企业占比最大，国有企业次之，外商投资企业相对较少。这在一定程度上反映出郑洛新示范区拥有的外商投资企业数量较少。究其原因，一是地理位置不占优势。河南省作为中部省份，相对于东部沿海地区，缺乏地理位置上的优势，自然资源、人力资源等相对不足，在引进外资过程中阻碍相对较多。二是经济发展水平相对落

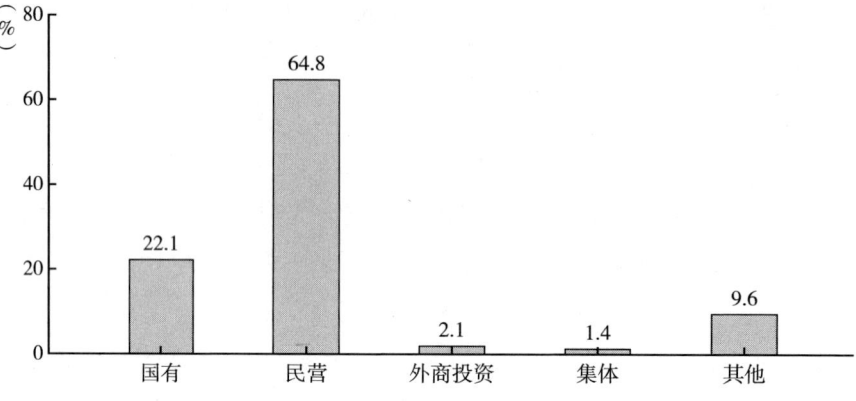

图1 企业的产权性质

后，基础设施和生活条件与东部沿海地区仍有差距，对外资企业缺乏吸引力。此外，企业产权性质的分布也反映出郑洛新示范区内的高新技术企业自主创新主体主要来源于国有企业和民营企业。

企业所属高新技术企业类型方面，在145家高新技术企业中，国家级高新技术企业54家，占高新技术企业总数的37.2%；省级高新技术企业75家，占高新技术企业总数的51.7%；地市级高新技术企业16家，占高新技术企业总数的11.1%（见图2）。高新技术企业的类型分布，也符合了自主创新企业的分布特征。

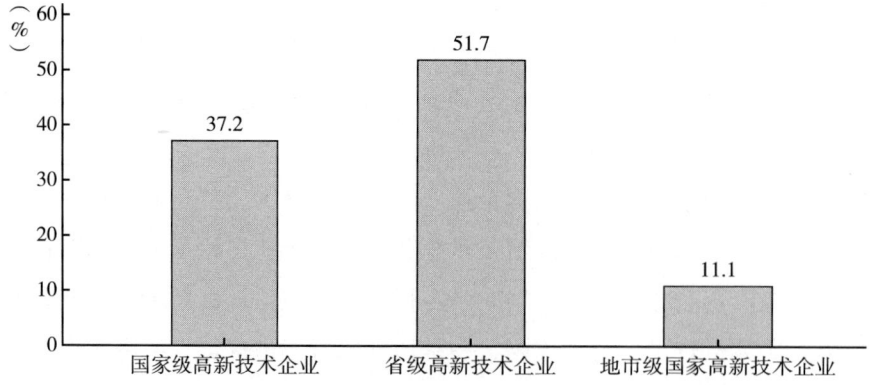

图2 企业所属高新技术企业类型

从高新技术企业所属的领域来看，主要覆盖了电子信息技术、新能源及节能技术、高科技服务以及高新技术改造传统行业等领域，这些领域共占72.2%，其他领域占27.8%。在企业规模结构上，郑洛新及其周边地区的高新技术企业规模依然相对偏小。一方面，从高新技术企业2016年销售收入数据来看，销售收入在1亿元以下的有83家，占57.2%；另一方面，从企业员工的数据来看，企业员工数在300人以下的有75家，占51.7%。从企业是否有独立研发的机构来看，高新技术企业中有独立研发机构的有113家，占77.9%，这表明绝大多数的高新技术企业都设立了独立的研发机构。总的来看，本研究的调研样本代表性较好，能够充分反映自主创新企业的规模、分布和特征。

（二）自主创新能力形成机制激励效果的描述性统计分析

表1是对自主创新能力形成机制激励效果的统计分析，有助于我们更好地了解各形成机制对企业自主创新产生的激励效果。通过对表1的分析，可以得出以下几点结论。

表1 自主创新能力形成机制激励效果的描述性分析

单位：分

测评题项	均值	标准差
税收政策对企业创新的激励	3.998	0.958
财政政策对企业创新的激励	4.008	0.967
金融政策对企业创新的激励	4.015	0.864
科技中介服务机构对企业创新的激励	3.737	0.926
人才激励对企业创新的激励	4.180	0.805
人才培养对企业创新的激励	4.230	0.829
创新开放对企业创新的激励	3.977	0.887
协同创新对企业创新的效用激励	4.027	0.845

第一，人才机制对促进企业自主创新发挥着至关重要的作用。从表1可以看出，平均值最大的是"人才培养对企业创新的激励"的评价，说明企业认为人才培养能够较好地激励企业自主创新；"人才激励对企业创新的激励"

题项的均值也相对较高，且人才培养与人才激励题项的标准差相对较小，表明企业对人才培养与人才激励促进企业自主创新的评价比较一致。从而说明，人才对激发企业自主创新积极性起到了相当重要的作用。同时也可以反映出，人才因素是影响郑洛新区域创新能力提升的关键因素。

第二，目前而言，科技中介服务机制对促进企业自主创新尚未发挥重要的作用。从表1的平均值可以看出，科技中介服务机构对企业自主创新激励效果的均值最小，表明作为创新主体的企业对"科技中介机构能够为企业提供创新需求信息""科技中介机构为企业提供创新资源整合服务""科技中介机构帮助企业加快技术转移或成果转化"等题项的评价相对较差，反映出当前的科技中介服务尚未很好地服务于企业的创新。

为分析现行的税收政策对企业自主创新的激励效果，本研究主要从企业所得税、营业税、研发费用、进口关税以及个人所得税等方面进行了评价。通过表2的统计分析可知，在税收激励政策中对技术开发取得的收入减征营业税的激励效果较好，平均得分4.28分，其次是个人所得税和企业所得税题项，平均得分分别为4.19分和4.15分。而进出口关税的减免激励对促进企业自主创新的效果较差。总的来讲，目前我国对提升企业自主创新能力的税收激励政策主要集中在营业税和所得税的减免方面，并且取得了一定的效果，而减免进出口关税激励企业自主创新的效果并不显著。

表2 税收政策对企业自主创新的激励效果

单位：分

测评题项	均值	标准差
减征企业所得税能激发企业创新的积极性	4.15	1.017
减征营业税能激发企业创新的积极性	4.28	0.738
研发费用的加计扣除能激发企业创新的积极性	4.07	0.908
减免进出口关税能有效激励企业创新	3.87	0.953
个人所得税优惠能有效激励研发人员创新	4.19	0.973

为了了解现行的财政政策对企业自主创新的激励效果，本研究主要从科研经费补贴、政府采购、融资奖励以及政府贴息等方面进行了评价。通过表

3 的统计分析可知，政府对企业的科研经费补贴对企业自主创新的激励效果较好，平均得分为 4.30 分。相对来讲，政府采购对企业自主创新的激励效果相对较差，平均得分为 3.83 分。政府对国产高新技术产品的"首购"、"订购"和"优先购买"政策主要针对企业自主创新产品，而通过调研发现，郑洛新示范区高新技术企业的自主创新主要在于实用新型与外观的创新，因而政府采购对企业自主创新的激励效果并不理想。

表 3 财政政策对企业自主创新的激励效果

单位：分

测评题项	均值	标准差
科研经费补贴能激励企业创新	4.30	1.002
政府采购能激励企业新技术研发	3.83	1.194
政府对企业的融资奖励能激励企业创新	4.07	0.866
政府贴息能激励企业创新	4.13	0.972

金融政策的目的是通过贷款、风险投资等为创新企业提供融资的渠道，提高创新企业的直接融资比例，为了分析金融政策对企业自主创新的激励效果，本研究主要从"金融政策有助于企业获取创新所需的信贷资金或股权资金"和"金融政策为企业创新提供便捷的融资渠道"两方面进行了评价。从表 4 可以看出，"金融政策为企业创新提供便捷的融资渠道"评价相对较好，平均得分为 4.09 分，说明金融政策能为企业的创新活动提供便利的融资渠道，有利于企业更有效地筹资研发所需资金。

表 4 金融政策对企业自主创新的激励效果

单位：分

测评题项	均值	标准差
金融政策有助于企业获取创新所需的信贷资金或股权资金	3.93	0.929
金融政策为企业创新提供便捷的融资渠道	4.09	0.853

为了认识创新开放对区域创新主体自主创新的激励效果，了解企业间创新资源流动的现状，本研究主要从创新资金流动、知识共享、专利买卖等方

面对开放式创新机制进行评价（见表5）。通过统计分析可知，企业间创新资金流动能够很好地解决企业研发资金短缺的问题，促进了科技开放与合作。相对来讲，企业间知识共享专利买卖题项得分较低，说明企业技术转移、政府鼓励先进技术成果在示范区转移转化方面还需要进一步加强。

表5 创新开放对企业自主创新的激励效果

单位：分

测评题项	均值	标准差
创新资金的流动能够缓解企业研发资金的短缺问题	4.02	0.858
企业间的技术人员能够相互沟通和知识共享	3.78	0.965
企业间能够方便地进行技术或专利的买卖扩散	3.91	0.875

在调研中发现，区域间的行政壁垒是制约企业自主创新不可忽略的因素。而区域间的协同创新能够在一定程度上打破行政壁垒，促进创新主体的深度融合及创新资源的共享，协同创新在自主创新过程中具有重要的意义。通过表6统计结果可知，"示范区统一政策的实施能激发企业创新的积极性"得分较高，为4.22分，说明示范区内打破行政壁垒的统一政策，能够对激发企业自主创新积极性起到显著的作用。

表6 协同创新对企业自主创新的激励效果

单位：分

测评题项	均值	标准差
区域设立的专项资金能够有效降低企业创新的成本	3.87	0.891
区域协同合作能够促进企业间创新资源的共享	3.94	0.979
示范区统一政策的实施能激发企业创新的积极性	4.22	0.769

四 郑洛新国家自主创新示范区自主创新能力建设存在的主要问题

为了更清晰地认识郑洛新示范区在自主创新能力提升过程中存在的问题

和障碍，本文对郑洛新示范区内的高新技术企业进行了访谈。访谈的对象是郑洛新示范区内的高新技术企业（小微企业、创业企业、大中型民营企业、国有企业和科研院所）；访谈的主要内容是企业自主创新过程中主要存在哪些问题和障碍。通过对企业的访谈以及相关资料的学习发现，在自主创新过程中其主要存在以下几方面的问题。

（一）创新环境有待进一步改善

从区域创新生态系统的角度讲，创新环境主要包含创新基础设施、创新资源、创新激励机制三个方面。创新环境作为创新主体进行创新的外部环境，对创新主体的创新活动具有重要的作用。近年来，河南省加大了创新环境的建设力度，尤其是郑洛新示范区的建设，取得了一定的成就，但还存在一些问题。

1. 创新基础设施相对落后

基础设施的落后主要体现在以下几方面。一是交通设施落后。目前，郑州、洛阳和新乡三市的交通仍以公交为主，而示范区因设在远离市中心的高新区，其交通路线相对较少，给在示范区内工作的人员出行带来了很大的不便。二是住房设施落后，房源少，成本高。一方面，近年来城中村的不断拆迁改造，造成了租房难找、成本较高的问题。另一方面，示范区内可供使用的人才公寓、经济适用房等资源少，难以有效地解决创新人才住房难、买房难的问题。三是示范区内配套的基础设施落后。比如学校、图书馆等数量少，尚未满足示范区内员工的需求。

2. 创新资源短缺

创新资源主要涉及人才、资金、知识产权等方面，目前创新资源的突出问题主要体现为以下几方面。

人才资源的短缺。人才资源作为创新投入的关键因素，是企业创新的核心资源之一，也是制约企业自主创新的主要因素。人力资源的短缺一方面是高层次人才的短缺，另一方面是基础人才（大专、本科生等）的短缺。对示范区内大多数企业来讲，其需要的人才侧重于基础人才，因而基础人才的短缺对企业自主创新的影响更大。此外，人力资源的短缺还反映在人才引进困难上。人才引进困难，不仅是困扰企业的难题，同时也是政府面临的重要问题。人才引进难，一是因为示范区所处的地理环境、经济发展水平、薪资水平及教育环境等因素，在吸引人才到示范区就业方面存在一定难度。二是因为人才供给与人才需求不对等。不难发现，每年都存在很多毕业生找不到工作，也有很多用人单位招不到人的现象。造成这一现象的原因主要是人才的供给与企业的人才需求不匹配。高校的教育侧重于理论知识，而企业的人才需求侧重于实践，这使得很多人才专业不对口，不能满足企业实际用人需求。

研发资金短缺。自主创新是一项高投入、高风险的活动。高投入除了人才的投入还有研发资金的投入。通过对访谈内容的汇总分析发现，研发资金的短缺是各类型企业共同面临的问题。尤其对小微企业、创业企业来讲，研发资金的短缺可能成为压倒其生存的关键因素。研究发现，造成研发资金短缺的原因，一是企业自身的发展状况。企业研发资金的投入数量很大程度上与企业自身发展状况相关。对于企业规模相对较大、经营水平高的大中型民营、国有企业来讲，研发资金的投入会相对较多；而对于中小型甚至小微企业而言，研发资金投入的多少会对企业生存产生很大的影响。考虑到企业生存的现实问题，大多数企业的创新都是基于企业自身能承担的范围内的创新，创新的类型大多以实用新型为主。二是政府给予企业的研发补贴难以落实。近年来，尤其是示范区建设以来，各级政府对企业的研发支持给予了高度的重视，研发资金投入的数量不断提高，优惠的范围也不断扩大，对促进企业创新起到了重要的作用，但是仍旧存在一定的问题。首先，研发补贴主要是"后补助"，是锦上添花的支持，而不能在企业研发的前期提供支持。其次，研发补贴的力度有待进一步加大，研发补贴的资金只占企业所需研发资金的很小比重。再次，研发补贴的申请程序繁多，审批时间长、资金到位时间晚，这在一定程度上会阻碍企业研发活动的顺利开展。最后，研发资金的使用管理比较死板，缺乏灵活性。

知识产权保护力度有待加大。知识产权保护在激励创新方面发挥着重要的作用,会对区域创新能力产生直接影响。通过调研发现,知识产权保护是企业在自主创新过程中难以规避的问题。每年由专利权、著作权等产生的产权纠纷都会占用企业的一部分资源和精力。有些企业甚至专门设立了知识产权部门来维护企业的知识产权。而对于小微企业、创业企业而言,自身的知识产权保护能力相对较差,更难以应付产权纠纷带来的一系列问题。造成知识产权纠纷问题的原因,一是公众的知识产权保护意识薄弱,既缺乏侵权的意识,又缺少保护自身知识产权的意识;二是知识产权纠纷案件处理时间长、处理效果差,对侵权者惩罚力度小,这既打击了企业创新的积极性,又无法使侵权者意识到侵权的违法性。

3. 创新激励机制有待进一步完善

创新激励机制是政策与法规、管理体制、市场与服务等激励约束体系的统称,主要由政府与中介机构提供。郑洛新示范区成立以来,各级政府下发了一系列政策法规来鼓励加快示范区的建设,为河南省实施创新驱动发展战略提供了重大机遇和重要实践。通过调研和访谈,我们也发现目前在政策与法规执行、管理体制实行、中介服务等过程中存在几方面问题。

创新激励政策与法规缺乏稳定性和配套性。创新激励政策与法规主要涉及税收政策、财政政策以及金融政策等。前文通过对创新激励政策方面的问卷调研发现,税收政策、财政政策以及金融政策对企业自主创新的激励效果得到了企业比较好的认可。但是通过访谈发现其仍然存在问题,一是国家的创新激励政策缺乏稳定性的支持。比如,创新激励政策实施的初期,企业会根据政策的号召建立一系列相关的项目,但是由于政策后期的变动调整,企业不再享受相关的创新政策支持,会导致企业的创新活动处于被动状态,不利于企业创新活动的开展。二是创新激励政策缺乏配套性。比如不同部门间政策的矛盾性,使企业申请享受相关优惠政策时在申请程序上花费大量的时间和精力。

政府管理有待进一步的完善。针对政府在企业管理方面存在的问题,通过访谈主要可总结为以下几点。一是政府对企业的管理应当避免过于统一化,政策制定应当重视政策的精准化,关注不同性质的企业所具有的个性化需求和困难。比如，大小企业的无差别管理，尽管其出发点是为了规范企业的运行和监管，但是对于小微企业、创业企业来讲，配合并应对政府的管理具有一定的困难。二是管理过程中缺乏有效的反馈机制。比如对项目申请失败的企业，应当说明失败的原因，让企业知道进一步改进的方向。三是政府部门对相关措施和政策的宣传工作不到位。很多企业反映对相关的政策不了解或了解途径缺乏。比如在倡导简政放权的过程中，企业不清楚权力下放后该去哪些部门办事，不利于创新活动的开展。

中介服务尚未发挥有效支撑企业自主创新的作用。企业调研问卷的分析结果发现，科技中介服务机构对企业自主创新效果的评价得分最低，说明企业对于科技中介机构对自身创新发展发挥的作用认可度不高。同时，访谈中也发现类似的问题，很多企业没有通过科技中介机构获取信息和相关的技术支持。究其原因：一是科技中介机构提供的服务和信息无法满足企业的需求；二是企业对科技中介机构的认识不足，不清楚科技中介机构能为企业创新活动带来哪些帮助。

（二）区域间的行政壁垒制约开放创新格局的形成

行政壁垒主要是指地方政府出于对本区域利益最大化的考虑，"凭借行政权力对市场进行不合理的干预"，以行政区划为界限主观分割统一市场的行政行为和政策表现。行政壁垒是制约区域自主创新能力提升的一大障碍，阻碍了市场要素的自由流动和资源的有效配置，增加了区域间的资源流动成本，挫伤了企业自主创新的积极性，制约了开放创新格局的形成。调研发现，打破行政壁垒能够对激发企业自主创新积极性起到显著的作用。因而，如何打破行政壁垒，实现郑洛新三市的优势互补和科技创新资源的高效配置是政府推进开放式创新的关键所在。

（三）协同创新体系建设任重道远

在河南省实施创新驱动发展战略的过程中，科学有效地组织与协调创新要素，进行创新生产，从而提升创新绩效是十分关键的。郑洛新示范区建立以来，为了构建富有活力的协同创新体系，政府部门出台了一系列鼓励支持政策来推进协同创新体系建设的进程。就目前调研的现状分析来看，协同创新过程中还存在一些制约性的因素阻碍着协同创新体系的建设。一方面，企业与高等院校、科研院所的产学研合作效率不高。高等院校的研究侧重于基础前沿，更关注理论方面的突破与创新；而企业的研究是应用型研究，侧重于创新成果的转化。两者关注的重点不同，在合作过程中常出现合作效率不高、研发成果转化困难等问题。另一方面，企业与高等院校、科研院所的产学研合作中合作各方管理体制不健全。在管理体制上，产学研合作各方因主管部门、运行机制的不同，在产学研合作的交结点上缺乏系统有效的管理。

五 郑洛新国家自主创新示范区自主创新能力建设的对策建议

（一）促进创新资源向示范区企业集聚，改善示范区创新环境

示范区建设的核心任务是优先发展战略性新兴产业和高新技术产业，而发展需要创新资源的投入，主要有人才资源、资金资源等投入。针对企业目前存在的创新人才短缺、研发资金短缺以及知识产权保护有待加强等问题，示范区政府应当紧抓核心任务，将创新资源向示范区内高新技术企业集聚，建立健全创新投入保障机制。

针对企业普遍存在的研发资金短缺问题，示范区各级政府应当大有作为。一是加大对企业的研发投入比重。尽管目前企业享受了政府给予的研发补助，但是相比于创新的高投入，政府的研发补贴比例只占很少的部分，政府应当加大研发补贴投入力度。二是综合运用对企业研发投入的方式。政府对企业的研发投入最直接最常见的方式是研发资金的补贴，除此之外，还应当通过股权投资、贷款贴息等多种方式支持企业创新，焕发企业创新活力。三是政府的研发投入应当做到"精准扶贫"，提高研发投入的利用效率。尤

其是对发展前景好的中小微企业、新创企业,政府应当给予更多的扶持。通过研发资金补贴、建立各类投资基金以及税收优惠等途径,增加企业创新资金,拓宽企业融资渠道,减轻企业负担。四是优化研发投入流程,增强管理的效率性和灵活性,促进研发投入的及时到位和高效运用。

为解决示范区人力资源短缺的问题,加快示范区建设步伐,示范区政府建设了人才管理改革试验区,支持示范区人才管理改革"先试先行",制定了一系列针对"高精尖缺"人才的培养引进政策。但是企业对基础人才有着更大的需求,针对这一问题,示范区政府还应当考虑如何培养和引进基础人才。一是加强基础设施的建设,改善示范区的生活和工作环境。二是鼓励高校与企业联合培养学生,促进理论教育与实践教育的结合,在一定程度上缓解人才供给不对口的现象。三是加强对大学生创新创业等相关政策的宣传和指导。

针对知识产权保护存在的相关问题,示范区政府出台了《关于进一步加强知识产权工作的若干意见》,对知识产权相关的各项工作给予了支持和奖励。本文认为,政府部门还可以从以下两方面着手:一是加强知识产权相关法律常识的宣传教育,构建良好的知识产权保护氛围,增强公众的知识产权保护意识;二是建立知识产权侵权查处快速反应机制,加大知识产权司法保护力度,加大对各类知识产权侵权案件的处罚力度。建立知识产权信用体系,强化对侵犯知识产权等不道德行为的联动惩戒。

(二)完善创新激励机制,增强创新激励效果

针对国家创新激励政策存在的缺乏稳定性支持和缺乏配套性等问题,政府部门应当建立创新政策协调审查机制。组织开展创新政策清理工作,及时调整不同部门间相互矛盾冲突的政策条款,及时废止违背创新规律、阻碍新兴产业和新兴业态发展的政策条款,加强对新政策是否制约创新发展的审查。同时,对于那些发展前景好、业绩突出的企业,应当根据实际需要予以滚动支持,避免支持政策的断崖式现象。

针对政府在企业管理方面存在的问题,一方面,政府部门应当推动示

范区管理体制机制创新，建立精简高效、权责一致的管理体制，构建省统筹、市建设、区域协同、部门协作的工作机制。加大"放、管、服"改革力度，优化行政审批流程，编制发布示范区权力清单、责任清单和负面清单，健全完善一门受理、联审联批、多证联办和高效运转的综合服务平台。另一方面，建立有效的反馈机制，对于企业的项目申请、优惠政策申请等活动进行及时的沟通反馈，使企业了解自身申请失败的原因，明确努力的方向。

同时，为了促进科技中介服务机构更好地服务于示范区企业的创新，示范区应重视科技中介服务机构的建设，鼓励在示范区内设立科技中介机构。同时，对于设立的科技中介服务机构给予补助扶持，鼓励科技中介服务机构为示范区企业提供高增加值的服务。为符合条件的企业提供产权交易、知识产权登记和评估质押等服务，促进企业创新活动的开展。

（三）跨越区域间行政壁垒，建立开放合作先导区

地方保护、市场分割制约着区域协调发展，阻碍了区域间创新资源的流动。因而要想进一步提升示范区创新能力，必须打破区域间的行政壁垒，推进开放式创新。首先，加强郑洛新三个片区之间的分工合作。郑洛新三个片区各有定位，片区建设各有侧重点。但是，郑洛新示范区是一个有机整体，既要明确分工，又要合作共赢。郑洛新三个片区所处区位基本相似，经济发展水平在整个河南省中均相对较强，因而可以通过"强强联合"的水平分工方式逐步消除行政壁垒。比如郑州片区利用科技与金融的优势，着力推进科技金融发展；洛阳凭借军工优势推进军民创新融合。其次，以加快创新驱动发展战略的实施为契机，加强郑洛新示范区的先导作用。在郑洛新示范区建立开放合作先导区，带动辐射区创新发展，当先导区的创新取得较好的成绩时，区域外的地区也会积极跟进，逐渐消除区域间的行政壁垒。与此同时，还可以通过吸引国内外一流的大学、科研院所和500强企业在示范区内设立或共建分校、分支机构、科教平台或产业研究院等，促进创新资源的共享，推动科技开放合作。

（四）构建富有活力的协同创新体系

为了构建富有活力的协同创新体系，示范区政府出台了相关的"先试先行"政策，支持行业骨干企业与高等院校、科研院所、上下游企业等建立以利益为纽带、网络化协同合作的产业技术创新战略联盟，鼓励高等院校、科研院所积极承接省内企业研发项目。政府给予示范区产学研合作的政策支持，对示范区各创新主体协同创新具有重要的激励作用。为了更好地促进产学研合作，针对存在的问题，还可以从以下两个角度来解决。一是提高产学研合作效率，为产学研合作的科技研发成果转化提供政策上的支持。设立专项资金，鼓励建立示范区技术转移转化平台，为产学研合作成果转化提供服务，促进科技成果转化。二是加快产学研体制机制创新。产学研合作涉及经济体制、企业体制以及科技体制等的配套改革。政府要建设良好的产学研合作环境和市场竞争秩序，建立健全法规和机制。同时，政府也应避免在项目规划、立项和实施过程中进行过多干预。

国家自主创新示范区建设中河南省城市创新环境评价报告[*]

刘兆鑫 张振焱 王 楠[**]

摘 要： 城市创新环境是自主创新示范区建设的客观基础，其与自主创新示范区的整体创新能力存在着高度相关性。加快推动郑洛新国家自主创新示范区的建设，首先要从优化城市创新环境着手。本文基于区域创新环境理论，构建了包括基础设施、市场环境、人文环境、政策环境的城市创新环境评价指标体系。根据郑洛新国家自主创新示范区所依托的郑州、洛阳、新乡三市相关数据，综合评价其创新环境。研究发现，郑洛新三市创新环境在省内居于领先地位，但存在三市创新环境梯度差异明显、区域创新发展整合能力不足、与国内其他自主创新示范区比较劣势明显等问题。因此，有必要在郑洛新国家自主创新示范区内部协调机制、整体性发展理念、科技投入精准性、人文环境、基础设施五个方面加大建设力度。

关键词： 自主创新示范区 创新环境 创新能力

---

[*] 本文为河南省政府决策招标课题"加快中原城市群一体化发展的重点、路径与对策研究"（2016B317）的阶段性成果。

[**] 刘兆鑫，郑州大学公共管理学院副教授，社会治理河南省协同创新中心研究员，研究方向为城市治理、新城镇化；张振焱，郑州大学公共管理学院行政管理专业硕士研究生；王楠，郑州大学公共管理学院政治学理论专业硕士研究生。

2016年3月，国务院批准设立郑洛新国家自主创新示范区，其成为河南省既中原经济区、郑州航空港经济综合实验区、粮食生产核心区之后的第四个"国字号"战略规划。与此同时，更好更快地建设郑洛新国家自主创新示范区成为河南省响应中央创新驱动发展战略、增强自身发展核心竞争力的重大载体，也是河南省积极应对经济发展新常态、加快经济转型升级的重大创新工程，如何充分发挥三个城市创新区的产业优势和创新资源优势，激发各类创新主体活力，优化创新主体的创新创业环境，改善本地区的人文环境，提升对创新人才的吸引力，全面提升郑洛新自主创新示范区的整体创新驱动发展能力，仍是一个亟须解决的问题。城市创新环境直接影响自主创新示范区的创新发展能力，是郑洛新国家自主创新示范区建设的客观基础。一方面，城市创新环境与示范区科技创新和企业发展保持着紧密联系，一个城市的产业和科技创新体制机制以及人文社会资源环境对特定区域的创新能力有直接孕育的作用；另一方面，城市创新环境也影响着创新要素在区域间的转入转出，进而制约着示范区创新要素的可聚集性。

一 城市创新环境评价指标体系的建构

（一）城市创新环境评价指标的选择

城市创新环境评价指标体系的构建是一个复杂多变的动态过程，基于各个区域创新环境的特点不同，为了能够给出更加有效客观的创新环境评价，本报告将以"区域创新环境理论"为研究工具，结合国内外创新环境评价实践，建构出城市创新环境评价指标体系。所谓区域创新环境理论［1989年，欧洲创新研究小组（GREMI）在巴塞罗那召开的创新会议上首先提出区域创新环境理论（Regional Innovation Milieus），定义了一种新的空间发展理论模型］，即"在相应的地域内，创新的相关行为主体通过相互间的协助支持以及共同探讨的过程，而产生的非正式、没有固定模式的多层次社会关系，而这种关系直接或间接地促进创新主体优化了当地的创新环境"。而创新行为、创新技术和创新从业者就是在这种建立相互促进、协同创新关系的地域中,多个创新主体相互作用的结果。由此得出,在不同的创新主体中(如高新技术公司、政府的经济发展改革部门)以及通过创新技术共享以降低生产成本的机构与创新从业者之间的相互作用中,创新环境才能得以发展。从区域创新理论的阐述中可以发现,创新环境的优劣决定了创新能力的强弱。国外创新理论专家亚德尔特认为,区域环境(尤指社会的人文环境)作为创新技术生长的"沃土",对于创新行为的产生和创新技术的发展具有决定性作用。本文选择郑洛新自主创新示范区的创新环境作为研究对象,通过对郑洛新自主创新示范区的创新环境进行分析以及区域创新环境评价指标体系的建立,准确把握郑洛新自主创新示范区的创新环境状况,为其创新环境的优化提供建议。本文将收集上海张江、深圳、北京中关村、成都、武汉东湖、辽宁沈大6个国家自主创新示范区创新环境的客观数据以及郑洛新三地的相关数据进行整理计算,并利用各地区的相对数据进行创新体系构建。依照指标体系构建法的构建原则,并根据郑洛新自主创新示范区的区位特点,本文采纳逐层分支的指标选择方法,主要参照《中国区域创新环境评价报告》中对于"创新环境"概念的界定,构建出区域创新环境评价的具体指标体系,这个体系由3个层级、4个领域和12个评价指标组成(见表1)。

表1 城市创新环境评价指标体系

目标层	准则层	指标层	指标选取目的
示范区创新环境评估 U	基础设施 U_1	每百人平均电话用户数(户)U_{11}	衡量通信基础设施条件
		每百人平均国际互联网用户数(户)U_{12}	衡量信息基础设施条件
		科技馆数量(个)U_{13}	衡量科普基础设施条件
		科技馆参观人数(万人次)U_{14}	衡量地区科普水平
		年度科普经费筹集额(万元)U_{15}	衡量地区科普水平
	市场环境 U_2	进出口总额占GDP比重(%)U_{21}	衡量一个地区的对外开放程度
		居民消费水平(元)U_{22}	衡量市场经济环境
		高新企业数占规模以上工业企业数比重(%)U_{23}	衡量地区的创业水平

续表

目标层	准则层	指标层	指标选取目的
示范区创新环境评估 U	人力环境 U_3	对教育的投资占 GDP 的比重(%) U_{31}	以教育水平衡量劳动者素质
		16 岁及 16 岁以上人口中大专以上学历所占比例(%) U_{32}	衡量地区劳动者结构及素质
	政策环境 U_4	平均每项国家创新基金获得资金(万元) U_{41}	衡量创新活动国家支持情况
		规模以上工业企业研发经费内部支出额中平均获得金融机构贷款额(万元) U_{42}	衡量创新活动企业支持情况

自主创新示范区创新环境评价指标体系的目标层为示范区创新环境评估，准则层为基础设施、市场环境、人力环境、政策环境四个领域，指标层分布在四个准则层之下，分为 12 个具体指标。其中，每百人平均电话用户数（户）、每百人平均国际互联网用户数（户）和科技馆数量是评估示范区的移动通信、信息和科普等基础设施条件的指标；科技馆参观人数（万人次）和年度科普经费筹集额（万元）则是评估区域科普水平的两项指标；该五项具体指标则组成了对于区域基础设施的评估指标。在市场环境方面，基于对区域经济对外开放程度的评估，本文选取了进出口总额占 GDP 比重（%）作为评价指标，居民消费水平（元）则能展现该地区的整体经济环境，对于地区创业水平的评估则选取了高新企业数占规模以上工业企业数比重作为其评价指标。人力环境中以对教育的投资占 GDP 的比重（%）和 16岁及 16 岁以上人口中大专以上学历所占比例（%）来评估区域劳动者结构及素质。政策环境本身难以用定量数据进行评估，本文选取了平均每项国家创新基金获得资金（万元）和规模以上工业企业研发经费内部支出额中平均获得金融机构贷款额（万元）作为评价项目，评估地方政府在政策和财政方面对于创新活动的支持状况。

（二）确定指标的权重

构建自主创新示范区创新环境评价指标体系的难点在于，如何给予各项指标以合理的权重值,评价指标体系中各项指标权重赋值的科学性直接决定了评价体系的有效性以及评价结果的可靠性。本报告使用逐层比较法来确定评价指标体系中各项指标的权重值,评分细则见表2。

表2 权重评分规则

单位:分

分数	含义	分数	含义
1	两个元素具有相同的重要性	7	两个元素比较,前者比后者重要得多
3	两个元素比较,前者比后者稍微重要	9	两个元素比较,前者比后者极端重要
5	两个元素比较,前者比后者明显重要	1/bij	重要性的倒数

通过问卷结果录入矩阵计算,得到归一化的判断矩阵及其特征向量,计算 AW

$$矩阵乘积 = \begin{Bmatrix} 0.522 \\ 1.1484 \\ 1.420 \\ 0.581 \end{Bmatrix}, 同时计算最大特征值,\lambda_{max} \frac{1}{n} \sum_{j=1}^{n} (AW) J/W_i =$$

4.008,同时计算 CI 与 CR,$CI = \frac{\lambda_{max} - n}{n-1} = 0.002$,$CR = \frac{CI}{RI} = \frac{0.002}{0.9} = 0.0026$ <0.1。说明判断矩阵 U 满足一致性检验,这样就可以得到准则层的权重(见表3)。

表3 自主创新示范区创新环境评价指标及其权重

目标层	准则层	权重	指标层	权重
示范区创新环境评估 U	基础设施 U_1	0.13	每百人平均电话用户数(户)U_{11}	0.12
			每百人平均国际互联网用户数(户)U_{12}	0.38
			科技馆数量(个)U_{13}	0.13
			科技馆参观人数(万人次)U_{14}	0.16
			年度科普费筹集额(万元)U_{15}	0.21
	市场环境 U_2	0.37	进出口总额占 GDP 比重(%)U_{21}	0.38
			居民消费水平(元)U_{22}	0.30
			高新企业数占规模以上工业企业数比重(%)U_{23}	0.32

续表

目标层	准则层	权重	指标层	权重
示范区创新环境评估 U	人力环境 U_3	0.35	对教育的投资占 GDP 的比重(%)U_{31}	0.46
			16 岁及 16 岁以上人口中大专以上学历所占比例(%)U_{32}	0.54
	政策环境 U_4	0.15	平均每项国家创新基金获得资金(万元)U_{41}	0.38
			规模以上工业企业研发经费内部支出额中平均获得金融机构贷款额(万元)U_{42}	0.62

二 河南省城市创新环境评价

（一）横向指标数据的整理

本文所用数据来源于《中国科技统计年鉴2016》《河南统计年鉴2016》《河南科技统计年鉴2016》以及郑州、洛阳和新乡三市2016年国民经济和社会发展统计公报，本文先根据三市创新环境的具体指标数据，对郑洛新自主创新示范区进行内部横向比较，分析其发展优势和不足，促进郑洛新自主创新示范区内部协同发展。与此同时，为了更好地对郑州、洛阳、新乡三市的科技创新环境做出评价，本文还列举了河南省其他地级市（包括驻马店市、濮阳市、鹤壁市、平顶山市、焦作市、三门峡市、济源市、商丘市、漯河市、周口市、南阳市、开封市、许昌市、安阳市、信阳市）的科技创新环境评价指标的数据，与郑洛新自主创新示范区的创新环境指标进行纵向对比。最后列选上海张江、深圳、北京中关村、成都、武汉东湖、辽宁沈大6个国家自主创新示范区的创新环境数据，与郑洛新国家自主创新示范区的相关指标做对比，分析其创新优势和潜力，更加全面地对其创新环境做出评价，结果如表4所示。

表4 自主创新示范区创新环境评价指标数据

项目	单位	郑州	洛阳	新乡
每百人平均电话用户数	户	136.7	106.2	97.5
每百人平均国际互联网用户数	户	46.3	38.9	36.7
科技馆数量	个	11	7	4
科技馆参观人数	万人次	69.4	30.2	9.1
年度科普经费筹集额	万元	6003.2	4235.4	3132.6
进出口总额占GDP比重	%	7.4	6.4	6.5
居民消费水平	元	13248.7	11203.5	9830.5
高新企业数占规模以上工业企业数比重	%	10.3	7.3	8.9
对教育的投资占GDP的比重	%	3.3	3.8	3.7
16岁及16岁以上人口中大专以上学历所占比例	%	57.8	54.1	52.8
平均每项国家创新基金获得资金	万元	67.6	62.5	63.4
规模以上工业企业研发经费内部支出额中平均获得金融机构贷款额	万元	2.6	1.7	1.4

使用自主创新示范区创新环境评价指标体系对不同城市的创新环境做出评价，首先需要对差异化的量纲指标进行无量纲化，然后根据前文得出的权重值对相应指标进行赋分，现规定城市创新环境的综合得分最高为100分，每项指标排名第一位的得满分，其他得分根据比例得到相应分数，最后把每个城市的各项成绩分别相加求和，就可获得该城市创新环境评估的最终成绩。

（二）郑洛新三市创新环境差异显著

利用上文的数据和得分规则进行计算，各城市得分如表5所示。

表5 郑洛新三市创新环境评价得分

单位：分

城市	基础设施	市场环境	人力环境	政策环境	总分
郑州	13.0	37.0	30.17	15.0	95.17
洛阳	11.7	28.2	33.11	13.5	86.43
新乡	9.1	31.1	27.27	10.5	78.40

从评价得分结果看到，排名从高到低依次是郑州、洛阳、新乡。从准则层的得分可知，郑州在基础设施、市场环境和政策环境方面均名列第一，尤其是市场环境，洛阳和新乡与其有明显差距。但郑州市人力环境的最终得分仅为30.17分，略微落后于洛阳市。究其原因，该项为比例指标，郑州对教育投资的绝对值遥遥领先，但因经济总量相对较大，故对教育的投资占GDP的比重稍低。与此同时，以郑州为中心城市的郑洛新自主创新示范区的格局分布，使其拥有绝对的政策风向标优势。而且地处郑州的高等院校较多，每年毕业的大学生人群为郑州的发展提供着源源不断的高素质人才资源，这造就了郑州非常优越的人文环境，再加上其作为省会城市，具有基础设施建设的传统优势，毫无疑问郑州市的创新环境在三市对比中处于绝对领先的位置。但是，各种资源的集中分布使得郑州市也面临着诸多"城市病"，例如，人口密集、交通堵塞、淡水资源匮乏、大气污染等诸多严重的社会性问题，也缺乏转化、消化创新成果的制造型企业，制约了本地创新环境的改善。因此，郑州市应明确自身在郑洛新自主创新示范区的核心地位，充分利用科学技术，积极转变经济发展重心，并积极给予热衷高新技术研发公司一些政策支持，大力发展第三产业，转变经济发展模式，走出一条符合郑州市特色的发展道路。积极地将部分多余功能向洛阳市与新乡市转移，帮助其加快完成产业升级，早日形成协同、创新、共生的郑洛新自主创新示范区协同发展局面。

第二名是洛阳市，其人力环境指标在三市对比中排名第一，基础设施和政策环境均排在第二位，市场环境则在三个城市的横向对比中排在了最后一位。在省内仅次于郑州的高等教育资源，使其每年都有大量高素质人才进入劳动力市场，充分满足其创新实践事业的发展。同时洛阳作为传统的百强工业城市，拥有良好的基础设施以及政策环境，但是在市场环境指标的评比中不敌郑州市和新乡市。究其原因，作为传统的重工业城市，其高新技术产业和现代服务业发展状况不容乐观，产业升级进程缓慢一定程度上影响了其创新环境。

新乡市在三市创新环境的横向评比中排在最后一名。其中，基础设施、人力环境、政策环境的得分均居第三位，只有市场环境高于洛阳市排名。虽然综合创新环境不如郑州、洛阳，但是从新乡近年来的发展轨迹来看，其还是呈现了非常大的潜力。河南师范大学、新乡医学院等高校为新乡市创新事业的发展提供了人才保障,加之华兰生物等一些高新技术企业的茁壮成长,若能充分挖掘本地创新潜能,加强与郑州、洛阳的经济贸易联系,把握郑洛新联动发展的机遇,新乡市创新环境的改善指日可待。

与此同时,我们也应注意到郑洛新三市虽然已成为一个整体,但更多的还是呈现"单打独斗"的局面,没有做到有效的联合发展。究其原因,第一是郑洛新国家自主创新示范区内部缺乏更为密切的经济联络,无法形成联动效应;第二是郑洛新国家自主创新示范区的发展缺乏一个宏观的整体规划,其核心竞争力不够明确;第三是郑州市作为郑洛新国家自主创新示范区的核心城市,在联动发展上没有起到强有力的带头作用。郑洛新自主创新示范区终究是一个联动的整体,以整体促进个体的发展才是更好更快建设郑洛新国家自主创新示范区的基本思路。

(三)郑洛新三市创新环境省内优势巨大

1. 郑洛新三市创新环境中政策环境优势明显

政府也是创新主体之一,而政策的支持力度某种程度上代表了政府对创新环境的影响程度。因此,创新环境的评估也不能忽略政府对于创新创业活动支持力度的评估。目前,国内大部分专家学者倾向于对政府的支持力度进行定性分析,本文采用3个指标定量考察各地政府对优化创新环境的支持力度。具体数据呈现如表6所示。

表6 各市政府对优化创新环境的支持力度

单位:%,万元

城市	本市获得政府的科技活动资金总额占财政总支出比重	本市科研经费加计扣除减免税	本市高新技术公司减免税
郑 州	0.34	38723.8	74574.5
洛 阳	0.45	14286.6	32012.5
新 乡	0.71	4995.7	10747.8
济 源	0.09	5054.4	17562.0

续表

城市	本市获得政府的科技活动资金总额占财政总支出比重	本市科研经费加计扣除减免税	本市高新技术公司减免税
平顶山	0.20	9577.6	10242.5
驻马店	0.05	756.0	317.4
鹤壁	0.03	402.0	5504.4
商丘	0.24	14805.0	14257.2
濮阳	0.11	3736.4	2208.3
信阳	0.25	10414.2	12196.5
漯河	0.10	10100.0	1584.4
三门峡	0.07	2933.5	1036.8
南阳	0.07	8086.8	11675.6
焦作	0.05	1921.4	421.5
许昌	0.02	—	—
周口	0.06	1160.0	409.3
安阳	0.07	346.0	2291.0
开封	0.15	1482.1	471.6
全省	0.17	119691.8	181710.1

注：许昌的该项指标数据在官方统计年鉴并未显示，未对其做具体分析，下同。
资料来源：《河南科技统计年鉴2016》。

从本市获得政府的科技活动资金总额占财政总支出比重的排名来看，郑州、洛阳和新乡居前三位，其中新乡最高（0.71%），全省的平均水平仅为0.17%。从本市科研经费加计扣除减免税和本市高新技术公司减免税的排名来看，郑州、洛阳市居全省前列，而新乡市这两项的排名仅为第八和第六位，商丘、信阳等地级市这两项的排名比较靠前。

2. 郑洛新三市创新环境中市场环境优势显著

优化城市的市场环境是改善城市科技创新环境的保障，本文将使用三个指标来评价各地市的市场环境。郑洛新各地区以及河南省其他地级市的相关数据统计结果如表7所示。

表7 各地市创新环境中市场环境指标统计结果

城市	本市金融贷款额占GDP比例(%)	本市FDI总额（万美元）	本市人均GDP（元）
郑州	160.36	363001	72991
洛阳	70.01	241024	49416
新乡	61.26	86987	33695
济源	57.92	51697	32453
平顶山	75.87	36492	33015
驻马店	49.04	42838	35209
鹤壁	64.24	66784	42548
商丘	46.28	72848	52420
濮阳	36.78	48714	34894
信阳	55.86	59726	48470
漯河	44.63	78896	36365
三门峡	47.33	95675	55258
南阳	58.02	57263	26649
焦作	59.32	30896	23357
许昌	63.03	47821	27487
周口	41.12	48489	22624
安阳	55.52	35391	24460
开封	43.65	28124	66776
全省	77.92	1492687	37071

资料来源：郑州、洛阳和新乡2016年国民经济和社会发展统计公报。

由表7可知，从本市金融贷款额占GDP比例来看，郑州在全省居第一位，洛阳市、新乡市分别排在第三位和第六位。在本市FDI总额这一指标评比中可以看到，郑州、洛阳、新乡在全省对比中处于领先地位，分别位于第一位、第二位、第四位。通过计算分析可知，郑洛新三地的FDI总额占全省FDI总额的44%，这足以说明郑洛新三地在吸引国外投资方面拥有明显的优势。同时，通过本市人均GDP这一指标来对比地区经济发展状况发现，郑洛新三地分别位于第一、第五和第十一位。值得注意的是，在该项指标的横向对比中发现，新乡的人均GDP水平要略低于全省各地市的平均水平。总体来看，郑洛新三市在市场环境的各项指标对比中，大部分处于全省领先水平。从其总量来看，三地的各项指标之和占全省相应经济指标总额的近半数，这也从深层次反映出，郑洛新国家自主创新示范区建设拥有良好的城市科技创新环境作为依托。同时，良好的区位因素也为郑洛新国家自主创新示范区的发展提供了宽广的空间和无限的潜力。

（四）郑洛新国家自主创新示范区建设之路任重道远

通过列选上海张江、深圳、北京中关村、成都、武汉东湖、辽宁沈大6个国家自主创新示范区的创新环境数据，与相关指标做对比，分析其创新优势和潜力，更加全面地对其创新环境做出评价（见表8）。

表8　七大国家自主创新示范区创新环境指标数据

自主创新示范区	单位	张江	深圳	中关村	成都	东湖	沈大	郑洛新
每百人平均电话用户数	户	151.8	167.3	130.6	96.7	93.1	102.7	113.4
每百人平均国际互联网用户数	户	47.9	65.7	58.5	39.0	43.0	40.9	40.6
科技馆数量	个	49.0	45.0	57.0	43.0	32.0	15.0	22.0
科技馆参观人数	万人次	662.9	241.1	502.6	703.8	135.0	72.3	108.7
年度科普经费筹集额	万元	253182	49944	266999	61928	33995	15813	13371
进出口总额占GDP比重	%	35.6	57.6	13.9	11.4	3.4	1.7	7.6
居民消费水平	元	28404	23739	21628	14009	13912	13327	11427
高新企业数占规模以上工业企业数比重	%	8.9	15.2	9.7	6.8	6.2	5.7	7.8
对教育的投资占GDP的比重	%	3.5	3.5	3.7	4.6	3.2	3.9	3.6
16岁及16岁以上人口中大专以上学历所占比例	%	17.2	7.6	18.4	9.4	11.1	11.4	10.9
平均每项国家创新基金获得资金	万元	91.8	7402	86.4	84.9	88.8	63.8	64.5
规模以上工业企业研发经费内部支出额中平均获得金融机构贷款额	万元	2.1	2.5	5.1	1.3	2.6	0.6	1.9

资料来源：《中国科技统计年鉴2016》。

（五）郑洛新国家自主创新示范区建设优势与潜力并存

基于上述分析，郑洛新三市在省内的科技创新能力突出，科技创新环境优势明显，这也是国家选择在郑州、洛阳、新乡三市成立自主创新示范区的原因所在。与此同时，郑州、洛阳、新乡三市创新环境内部差异明显，三市创新示范区建设面临梯度差异整合问题，表明郑洛新国家自主创新示范区发展的整体联动性还有待进一步加强。同时，郑洛新三市的发展过于孤立，远没有达到跨域自主创新示范区的预先期望。在和其他6个国家自主创新示范区的创新环境指标进行横向对比后发现，郑洛新国家自主创新示范区的基础设施、人力环境、市场环境、政策环境四个指标，与发展相当成熟的张江、深圳、中关村国家自主创新示范区的差距还较大。

究其原因，首先，郑洛新国家自主创新示范区内部缺乏合作，没有形成有效的联动发展机制。建设郑洛新国家自主创新示范区的难处在于，示范区跨越了3个地市级行政单位，怎样突破行政区域的边界束缚，实现三地间的无缝衔接、有效互动。这里的衔接互动，既包含三地高等教育机构间、企业部门间、行政部门间的衔接互动，如郑州、洛阳、新乡三地政府部门在经济政策、治安法规等方面形成协同、有效互动，建立"1+N"政策体系[①]（"1"强调政策的一致性，"N"强调N个相关政府部门的互动与配合），又如郑州、洛阳、新乡三地的高新技术企业积极展开合作，实现优势资源的共享、高难尖项目的合作，从而降低各企业的生产成本、创新成本、劳务成本；也包括政府部门、企业、高校共同建立的"产学研"模式，即三方共同利用自身的优势资源，政府发挥其政策导向作用，企业发挥其实践平台作用，高校发挥其出色的研发能力，三者互补进行科技创新活动，从而突破单一创新主体创新实践的局限性。其次，郑洛新国家自主创新示范区没有一个整体的发展规划，缺乏统一整体性规划的创新是盲目的，因为它不利于推动郑洛新的紧密合作，也不利于促进郑洛新经济的适度多元化发展。再次，地方人文环境落后，人才队伍建设迟缓。加强自主创新、自主研发，离不开人文环境的建设。从整体意义上来说，人文环境状况是郑洛新国家自主创新示范区创新环

---

① 罗煜：《郑洛新城市科技创新能力评价》，《技术经济》2017年第1期。

境建设的瓶颈，人文环境建设是自主创新示范区大厦的拱心石。郑洛新人文环境的欠缺可以说极大地影响了示范区的发展。最后，地理区位因素对创新型人才的吸引力差。无论是经济发展环境还是生活环境都缺乏竞争力，对于高科技人才的吸引力远不如东南沿海地区，加上近年来越来越严重的人才外流现象，使得郑洛新的高科技人才储备比较薄弱，缺乏创新的核心推动力。

三 以优化城市创新环境提升郑洛新自主创新示范区建设水平

本文通过构建的城市创新环境评价指标体系，对郑洛新国家自主创新示范区的科技创新环境进行了横向、纵向的比较与评估，分析了郑洛新国家自主创新示范区创新环境的现状和潜力，并与河南省其他地级市以及张江、中关村、东湖等6个国家自主创新示范区进行了相应指标的对比分析。据此提出如下建议。

第一，成立示范区内部的协调机构，形成联动发展机制，避免出现郑洛新三市各自为政、区域间和城市间不良竞争、创新产业雷同等现象。在郑洛新三市设立垂直领导的分支机构，实行统筹协调下的差异化发展。指导各个城市在各自的创新实践中，加强示范区内部交流，对共性问题要及时展开合作，协同解决示范区建设过程中出现的问题，以提高制度创新的整体效率；建立郑洛新自主创新示范区内部的信息共享制度，加强郑洛新三市之间的互联互通，杜绝信息"蜂窝煤"现象，建立信息沟通交流的常态化机制，构建一体化合作环境。

第二，确立整体发展的理念，构制示范区的发展蓝图。郑洛新国家自主创新示范区的整体规划一定要立足本区域发展实际，研究本地区资源要素的配置以及优势资源的开发和利用，统筹发展体系的建立与高新技术产业的发展，示范区内部的空间建构与空间功能性区域的调整，示范区经济的转型发展以及创新机制的构建，示范区的整体规划与跨行政单位的分工合作，资源与人文环境、创新与示范区协调可持续发展的宏观性规划。

第三，加强郑洛新自主创新示范区的人文环境建设。针对示范区的人文环境特点提出以下三点建议。①示范区的行政决策者要制定政策，营造相关从业人员长于思考、勇于尝试、大胆创新甚至是"标新立异"的创新氛围。②对于创新示范区行政主管部门的政绩考核、评估不能局限于示范区 GDP 增长速度的快慢，要从源头上掐断某些行政主管人员急功近利的短视决策。政绩考核要从全方位的角度给予客观、合理、的综合评估，营造出"大刀阔斧"的改革态势。如今，示范区内部存在着不同程度的"四重四轻"现象：重建设轻管理、重速度轻质量、重经济发展轻社会全面进步、重引进技术设备轻研发创新。可以说，客观、合理、科学的评价标准和机制的缺失，直接造成了示范区"四重四轻"的现状。③示范区欣欣向荣的人文环境的创建离不开司法的保障，司法保障是一切创新研发活动开展的基线。众所周知，知识产权受保护力度的大小直接决定了一个地区创新活动的兴衰，只有创新主体的研究成果（知识产权）得到了充分的保护，才能更加强劲地激发创新工作者的研发动力。而司法环境建设，归根结底还是要加强人文环境建设，司法机关和行政执法部门需把更多的行政资源投入科技创新活动中去，从而更好地提升示范区的科技创新产出效率。

第四，自郑洛新国家自主创新示范区设立已满一年，所取得的建设成果与示范区的发展目标、预期还有非常大的差距，与国内其他发展成熟的示范区相比更是差距显著。投入与产出总是呈现正相关的关系，郑洛新国家自主创新示范区无论在人力资源还是在教育等方面的投入都与预期存在着较大距离，不可否认的是，河南省虽是中部大省，GDP 也常年位于全国第五，但是其拥有的高等教育资源与其庞大的高等人才需求量严重不匹配。高校是当今社会高等人才最主要的出处，而示范区内部匮乏的高等教育资源也给示范区的创新工作带来了挑战。因此，今后示范区财政应加大对高等院校科研经费的支持力度，确保科技高产出平台的科研保障。此外还应注意到，虽然对于科研人员和科研经费的投入是改善创新环境的必要条件，但获得高效率的科技创新产出才是最终目的。故今后的科研支持工作要更加注重科研的投入产出效率，把它当作示范区建设考核的重要指标。

第五，加快示范区的基础设施建设，为其优化科技创新环境提供基础保障。[①] 郑洛新国家自主创新示范区作为一个国家级示范区，必然会对其基础设施、经济资源、人文环境、产业结构等提出更高的目标要求。任何一个地区的快速发展都需要健全的基础设施为其提供支持，因此，为了实现示范区更高的建设目标，要加快示范区的基础设施建设。与此同时，示范区隶属河南省，区位优势为郑洛新国家自主创新示范区未来的创新环境优化提供了巨大潜力和支持。例如，航空港综合贸易实验区为示范区的开放转型提供了支持，中原经济区为示范区优化创新环境提供了健全的基础设施，郑东新金融集聚区为示范区的科技与金融结合提供了金融保障。这些都为示范区优化创新环境建设提供了有力支持。

[①] 刘伟：《从区域创新环境视角看北京市高新技术产业的竞争力》，《北京社会科学》2016年第9期。

新型城镇化与社会治理篇

New Urbanization and Social Governance

河南城镇化建设现状与趋势分析

高林照[*]

摘 要： 本文分析了河南城镇化水平较低、质量不高、方式粗放、结构不优等矛盾和问题产生的原因，同时认为当前河南城镇化仍处于快速增长阶段，面临着数量增长和质量提升的双重任务，在产业发展、人口流动、农民意愿等方面都蕴含着新的潜能和空间。在分析国内外城镇化发展趋势的基础上，提出河南应进一步突出中原城市群建设、县级城市和特色镇建设、人的城镇化三个导向，完善规划体系、严格规划执行、保障土地供给、加大资金投入，着力破解"土地怎么用""钱从哪里来"两个发展难题。

关键词： 河南 城镇化 城镇化建设 人的城镇化

---

[*] 高林照，河南省人民政府研究室城乡建设研究处处长。

城镇化是河南经济社会发展的最大内需和动力所在，而城镇化水平偏低已成为制约河南经济社会发展的重要因素。2016年，河南省城镇人口为5232万人，城镇化率为48.5%。近5年来，河南城镇化发展迅速、城乡面貌变化巨大。本文依据河南省统计年鉴数据，在分析河南省城镇化发展状况的基础上，提出城镇化发展的趋势和对策建议。

一 2016年河南省城镇化发展状况

（一）城镇体系不断完善

城市数量快速增长且规模不断扩大。2015年，河南省设市城市的数量较快增长且县城以上城市的规模有所扩大，设市城市数量达到38个，建成区面积2460平方公里。省会郑州市主城区常住人口达到549万人，洛阳市区人口216万人，南阳、商丘、开封、漯河、信阳、安阳、新乡、平顶山、焦作9个省辖市市区人口超过100万人，驻马店、周口、濮阳、三门峡、鹤壁、许昌6市市区人口超过50万人，固始、邓州、永城、鹿邑、巩义、长垣6个省直管县（市）城区人口超过30万人，全省106个县市中，城镇人口达20万以上的县市达到70个。初步形成了省会城市、省内区域中心城市、中小城市、小城镇各具特色、竞相发展的格局。

（二）承载能力明显提高

城市基础设施和人居环境持续改善。2015年，河南省设市城市燃气普及率为86.02%，人均城市道路面积为12.06平方米，污水集中处理率为94%，生活垃圾无害化处理率达到96%，城市集中式饮用水源地取水水质达标率达到100%。人均公园绿地面积为10.16平方米，建成区绿化覆盖率达到37.7%。河南省城镇居民人均住房建筑面积达到39平方米。教育、卫生、文化、体育等公共服务保障能力和水平不断提高，2015年全省城市普通高等学校在校学生157.57万人，医院、卫生院983个，床位19.2万张。

（三）产业支撑持续增强

2016 年河南省经济总量为 4.02 万亿元，三次产业结构为 10.7∶47.4∶41.9，农业占比大幅降低，非农占比快速提升。2015 年三次产业从业人员结构为 39∶30.8∶30.2。工业化进程的加快有力地推动了城镇化进程，至 2015 年，河南省经济总量的 70% 左右在城镇产出，投资的 80% 左右在城镇发生，消费的 82% 左右在城镇实现，劳动力的 42% 左右在城镇就业，城市成为集聚产业的最大平台，产业成为城镇化的最大支撑。

（四）体制创新持续推进

户籍制度、居住证制度、"一基本两牵动三保障"等农业转移人口市民化机制不断完善。洛阳市、濮阳市、兰考县、新郑市和禹州市等国家新型城镇化综合试点及济源市、林州市国家中小城市综合改革试点深入推进。巩义市、滑县等 21 个省级层面新型城镇化综合试点县市，积极开展建立农业转移人口市民化成本分担机制、多元化可持续的城镇化投融资机制、农村人口向城镇转移集中的促进机制等试验点。

二 河南省新型城镇化建设面临的问题

河南城镇化发展的成就是显著的，但是由于各方面因素的影响，仍存在着城镇化水平较低、质量不高、方式粗放、结构不优等矛盾和问题。

（一）城镇化水平仍然较低

2016 年河南城镇化率居全国第 25 位、中部省份末位，仅高于新疆、广西、云南、甘肃、贵州、西藏，分别低于湖北、山西、江西、湖南、安徽 9.6 个、7.71 个、4.6 个、4.25 个、3.49 个百分点。近 5 年来，中部六省的城镇化率如表 1 所示。

表1 2012~2016年中部六省城镇化率

单位：%

区域	2012年	2013年	2014年	2015年	2016年
全国	52.57	53.73	54.77	56.10	57.35
河南	42.43	43.80	45.20	46.85	48.50
山西	51.26	52.56	53.79	55.03	56.21
安徽	46.50	47.86	49.15	50.50	51.99
江西	47.51	48.87	50.22	51.62	53.10
湖北	53.50	54.51	55.67	56.85	58.10
湖南	46.65	47.96	49.28	50.89	52.75

（二）城镇化质量仍然不高

一是基础设施建设滞后。2015年河南38个设市城市用水普及率、燃气普及率、人均城市道路面积、人均公园绿地面积、建成区绿化覆盖率均低于全国平均水平，在中部六省也处于落后位置（见表2）；县级城市用水普及率、燃气普及率、建成区绿化覆盖率较低，且建成区供水管道密度、建成区排水管道密度、人均城市道路面积、人均公园绿地面积分别低于全国平均水平4.39公里/平方公里、0.71公里/平方公里、1.97平方米、3.62平方米。

表2 2015年中部六省设市城市市政公共设施建设情况

单位：%，平方米

市政设施	全国	山西	安徽	江西	湖北	湖南	河南	位次
城市用水普及率	98.07	98.85	98.79	97.55	98.83	97.30	93.10	6
城市燃气普及率	95.30	97.31	97.55	94.83	94.49	92.30	86.02	6
人均城市道路面积	15.60	13.52	20.82	16.60	16.15	14.30	12.06	6
人均公园绿地面积	13.35	11.61	13.37	13.96	11.01	9.99	10.16	5
建成区绿化覆盖率	40.10	40.10	41.20	44.10	37.50	39.70	37.70	5

二是公共服务供给不足。在教育方面，城镇基础教育资源供给不足，"入园难""大班额"现象广泛存在。在医疗卫生方面，2015年河南人均医

疗卫生经费为292.5元,仅为全国平均水平的66%;每千人口医疗卫生机构床位数为5.16张,与湖北(5.86张)、湖南(5.85张)等省份还有差距。在公共文化领域,2015年河南人均拥有公共图书馆藏书0.26册、每万人拥有公共图书馆建筑面积57.9平方米,均居全国第31位。同时,城镇非户籍常住人口享受的基本公共服务与户籍人口相比还存在一定差距,无法均等化享受到所在城镇的基本公共服务。比如在最低生活保障、医疗救助和住房公积金贷款等方面,2016年全省城市居民最低生活保障标准为月人均400元,而农村居民则是月人均246.7元。

(三)城镇发展方式仍较粗放

土地城镇化快于人口城镇化。2015年河南38个设市城市建成区面积比2010年增长24.3%,高于城区户籍和暂住人口增幅7.51个百分点。2015年河南建设用地面积3835.48万亩,占全国建设用地总量的6.7%,而城镇常住人口占全国比重只有5.7%;亩均实现第二、第三产业增加值8.02万元,仅为全国平均水平的79.4%。仍有一些地方城市建设过度注重规模扩张,热衷建新区、盖新房、修新路。

(四)中小城市发育迟缓

县级城市、小城镇普遍发育迟缓,经济基础薄弱,城建资金短缺,市政基础设施建设迟缓,承载能力不能满足人口增长的需求。至2015年,河南县级城市、小城镇新增的城镇人口占河南省新增城镇人口的74%,县级城市用水普及率、燃气普及率、污水处理厂集中处理率、生活垃圾无害化处理率、建成区绿化覆盖率分别低于河南省设市城市22个、33个、7个、12个、17个百分点。镇一级城市建设更加滞后,基础设施薄弱,吸引农民就地城镇化的作用没有发挥出来。截至2015年底,河南建制镇供水普及率75.9%、生活垃圾处理率78.9%、生活污水处理率25.6%、燃气普及率9.2%,全部低于全省38个设市城市的相关指标。

三 趋势分析

根据美国城市地理学家纳瑟姆提出的世界城市化发展的共同规律——著名的纳瑟姆曲线，城市化率在30%～70%，是加速城市化阶段。目前，河南城镇化率正处在这一区间，由此可见，未来一个时期河南城镇化仍处于快速增长阶段，面临着数量增长和质量提升的双重任务。从产业发展、人口流动、农民意愿等方面来看，河南城镇化发展蕴含着新动力、新特点。

（一）产业转移加速，河南城镇化的产业支撑持续增强

当前，河南仍处在工业化快速发展阶段，自身的发展对产业有着巨大需求。从外部环境看，在全球经济增长恢复缓慢、中国经济进入新常态的背景下，经济结构调整和产业转型升级步伐加快，产业由从低回报率地区转移到高回报率地区。东部沿海地区工业化、城镇化不断深化，产业向中高端转型，城市向高质量发展，已有的产业由于要素供给趋紧、生产成本上升、环境承载压力加大等问题，持续向中西部地区转移。转移产业的结构由传统低端产业向电子信息、新能源、装备制造等高端产业和服务业转变。随着产业转移步伐的加快，其将为包括河南在内的中西部地区城镇化持续提供强劲的动力。

（二）劳动力省内流动比重进一步提高，河南城镇化的人口支撑持续提升

人口流动的规模和流向决定着城镇化的速度和结构。2013年河南农村劳动力转移到省外的比重首次出现低于省内转移的情况，农民工"回流"已成为一种趋势。2015年，河南省内农村劳动力转移就业的比重达到54.3%，其中在乡外县内就业的比重为46.4%（见表3）。这在近年来返乡创业人数上也可以得到印证，2013年农民工返乡创业8.48万人，2014年8.68万人，2015年9.03万人，人数逐年增多。

表3 2013~2015年河南省农村劳动力就业地域分布情况

单位：%

区域	2013年	2014年	2015年	区域	2013年	2014年	2015年
省内	51.4	51.3	54.3	县外省内	56.3	57.8	53.6
乡外县内	43.7	42.2	46.4	省外	48.6	48.7	45.7

（三）农民愿意进城但落户意愿减弱，对城镇化发展方式提出新的要求

近年来，河南户籍城镇化率增长趋势放缓，农民落户城镇的意愿偏低。2015年河南省户籍城镇化率在26.85%左右，低于常住人口城镇化率20个百分点左右，户籍城镇化率增幅一直低于常住人口城镇化率，而且全省新增"农转非"人口自2012年之后呈逐年下降态势。究其原因主要是城乡居民社会保障福利差距缩小，城市户口吸引力降低。目前，全省城乡义务教育经费、城乡居民基本医疗保险、城乡居民养老保险已经统一，只有最低生活保障、医疗救助和住房公积金贷款还有差别，农民不需要转成城镇户口，就基本可以享受与城镇户口一样的待遇。

（四）河南城镇化未来转移人口数量巨大，县级城市在吸纳转移人口方面有着广阔的空间

河南是一个人口大省，2016年底总人口达10788万人。"十三五"规划确定到2020年全省城镇化率目标是56%，按此目标要求，城镇化率年均需要提高1.88个百分点，每年需要新增城镇人口200万人左右，5年累计需要由农村向城市转移1000万人左右。这一数量巨大的转移人口转向哪一级城市，对河南城镇体系的建设提出了直接的要求。首先，省会城市和其他省辖市容量有限。按照《河南省新型城镇化规划（2014－2020年）》，2020年郑州中心城区常住人口规划为700万人，比2015年增加约150万人，年均增加30万人。从历年统计数据看，"十二五"期间郑州市常住人口净流入

91万人,年均净流入18万人,城市空间有限。

其次,其他省辖市市区常住人口规模较大,吸纳承载能力相比郑州更为有限。2015年,在郑州以外的其他16个省辖市中(不含济源),市区常住城镇人口超过100万的有洛阳、南阳、商丘、开封、信阳、漯河、安阳、新乡、平顶山、焦作10市,其余的驻马店、周口、濮阳、三门峡、鹤壁、许昌6市的市区常住人口也超过50万人,再吸纳新增人口的空间有限。

再次,县级城市在吸纳转移人口方面有着广阔空间。河南人口分布呈现金字塔形状,县级及县级以下人口占河南省的74%。近年来,新增城镇人口的70%以上也都进入了县级城市。目前,河南省有106个县级城市,绝大部分城区或市区人口在10万~20万人,如果有一半的县级城市发展为20万~30万人的小城市,一半的县级城市发展为30万~50万人的中小城市,吸纳的人口就相当可观。多数农民倾向于把县城作为进城的首选地,与河南城镇体系的供给相契合。

最后,城镇化需要分类推进,县级城市吸纳人口的能力差异大。一是经济实力差异大。2015年全省106个县市中,生产总值在500亿元以上的有7个县市,不到100亿元的有5个县市,最低的卢氏县不到最高的新郑市的1/11。一般公共预算收入超过30亿元的有7个县市,不到5亿元的有10个县市,最低的台前县不到最高的新郑市的1/18。二是发展水平差异大。2015年人均生产总值在7万元以上的有13个县市,不足2万元的有11个县市。三是县城规模差异大。2015年城区建成区面积达到40平方公里的有5个县市,不到10平方公里的仍有5个县市。四是产业基础差异大。2015年规模以上工业企业主营业务收入超1000亿元的有11个县市,最高的巩义市为1859.64亿元,不到100亿元的仍有3个县市,最低的卢氏县只有54.91亿元。在这种情况下,经济实力强、产业基础好、城区规模大的县市,吸纳农村转移人口的能力就强,而经济实力弱、产业基础差、城区规模小的县市,吸纳农村转移人口的能力就很有限,需要根据实力、规模、吸纳人口能力的不同,对县级城市建设进行分类指导、因城施策。

三 对策建议

（一）突出中原城市群建设导向

着力增强中原城市群发展的内在协同性，改变以行政等级序列为逻辑的圈层式"摊大饼"城镇体系布局思维，纠正拼凑城市数目、盲目追求面积人口规模扩张、没有实际成效的粗放式和概念式发展模式，促进中原城市群大中小城镇的实质衔接，进而带动人口相对均衡分布和资源统筹配置。全省不同区域按照区域相邻的原则，弱化行政区界限，强化自然经济区发展，打造城市联合体，着力形成支撑中原城市群发展的多个增长极。

（二）突出县级城市和特色镇建设导向

河南省应充分发挥中小城市门槛较低、人文相近、归属感强的优势，把县级城市、特色镇作为今后一个时期新型城镇化的突破口和主攻方向，推动更多农村人口就近转移落户。一是实施百城建设提质工程。将县级城市作为新一轮城市建设和发展的重点，加强基础设施建设，尤其是棚户区改造和城市交通设施、防洪排水设施、生态环境设施等的建设，促进优质资源向县级城市下沉、要素资源向县级城市汇聚，扩大就业创业，完善服务功能，增强承载能力。要根据不同县域产业基础、交通区位优势等的差异，在制定政策、设定目标、落实任务上因地制宜、分类指导、精准施策。有侧重地推动区位交通较好、产业基础较好、人口流入规模较大的县级城市发展成为50万人左右的中等城市，推动交通相对便利、产业基础相对较好、人口流入较为平衡的县级城市发展成为30万人以上的新兴城市，推动产业基础一般、人口流出明显的县级城市加大基础设施投入力度，稳定县域经济发展和人口流动，力争集聚人口20万人以上。二是实施特色镇培育扩容工程。习近平总书记主持召开中央全面深化改革领导小组第二十八次会议，会议审议通过的一批意见和方案中，就有《关于深入推进经济发达镇行政管理体制改革的指导意见》，这意味着经济发达镇扩权在即。河南省应借助国家政策机遇，按照政府引导、企业主体、市场运作的思路，确定一批重点扶持的特色镇，做到"给权、让利、增地、加人"，赋予其县级经济社会管理权限，努力把特色镇打造成为宜业、宜居、宜游的新经济增长点。

（三）突出人的城镇化导向

一是增强就业供给能力。大力发展劳动密集型农产品加工企业和与之相关的生产生活性服务业。加快县域经济发展，激发量大面广的县域产业的就业能力，加大对民营经济的扶持力度，尤其是大力推动农民工返乡创业。组织开展电子商务示范县、示范乡（镇）创建工作，帮助更多群众"触网"创业就业。二是加大城镇基础教育资源供给。农民落户城镇的首要动力是孩子上学，应根据人口转移趋势和城镇化率提升速度，优化中小学布局，适度超前配建城镇中小学和幼儿园，有侧重地解决进城落户农民和符合条件的农民工子女教育问题。三是健全城镇住房制度。及时将进城落户、取得一定年限居住证的农民和农民工纳入住房公积金保障范围，将公租房扩大到非户籍人口，县域范围重点保障乡村教师、乡镇医生、大学生村官等群体需求，加快推广住房保障租赁补贴制度，同时从制度上堵住承租、修建、转让等利益输送"黑洞"。四是完善城镇社会保障体系。积极推进社会保险省级统筹，加快城乡医保并轨，畅通城镇职工跨省转移、接续渠道，完善城镇职工养老保险和城乡居民养老保险衔接渠道，为落户城镇的居民提供及时高效、公平统一的社会保险服务，切实解决进城农民和返乡农民工老有所养、病有所医等后顾之忧。五是因地制宜地促进农民落户城镇。对于地处城中村、城郊村的农民，应通过加大棚户区、城中村、城郊村改造力度，加快村委会改居委会、村民转市民步伐，整建制就地转为城市居民；对于交通便利的平原地区农民，由于其人均耕地多、对土地依赖性较强、进城落户意愿不强，要以就近城镇化为重点，加快劳动密集型产业发展，加大县级城市和小城镇建设力度，夯实城镇化的长远基础；对于山区散居的农民，由于人均耕地少、对土地依赖性不强，要结合扶贫搬迁，加强就业指导，加大社会保障力度，引导、鼓励和支持山区散居农民通过搬迁到县级城市、镇区产业集聚区和大型企业附近就业、居住，从而实现城镇化。对于农业转移人口，继续加大公共服务均等化力度，在教育、住房、养老、社保等方面实行公平待遇。对于尚未转移的农业人口，按照统筹城乡、城乡一体的发展理念，持续加大农村投入，着力建设新农村和美丽乡村。

（四）保障土地供给，着力破解"土地怎么用"难题

严格控制新增城镇建设用地规模，深化农村土地制度改革，保障农业转移人口在城镇落户的合理用地需求。一是稳定农民三权关系预期。加快推进和确保如期完成农民土地承包经营权、宅基地使用权确权登记颁证工作，推进三权分置，构建农民土地权利保障的基础体系。二是推进农村集体建设用地产权制度改革。在坚持和完善最严格耕地保护制度的前提下，建议先在经济发达且非农就业率高的县域，对承包经营权、宅基地使用权和农房产权进行深化改革试点，在本县范围内搭建产权交易平台，重点推动农村废弃工厂、废弃学校、废弃公用设施以及扶贫开发整村推进腾空的连片宅基地等农村集体建设用地的置换使用，允许通过市场转让获得财产收益，或以股权的形式参与城镇建设，或依法流转土地承包权。三是创新城镇土地供应机制。用活、用好、用足城镇建设用地增加和农村建设用地减少挂钩政策，继续优化、简化、畅通省域内调剂使用办法和操作细则，促进用地指标向城镇集中。结合城中村改造，出台城市改造与土地开发实施办法，探索工业用地"先租赁后出让"供应方式，减少企业用地一次性投入成本，保障建设土地供给。四是鼓励开发城镇地下空间。地下空间可开发余地非常之大，很多商场、停车场、综合管廊、地下通道、轨道交通只要规划合理，就可以有效弥补地上空间的不足，关键是要规划在先、统筹使用。夏邑县为解决地上资源不足问题，在县城中心地段投资建设总建筑面积 2 万平方米的地下商业街项目，地上为步行街整治改造工程，地下负一层两侧为对称式商铺，中间为人行通道，出入口 30 个，并配套给排水、消防、通排风、供电等设施，既节

约了土地资源，降低了建设成本，又改善了城市环境，完善了城市配套，目前运营良好，值得借鉴。

（五）加大资金投入，着力破解"钱从哪里来"难题

城镇化最大的难题是资金平衡。一是管好用好土地出让金。随着城镇化的快速推进，土地受城市规划、征地动迁、"七通一平"、市场供求等多种因素影响，会有较大幅度的增值，不能让开发商独享，建议地方政府加大土地储备和开发管理力度，在土地收储上垄断土地市场，确保一级土地市场政府调控，实现城市基础设施和公共设施的投入平衡。二是分类推进基础设施融资。与外资、民资合作发展混合所有制经济组织形式。客运站、货运场、停车场等经营性城镇基础设施建设，应以企业为主体进行投融资，创造条件吸引社会资本投资建设和经营。供水、供电、供气、公共交通、污水处理、环境卫生等准经营性城镇基础设施建设，应在政府主导下以企业为主体进行投融资，政府通过推行特许经营制度，吸引社会资本参与建设和经营。非收费道路和桥梁、给排水、路灯、公共绿地、环境监测与治理、防洪设施等公益性城镇基础设施建设，应以政府为主体进行投融资，通过财政投入、争取上级项目资金和向银行贷款，加大投入力度。三是拓宽地方政府债券融资渠道。支持有条件的地区通过发行市政债、城投债等地方政府债券拓宽融资渠道，但要合理安排还款期限，避免引发短期债务违约风险。

河南省直管县（市）城镇化发展质量评价研究

马 琳 蒋明河*

摘　要： 党的十八届三中全会指出，完善城镇化健康发展体制机制。本文对城镇化质量的内涵进行界定，从经济增长、人口转化、公共服务供给和环境改善四个方面构建城镇化质量评估的二级指标，并构建了涵盖15个三级指标的河南省直管县（市）城镇化质量评估指标体系。基于2015年河南省相关数据，运用主成分分析方法对河南省10个直管县（市）的城镇化发展质量进行评估，评价结果较好地反映了河南省直管县（市）的城镇化发展质量。

关键词： 河南省直管县　城镇化发展质量　城镇化质量评估

我国改革开放30多年的实践表明，放权式改革是调动县域行政或市场主体积极性和创造性的基本经验。2011年6月，在中央批准的全国34个试点县（市）中，河南占了10个，成为全国首个正式宣布启动"行政省直管县（市）"体制改革试点工作的省份。10个省直管县（市）分别为兰考县、巩义市、长垣县、永城市、汝州市、鹿邑县、固始县、滑县、新蔡县和邓州市。省直管县（市）体制改革呈现明显优势：一方面，在一定程度上使县（市）发展环境得到了优化，县（市）政府拥有更大的自主权，使行政决策和管

---

* 马琳，管理学博士，郑州大学公共管理学院讲师，社会治理河南省协同创新中心研究员；蒋明河，郑州大学公共管理专业硕士研究生，研究方向为政府治理。

理更贴近于县域经济发展的实际，有利于城乡经济的协调发展；另一方面，省直管县（市）改革后的城乡分治充分发挥市县两级政府的积极性，既加快城镇化发展，又推进县域范围内的农村发展，最终实现区域经济社会统筹发展。近年来，河南省城镇化发展迅速，全省城镇化率从2000年的23.2%提高到2016年的48.5%[①]，年均增长1.58个百分点。但是，河南省10个省直管县（市）的城镇化发展并不均衡，2015年，10个省直管县（市）中城镇化率最高的为巩义市（52.4%），滑县最低，仅为27.2%。[②] 那么，河南省直管县（市）的城镇化水平究竟如何呢？这是本文尝试回答的问题。

中央城镇化工作会议提出"提高城镇化发展质量，实现城镇化健康发展"。那么，城镇化质量应该如何评价？什么样的城镇化才算健康的城镇化呢？本文从河南省10个省直管县（市）的城镇化发展现状入手，尝试建立河南省直管县（市）城镇化发展质量评价指标体系，运用2015年河南省10个省直管县（市）的相关数据，对河南省10个省直管县（市）的城镇化发展质量做出客观评价，以期找出各地城镇化发展过程中差异化的发展方向，推动其城镇化更加健康的发展。

一 城镇化质量评价指标体系

（一）指标体系构建

2016年，笔者从经济增长、人口转化、基础设施建设、公共服务供给和环境改善五个方面构建城镇化质量评估的二级指标，并构建了涵盖20个三级指标的河南省直管县（市）城镇化质量评估指标体系。考虑到数据的可获取性因素，2017年河南省直管县（市）城镇化质量评价指标体系从人口转化、经济增长、公共服务供给和环境改善四大方面构建（见表1）。由于评价的对

[①] 《2016年河南省国民经济和社会发展统计公报》。
[②] 《河南统计年鉴2016》。

象为河南省 10 个直管县（市），而各个省直管县（市）的地域大小、人口数目差异显著。为了更加客观地反映各个省直管县（市）城镇化发展的真实水平，评价指标的设计中回避了总量的指标，而使用人均指标和比例指标。指标体系共包括 15 个三级指标，其中 14 个正向指标、1 个逆向指标。

表 1 河南省直管县城镇化健康发展评价指标体系

一级指标	二级指标	三级指标	指标类型
河南省城镇化质量评价指标体系	人口转化	城镇化率(X_1)	正向
		第三产业从业人员比重(X_2)	正向
		城镇从业人员比重(X_3)	正向
	经济增长	第三产业增加值占 GDP 比重(X_4)	正向
		人均 GDP(X_5)	正向
		城镇居民人均可支配收入(X_6)	正向
		城镇居民恩格尔系数(X_7)	逆向
	公共服务供给	人均教育经费(X_8)	正向
		万人图书馆藏书(X_9)	正向
		万人医疗机构床位数(X_{10})	正向
		万人拥有医生数(X_{11})	正向
		医疗保险覆盖率(X_{12})	正向
		养老保险覆盖率(X_{13})	正向
	环境改善	单位 GDP 能耗降低率(X_{14})	正向
		单位 GDP 电耗降低率(X_{15})	正向

（二）评价方法和数据选取

研究主要使用主成分分析方法，由于研究选取的评价河南省直管县（市）城镇化发展质量的指标较多，各个指标之间可能存在相关性，而主成分分析能够实现评价指标的降维，提取能够反映结果的主成分。主成分分析方法能够避免主观赋权法中人为因素的影响，从众多指标中选取能够解释所有变量的少数几个随机变量描述总体情况。研究的评价对象是河南省 10 个直管县（市）的城镇化质量。

主成分分析方法的计算方法是求解不同变量矩阵的特征方程，得到特征值和单位特征向量,然后,将特征值从大到小排序,代表主成分所解释变量的方差,对评价体系的大量指标进行降维,能够归纳出能解释数据样本绝大部分信息的新变量即主成分,从而科学、客观、系统地评价综合性指标。

如表1所示,指标体系共选取了15个具体指标,其中14个正向指标、1个逆向指标。为了便于进行主成分分析,把逆向指标求倒数后加入指标样本,这样一共有15组数据进入河南省直管县(市)城镇化质量评价指标体系。评价数据均来自《河南统计年鉴2016》,并对部分数据进行了整理。

二 河南省直管县(市)城镇化发展质量评估结果分析

(一)提取主成分

运用SPSS17.0对表1的指标体系数据进行主成分分析,经计算,KMO值为0.78,设计的指标体系适合做主成分分析。

如表2所示,按照特征值大于1的原则,共提取4个主成分,前4个主成分的方差贡献率依次是37.28%、24.33%、13.09%、8.10%,解释的方差占总方差的82.79%,因此,前4个主成分能够概括指标体系数据的绝大部分信息,设为F_1、F_2、F_3、F_4。

表2 解释的总方差

单位:%

成分	初始特征值			提取平方和载入		
	特征值	方差的百分比	累计百分比	特征值	方差的百分比	累计百分比
1	5.591	37.276	37.276	5.591	37.276	37.276
2	3.649	24.330	61.605	3.649	24.330	61.605
3	1.963	13.085	74.691	1.963	13.085	74.691
4	1.214	8.095	82.786	1.214	8.095	82.786
5	0.860	5.731	88.517			
6	0.787	5.245	93.762			
7	0.624	4.160	97.922			
8	0.223	1.489	99.412			
9	0.088	0.588	100.000			
10	0.000	0.000	100.000			

（二）主成分得分排名

表 3 为提取的 4 个主成分载荷矩阵，其中，X_1、X_5、X_6、X_7、X_{13}、X_{14}、X_{15} 在第一主成分 F_1 上有较高的载荷值，反映了河南省城镇化发展综合情况，命名为社会发展因子；X_3、X_8、X_{10}、X_{11} 在第二主成分 F_2 上有较高的载荷值，体现了城镇化发展中的公共服务情况，命名为公共服务因子；X_2、X_{11}、X_{12} 在第三主成分 F_3 上有较高的载荷值，体现了城镇发展中的居民生活情况，命名为居民生活因子；X_8、X_{12}、X_{14}、X_{15} 在第四主成分 F_4 上有较高的载荷值，体现了城镇化发展的节能减排情况，命名为环保因子。

表 3　主成分载荷矩阵

类别	F_1	F_2	F_3	F_4
城镇化率（X_1）	0.880	-0.280	0.126	-0.090
第三产业从业人员比重（X_2）	0.505	0.246	0.685	-0.273
城镇从业人员比重（X_3）	0.146	0.827	-0.244	-0.075
第三产业增加值占 GDP 比重（X_4）	0.295	0.306	-0.170	-0.572
人均 GDP（X_5）	0.935	-0.178	0.090	0.019
城镇居民人均可支配收入（X_6）	0.658	-0.717	0.016	0.059
城镇居民恩格尔系数（X_7）	0.771	0.275	0.344	0.274
人均教育经费（X_8）	-0.010	0.823	0.129	0.307
万人图书馆藏书（X_9）	0.936	-0.198	-0.084	-0.005
万人医疗机构床位数（X_{10}）	0.400	0.738	-0.137	0.166
万人拥有医生数（X_{11}）	0.372	0.828	0.378	-0.042
医疗保险覆盖率（X_{12}）	0.245	-0.380	0.578	0.388
养老保险覆盖率（X_{13}）	0.714	-0.068	-0.172	-0.521
单位 GDP 能耗降低率（X_{14}）	0.616	-0.016	-0.517	0.357
单位 GDP 电耗降低率（X_{15}）	0.653	0.121	-0.667	0.218

根据 4 个主成分因子的方差贡献率，进行归一化处理，得到河南省 10 个直管县（市）的城镇化发展质量评价综合得分公式 $F = 0.4503F_1 + 0.2939F_2 + 0.1581F_3 + 0.0978F_4$，计算结果如表 4 所示。

表4　各地市得分排名

单位：分

总体排名	地区	F₁得分（排名）	F₂得分（排名）	F₃得分（排名）	F₄得分（排名）	总分
1	兰考县	0.709(2)	2.321(1)	-0.488(8)	0.353(5)	0.958
2	巩义市	2.068(1)	-1.124(10)	0.048(4)	0.027(6)	0.611
3	长垣县	-0.001(5)	0.504(3)	2.649(1)	-0.397(8)	0.527
4	永城市	0.607(3)	-0.791(8)	-0.159(5)	1.227(1)	0.136
5	汝州市	0.326(4)	-0.029(5)	-0.448(7)	-0.563(9)	0.013
6	鹿邑县	-0.282(6)	0.567(2)	-0.765(10)	0.874(2)	0.004
7	固始县	-0.21(7)	0.035(4)	-0.728(9)	-2.36(10)	-0.43
8	滑　县	-1.058(9)	-0.342(7)	0.479(2)	0.464(4)	-0.456
9	新蔡县	-1.373(10)	-0.135(6)	-0.291(3)	0.56(3)	-0.649
10	邓州市	-0.786(8)	-1.006(9)	-0.296(6)	-0.184(7)	-0.714

（三）城镇化质量区域差异分析

河南省10个直管县（市）的城镇化发展质量评价总分如表4所示，得分由高到低的顺序依次是兰考、巩义、长垣、永城、汝州、鹿邑、固始、滑县、新蔡、邓州。从评价结果来看，各城市之间的得分差异较大，得分最高的兰考为0.958分，得分最低的邓州为-0.714分。对河南省10个直管县（市）城镇化质量综合评价结果进行聚类分析，可将河南省10个直管县（市）的城镇化健康发展水平分为四类，结果如表5所示。

表5　河南省省辖市健康城镇化评价分类

类别	城市	得分
城镇化质量评价得分高	兰考县、巩义市、长垣县	大于0.5分且小于1分
城镇化质量评价得分较高	永城市、汝州市、鹿邑县	大于0分且小于0.5分
城镇化质量评价得分较低	固始县、滑县	大于-0.5分且小于0分
城镇化质量评价得分低	新蔡县、邓州市	小于-0.5分

兰考县作为焦裕禄精神发祥地，区位优越（北邻陇海铁路，南邻连霍高速公路，310国道和106国道在集聚区内交会并且距京广铁路、京九铁

路、郑州国际机场均只有一小时路程，距连云港4小时路程），使得其在省直管县（市）的城镇化发展过程中优势突出，综合得分排名位列第一；巩义市隶属于河南省郑州市，是"郑州－巩义－洛阳工业走廊"核心城市之一，加之便利的交通（郑西高铁、连霍高速、陇海铁路等均在市内设站），在城镇化质量评价得分中位列第2；长垣县依托便捷的交通已成为中原经济区承接沿海发达地区产业转移的桥头堡，近年来城镇化发展迅速，城镇化质量评价得分也较高，位列第3。永城市、汝州市、鹿邑县的城镇化质量评价得分处于中上水平。汝州市在河南省中西部，永城市、鹿邑县则位于河南省东部，相对优越的区位条件、便利的交通、较好的外部发展条件，使其拥有较高的城镇化发展水平。固始县、滑县的城镇化质量评价得分处于中下水平，固始县是文化强县，滑县为中原经济区粮食生产核心区，发展前景受制、发展动力不足。新蔡县、邓州市的城镇化质量评价得分最低，两地均在河南南部，人口基数大、资源有限，具有很大的提升空间。

（四）城镇化质量影响因素分析

图1显示了河南省10个直管县（市）在社会发展因子、公共服务因子、居民生活因子、环保因子方面的得分情况。

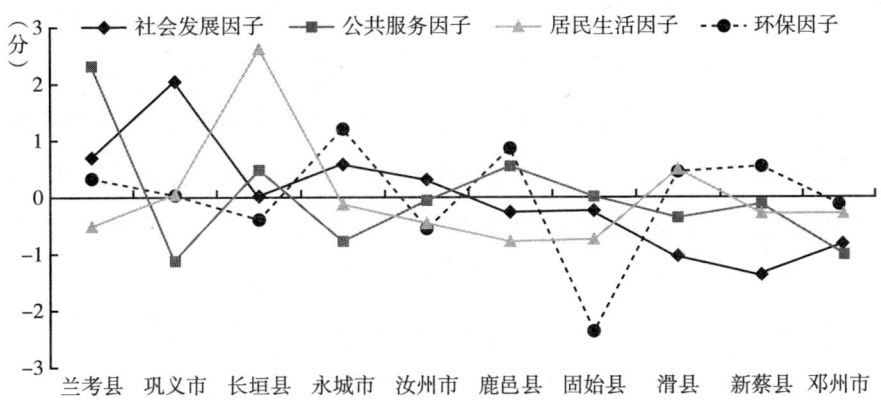

图1　河南省直管县（市）城镇化质量子系统评价比较

一类城市城镇化质量评价得分高,包括兰考县、巩义市和长垣县。兰考县作为焦裕禄精神发祥地,在10个直管县(市)中,其健康城镇化评价得分位居第1。但是,兰考县医疗卫生供给能力较差,故F_3主成分的得分较低(见图2)。因此,兰考县在城镇化发展的过程中需要加大公共服务供给力度。巩义市的健康城镇化评价得分仅次于兰考,但巩义市的F_2主成分得分较低,在城镇化建设中需要加强基础设施建设。长垣县的健康城镇化评价得分紧跟巩义市,但长垣县的F_4主成分得分较低,在城镇化建设中需注重环境保护。

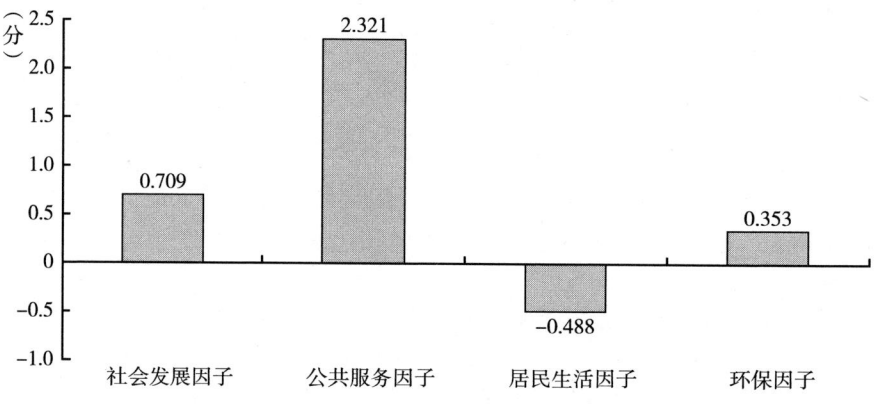

图2 兰考县城镇化质量评估子系统排名比较

二类城市城镇化质量评价得分较高,包括永城市、汝州市和鹿邑县。永城市的F_4排名为第1位,在城镇化发展中污染物排放情况相对较好;然而其在城镇化质量评价得分中F_2排名为第8位,相对靠后,说明永城市需要加强基础设施建设,注重公共服务供给。汝州市的F_3和F_4排名相对靠后,在城镇化建设中需要加强公共服务供给和环境保护。鹿邑县的F_3排名为第10位,需要在城镇化建设中加强医疗卫生建设。

三类城市城镇化质量评价得分较低,包括固始县和滑县。固始县的F_1、F_3和F_4排名分别为第7位、第9位和第10位,在城镇化建设中需要加强经济建设、公共服务供给和环境保护。滑县的F_1、F_2排名相对靠后,需要注重经济发展和基础设施建设。但是,滑县的F_3排名为第2位,说明该县公共服务供给较好。

四类城市城镇化质量评价得分低,包括新蔡县、邓州市。新蔡县的 F_1、F_2 排名相对靠后,在城镇化发展中需加强经济建设和公共服务供给。邓州市的 F_1、F_2、F_4 排名为第 8 位、第 9 位、第 7 位,在城镇化发展中需加强经济建设和基础设施建设并实现集约发展。

三 省直管县(市)城镇化发展对策建议

(一)结论

城镇化质量评价指标体系的构建涉及经济社会发展的很多因素,本文在对城镇化发展内涵界定分析的基础上,从人口转化、经济增长、公共服务供给和环境改善四大方面,构建了涵盖 15 个指标的河南省直管县(市)城镇化质量评价指标体系,定量分析河南省 10 个直管县(市)的城镇化发展质量,以期找出各地城镇化发展中的不足,为提升河南省直管县(市)乃至全省的城镇化质量提供理论参考。

总体来看,河南省 10 个直管县(市)的城镇化质量差异较大,各地市应该从自身区位、资源禀赋与城市发展定位的实际出发,制定符合实际的健康城镇化发展战略,从而提升各个地市乃至河南省的健康城镇化发展水平。

(二)讨论

通过对河南省直管县(市)健康城镇化发展水平的分析发现:河南省直管县(市)改革提高了县域城镇化率,亦推动了河南省城镇化进程。但是,在河南省直管县(市)城镇化质量子系统评价比较中发现,不仅 10 个直管县(市)的城镇化质量差异较大,而且各县(市)发展情况亦不均衡。本文通过对人口转化指标、经济增长指标、公共服务供给指标、环境改善指标的分析,建立了以社会发展因子、公共服务因子、居民生活因子和环保因子为主要参考指标的主成分分析,得出结论:河南省直管县(市)城镇化进程目前处于加速阶段，发展成果较好，但结构失衡现象突出，失衡问题主要集中在以下几点。经济建设方面，产业结构层次低、水平不高；基础设施建设方面，供给和需求不均衡；公共服务供给方面，人口城镇化率有待提高，医疗卫生等供给不足；环境保护方面，能源浪费，排污措施不足，监管不力等。

本文运用主成分分析方法，根据数据的自然属性把15个指标归纳为4个解释程度超过80%的主成分，分别命名为社会发展因子、公共服务因子、居民生活因子和环保因子，有效地实现了评价指标的降维，提供了更加直观、更加清晰地认识河南省直管县（市）城镇化发展质量评价指标体系的方法。

考虑到数据的可获得性，本文并没有考虑各个直管县（市）的基础设施建设情况（人口密度、公共绿地等）、农民市民化的社会成本（包括教育、医疗、住房、基础设施等），这将是后续研究需要关注的重点。

河南省城市社区治安研究*

蒋美华 刘士超**

摘　要： 本文通过对河南省不同类型的城市社区进行实证调查，发现河南省城市社区治安综合治理状况整体较好，综合治理在稳步向前推进，但不同类型的社区治安状况各不相同。同时，河南省城市社区治安综合治理还存在以下问题，如社区规划和建设存在安全隐患，社区治安防范体系不完善，有的社区及其周边存在偷盗、抢劫等现象，居民对社区治安的认知度和参与度不高等。进一步分析发现，相关的影响因素主要有政府对社区治安建设的支持力度不够，社区治安的宣传教育和建设管理不到位，社会多元主体对社区治安的参与性不足等。为此，应从以下四方面着手提升河南省城市社区治安的综合治理水平：第一，明确政府自身职责，探索治安分类管理模式；第二，开展网格化管理，推进三社联动模式；第三，重视社区文化建设，提升社区居民的归属感；第四，探索社区治安市场化运作，引进社区治安维护的竞争机制。

关键词： 城市社区　社区治安　社区治理

---

* 本文系河南省教育厅科学技术研究重点项目"河南省新型城镇化背景下文化建设研究"（项目编号14A630042）、2012年度河南省高校科技创新人才支持计划项目"转型期河南省女性福利获得的社会空间研究"的阶段性成果。

** 蒋美华，博士，郑州大学公共管理学院教授，社会治理河南省协同创新中心研究员，研究方向为社会工作与社会治理；刘士超，郑州大学公共管理学院2015级社会保障专业硕士研究生。

作为人口大省,河南省不论是定居人口数量还是流动人口数量均位于我国前列,社会治理面临着一系列挑战。为此,需要高度重视社区治安的综合治理,从而为经济社会的协同发展创造有利的基层保障环境。在此,社区治安综合治理主要是指在政府的统一领导下,依靠公安机关、社区内物业机构、居委会、业主委员会、社会工作机构、其他相关企事业单位以及居民群众等力量,运用经济、法律、行政、文化等手段,通过加强打击、防范、教育、管理、建设、改造等方面的工作,实现从根本上预防和治理社区内外的违法犯罪行为,化解社区不安定因素,维护社区治安持续稳定的一项系统性工程。基于城乡社区的差异性较大,本课题组主要聚焦于河南省城市社区,于2016年10月至2017年2月开展问卷调查,在河南省多个城市社区共发放问卷928份,回收有效问卷918份,有效回收率为99%。此次调查中,男性所占比例为32.9%,女性所占比例为67.1%;从年龄来看,被调查者年龄主要集中在18~25岁,所占比例为51.31%,其次为26~45岁的被调查者,所占比例为29.3%;从社区居住类型来看,居住在单位型社区的占24.05%,商品房社区的占35.47%,拆迁安置社区的占6.75%,"村改居"社区的占8.71%,混合型社区的占15.23%,还有9.79%的居民居住在其他类型的社区如公租房社区、军队社区等。另外,课题组还通过个案访谈获得了部分资料,进一步夯实了研究的资料基础。调查访谈情况可以较好地反映河南省城市社区治安的基本状况。

一 河南省城市社区治安综合治理的基本情况

通过调研发现,河南省城市社区治安综合治理状况整体较好,但不同类型的社区治安状况各不相同,总体上综合治理在稳步向前推进。基本情况如下。

(一)治安状况总体良好,居民满意度较高

本次调查数据显示,有41.83%的居民认为所居住的社区比较安全,只

有8.71%的居民认为所在社区不太安全，有2.4%的居民认为自己所居住的社区非常不安全（见表1）。

表1　社区安全程度调查

单位：人，%

选项	人数	有效百分比	选项	人数	有效百分比
非常安全	87	9.48	不太安全	80	8.71
比较安全	384	41.83	非常不安全	22	2.40
一般	345	37.58			

同时，如表2所示，在居民对社区治安的满意度调查中，有41.39%的居民对所在社区的治安比较满意，仅有12.2%的居民对所在社区的治安不太满意，4.03%的居民对所在社区的治安非常不满意。

表2　居民对社区治安的满意度调查

单位：人，%

选项	人数	有效百分比	选项	人数	有效百分比
非常满意	84	9.15	不太满意	112	12.20
比较满意	380	41.39	非常不满意	37	4.03
一般	305	33.22			

从以上调查数据可以看出，居民对于所在社区的治安状况满意度较高，虽然也有部分居民对所在社区治安状况持不满意的态度，但是总体来看河南省城市社区治安状况比较好。

（二）不同类型的社区治安状况各不相同

社区具有不同的类型，不同类型的社区环境不同，社区治安状况也有所不同。有的社区治安状况较好，有的社区治安状况较差。拆迁安置社区是城市社区中治安比较难管理的社区，社区居住人群复杂，治安状况不容乐观。这类社区的治安形势相对其他社区来说显得更加严峻。相对于拆迁安置社区，普通商品房社区和高档住宅社区的治安状况要相对好得多。高档住宅社区案发率较低，治安状况良好，居民的满意度也较高。

1. 高档住宅社区治安状况总体较好

高档住宅社区的居住环境总体来说是城市社区中比较好的。它具有完善的软件和硬件设施，各个方面的管理都比较规范。高档住宅社区具有严格的门禁系统，门卫对进出人员和车辆实行严格检查，非本社区居民很难轻易进入社区，非本社区居民或者车辆进入社区，都要进行严格的登记。同时，社区内都安装有高清摄像头等监控设施，监控设施遍布于社区的每一个角落。物业保安以及治安巡逻人员24小时轮流值班进行巡逻，确保社区内的安全。总体来说，河南省高档住宅社区的治安状况良好。在本次调查中，对河南省郑州市郑东新区的Z社区随机抽取20户居民进行治安状况的问卷调查，有18户居民认为社区治安状况良好，2户居民认为治安状况一般，没有人认为社区治安状况差。2016年2~11月社区内没有发生各类刑事犯罪案件，黄赌毒现象基本不存在，邻里纠纷虽然存在但是会很快得到调解，社区总体治安状况较好，社区居民对于社区治安总体来说比较满意。

2. 普通商品房社区治安状况一般

普通商品房社区是城市中普遍存在的社区，也是人数最多、人员较为复杂的社区，商品房社区主要居住着普通的工薪阶层、外来务工者以及大学毕业生等。商品房社区治安状况与高档住宅社区相比相对较差，因为商品房社区人员组成要比高档住宅社区复杂，有的居民将自己的住房转租，小区内群租现象也比较严重；同时，普通商品房社区门禁制度与高档住宅社区相比也不严格，外来人员随意进出，非本社区的车辆进入也仅仅是登记一下车牌号，并没有过多的管理和限制，这也给社区治安环境带来了很多不利影响。以本次调查的焦作市沁阳区Y社区为例，2016年2~11月，该社区一共发生175起盗窃案件，其中主要包括入室盗窃以及盗窃车辆，同时抢劫、涉黄、赌博等也常有发生。在社区中对居民进行调查访谈时，大多数居民认为该社区物业管理存在疏漏，巡逻人员也不是24小时值班巡逻，同时居民认为盗窃的高发与外来人员随意进出有直接联系，居民还认为社区中的出租房尤其是群租房是犯罪人员的集中地点。对河南省焦作市沁阳区 Y 社区随机抽取 35 户居民进行治安状况调查发现，50.49% 的居民对所在社区治安状况持满意态度，33.26% 的居民认为一般，12.21% 的居民认为不太满意，4.03% 的居民则表示非常不满意。如图 1 所示，对社区治安状况持不满意态度的居民认为，社区治安状况不佳的原因主要是安全防范设施不完善；偷盗、抢劫等事件经常发生，安全隐患大；小区内闲散人员多；小区所在地理位置特殊，周边环境较差，较复杂；其他如监控存在盲区，流浪宠物多以及精神病患者随意外出等。

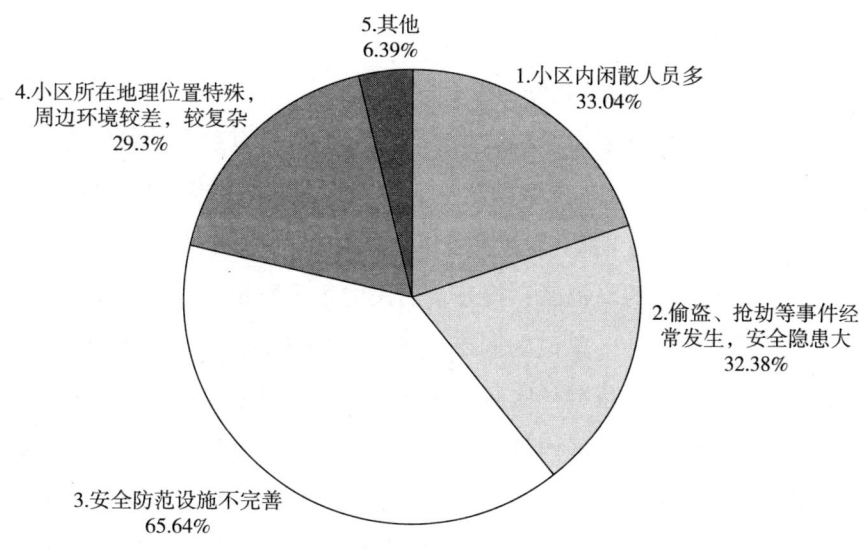

图 1　社区居民认为影响社区治安状况的因素统计

3. 拆迁安置社区治安状况不容乐观

拆迁安置社区属于过渡型社区，社区居民以失地农民为主，随着近年来经济的发展以及城镇化进程的加快，这种类型的社区也吸引了大量打工者等流动人口来这里居住，社区内人员非常复杂，社区治安状况不容乐观。以河南省洛阳市高新区辛店镇 X 社区为例，该社区是一个规模较大的拆迁安置社区，社区内人口复杂，群居现象严重。同时，X 社区属于开放性社区，即外来人员可以随意出入，无须登记，没有门禁制度，并且小区内部各单元门也没有设置密码锁，因此治安状况不好，治安案件频发。据高新区辛店镇派出所统计，2016年下半年X社区平均每天发生盗窃案6起，其中入室盗窃、盗窃车辆等尤其严重；打架斗殴事件也常有发生；另外，邻里纠纷不能得到及时有效的解决。社区内硬件设施不健全，有些甚至出现破损也无人修复的现象等。对X社区内居民随机发放30份问卷进行调查，结果显示只有3位居民对社区治安状况基本满意，12位居民认为社区治安状况一般，有15位居民认为社区治安状况差。其中超过五成的居民认为盗窃是影响社区整体治安状况的因素，三成居民认为外来人员是影响社区治安的主要因素，接近两成的居民认为其他因素影响了社区治安。

4. 单位型社区治安状况良好

单位型社区居民主要由本单位职工及家属构成，有独立的管辖界限，采用封闭式的管理方式。① 单位型社区生活配套设施比较成熟，满足了社区居民出行、娱乐、体育、购物等生活需求，强化了社区居民之间的沟通和联系，增加了社区居民的幸福感，提升了居民的生活质量。同时，由于单位型社区内的居民大多是一个单位的同事，彼此之间比较熟悉，工作上是同事，生活中是邻居，因此单位型社区居民之间互动沟通机会较多，集体意识也比较强烈。另外，单位型社区内外来人员较少，门禁制度比较严格，社区治安状况良好。以本次调查的河南省郑州市金水区Q学院社区为例，该社区在2016年下半年基本没有人报警，也没有刑事犯罪案件发生，超过八成的居民认为所在社区治安状况良好，持满意态度。

（三）社区治安总体上呈现综合治理的态势

近年来，河南省对社会治安的重视程度进一步加深，进一步加快了社会治安综合治理的步伐，政府和综治办等相关部门、社区居委会以及社会组织

---

① 赵瀛、宋浩池：《城市社区发展的瓶颈——混合型社区发展现状及其治理探讨》，《中国经贸》2010年第20期。

等共同介入了营造安定和谐的社区环境的行动中。与此同时，配套出台了《健全落实社会治安综合治理领导责任制规定》《河南省社会治安综合治理领导责任制实施办法》《河南省社会治安综合治理条例》等一系列制度规范，进一步保证综合治理落到实处。

在社区层面，各相关主体也不同程度地介入了社区治安的综合治理中。比如邻里之间的纠纷如果处理不及时就会引发邻里之间的矛盾与冲突。在本次调查中发现，有71.5%的社区能够及时调解社区内邻里之间的纠纷。其中，居委会参与社区内邻里纠纷调解与处理的占54.47%，是社区邻里纠纷调解的主体。其次是物业公司，占34.53%。再次是志愿服务组织，占16.12%。最后是社会工作机构，占15.9%。在社区层面，治安治理的内容也涵盖了诸多方面。如本次调查显示，为化解社区中的矛盾，7.3%的居民所在社区配有矛盾调解室等；为强化社区安全，41.83%的居民所在社区有较完善的道路交通安全管理措施，主要包括社区车辆进出入管理、社区内车辆停放管理、社区内交通设施管理等；22.33%的居民所在社区已经实施了网格化管理措施，15.69%的居民所在社区正在进行网格化管理的建设。此外，社区层面还通过社区文化活动增强社区的凝聚力，为营造安全祥和的社区环境奠定了基础。如开展邻里互助活动有助于增强邻里之间的联系，增强彼此之间的熟悉程度及亲切感。调查中发现，71.9%的居民所在社区开展过邻里互助活动，涵盖了社区开展的有关疾病和灾害等的紧急事件互助活动、社区互助养老活动、社区志愿队伍定期帮扶活动、照顾孤寡老人和残疾人等弱势群体活动。社区治安总体呈现多元参与、涵盖广泛的综合治理态势。

二 河南省城市社区治安综合治理存在的主要问题

虽然河南省在城市社区治安综合治理工作上不断努力，也取得了非常显著的成效，但是社会形势不断发展，一些新问题也随之出现，这也在一定程度上阻碍了社区的发展，从而影响社区居民安全感和幸福感的提高。2016年，河南省万人刑事案件发生率低于全国平均水平3.09个百分点，万人犯罪率则显著低于全国平均水平的 8.65%。① 河南省万人刑事案件发生率以及万人犯罪率明显低于全国平均水平,但从数据中可以看出河南省万人犯罪率总体来说依然偏高,这不仅不利于人们安定的工作和生活,也不利于社会的长治久安。调查显示,河南省城市社区治安综合治理还存在以下主要问题。

(一)社区规划和建设存在安全隐患

有的社区规划不合理,带来管理"盲区"。河南省城市社区大多数以商品房社区为主,为了获取更多的商业利益,开发商在规划中会打破社区应有的格局,将部分完整的社区割裂,增加街道的建设,这样就容易造成硬件设施的不完善。调研中发现,一些被"分离"出去的小区没有门禁制度,电子监控配备不充足,社区的巡逻人员也很少到这些区域,这就形成了管理"盲区"。因此有居民反映,在天黑的时候会有抢劫伤人事件发生,同时这些"盲区"也容易被犯罪分子所利用,诱发其犯罪动机,给社区治安管理带来了一定的难度和考验。

有的社区硬件设施建设存在问题,带来一系列安全隐患。调查过程中发现,在一些比较老旧的社区,煤气管道的老化带来很大的安全隐患,再加上长时间没有人进行检修维护以及居民自己私自违规修理,导致煤气爆炸或者火灾事件也偶有发生。此外,井盖丢失、道路不平坦等现象也对社区居民的人身安全构成极大的威胁。另外,有的社区居民私自搭建违规建筑物现象严重,居民利用小区的公共场所私自搭建建筑物,用作储物间,在一定程度上提高了火灾的发生率。

(二)社区治安防范体系不完善

目前,河南省城市社区治安防范体系尚不完善。究其原因,首先,部分

---

① 《河南:全省万人犯罪率显著低于全国平均值》,新浪网,http://news.sina.com.cn/c/nd/2017-02-06/doc-ifyafcyx7132580.shtml。

居民对于社区治安的总体认识有偏差。部分居民认为社区治安是居委会或者派出所的事,与自己无关,因此在社区治安治理过程中积极性不高。其次,社区警力不足。调查显示,一般一个社区只有一个警务室,每个警务室只配备一名民警,甚至有时一位民警要同时负责一至两个社区的事务,在时间和精力方面明显不足,居民有事找社区民警时还经常遇到"找不见人"的情况。最后,社区警务室处理事务的流程过于烦琐。调查数据显示,3.02%的居民认为所在社区警务室办事流程非常烦琐;14.08%的居民认为所在社区警务室办事流程比较烦琐;62.58%的居民认为所在社区警务室办事流程和效率一般。

此外,调查中还发现,部分社区民警存在责任不清、工作失职的现象,造成社区居民对社区民警不信任。本次调查显示,当自己在社区内遭遇抢劫、盗窃而成为受害者时,91.2%的被调查者选择报警,但是依然有81人选择不报警,所占比例为8.8%。在81位选择不报警的被访问者中,有接近五成的居民认为报警程序太复杂;同时有1/4的居民表示对警察不信任,认为即使报警,警察也无法帮到自己;还有居民认为报警也没有用,警务室形同虚设、需要帮忙时看不到警察的身影,社区民警不负责任等(见表3)。

表3 不报警的原因

单位:人,%

选项	人数	有效百分比	选项	人数	有效百分比
害怕报复	13	16.05	其他	8	9.88
对警察不信任	21	25.93	合计	81	100
报警程序太复杂,怕麻烦	39	48.15			

(三)有的社区及其周边存在偷盗、抢劫等现象

本次调查发现,部分社区内无业、闲散人员较多,这部分人员以辍学青少年、下岗人员等为主。他们当中有些人无所事事,没有经济来源,为了维

持生活，容易走上盗窃等违法犯罪的道路。调查显示，7.3%的居民认为所在社区内无业、闲散人员较多，而有37.36%的居民并不清楚所居住的社区是否有闲散人员。同时，有33.04%的居民对所在社区的治安状况不满意，主要原因就是小区内闲散人员较多，对社区的治安状况非常担忧。22.98%的居民认为入室盗窃现象是其所在社区最突出的治安问题。抢劫、聚众赌博等案件常有发生，分别有15.69%、9.37%的居民认为小区内及周边地区抢劫和聚众赌博是其所在社区最突出的治安问题。当然，如前所述，不同类型社区的治安状况不尽相同。对于拆迁安置社区和一些混合型社区来说，偷盗、抢劫等现象尤其需要引起关注。

（四）居民对社区治安的认知度和参与度不高

居住在一定范围内的居民从事着不同的职业，他们最关心的是个人利益的得失，而对社区内的公共事务并不关心，如果与自己的利益无关，他们很少主动关心社区所开展的各项工作。调查显示，13.29%的居民不清楚自己所在社区是否有警务室，27.23%的居民不清楚所在社区是否有负责任的民警，8.82%的居民不清楚所在社区是否有门卫，27.89%的居民不清楚所在社区是否有治安巡逻队，10.89%的居民不清楚所在社区是否有门禁制度，10.68%的居民不清楚所在社区是否有监控设施。同时，对于社区内开展过的邻里互助活动及志愿服务活动等，也有部分居民表示"没有听说过"。这不仅说明社区的宣传力度不到位，还说明居民对于社区治安的认知度和参与度不高。

三 河南省城市社区治安综合治理的影响因素

多年来，河南省在城市社区治安综合治理的实践中积累了一些经验，在社区建设和治安管理方面取得了一些成效，但是由于管理等方面的局限性以及治安形势的不断变化，河南省城市社区治安综合治理仍存在一些需要引起关注的问题。具体来说，主要有以下影响因素。

（一）政府对社区治安建设的支持力度不够

现代社会提倡"放手型"政府，认为政府不应该包办一切。但在社区治安综合治理工作上，政府不应该全面"放手"，要加大支持管理力度，建立和落实责任制度，实施奖惩措施，尤其对于社区治安状况较好的社区应给予奖励。然而根据走访调查得知，虽然政府出台了相关政策措施，但是一些政策措施的落实却不到位。同时，部分地方将社区治安工作全部交给社区居委会，然而居委会的人员配置有限，精力也有限，仅仅依靠社区居委会来进行社区治安综合治理是远远不够的，还应该依靠政府与社区居委会等多元主体共同联手，才能保证社区的长治久安。政府尤其应该从各方面入手进一步加大对社区治安建设的支持力度。

（二）社区治安的宣传教育和建设管理不到位

广泛的宣传与教育有利于增强居民对社区的归属感和责任感。调查显示，有44.66%的居民是通过"居民口传"的途径来了解社区治安基本情况及治安防范知识的，但是"居民口传"的方式有一定的弊端，如信息传递错误等。因此，还需进一步加大对社区治安相关信息和知识的宣传力度，通过宣传活动来增强广大居民的防范意识，这对于避免和减少社区案件的发生有积极作用。

社区警务室是维护社区治安环境的基础。但是，本次调查发现，有的城市社区治安民警与社区民警职责和分工不清，部分居民反映平时很少看到社区民警，甚至有的居民多年都没有见过社区民警，社区警务工作室成为"摆设"。比如社区警务室经常出现"有门无人"的现象，居民有事想请民警帮助时，经常找不到民警；同时，有一些小区管理比较松弛，非本小区人员也可以随意出入，也没有对外部人员进行登记，更无须查看相关证件；另外，如前文所述，河南省万人刑事案件发生率以及犯罪率虽然低于全国平均水平，治安和刑事案件的增速比以往有所减缓，但是立案数量依然不容乐观，社区治安综合治理的压力依然很大。

此外，社区内居住人员类型复杂，人口管理制度不完善。河南省是人口大省，流动人口数量庞大，增加了社区治安管理的难度。本次调查数据显示，有30.07%的居民所在社区有人口管理制度，28.65%的居民所在社区没有人口管理制度，同时也有41.29%的居民并不清楚自己所居住的社区是否有人口管理制度。在执行人口管理制度的社区中，仅有10.51%的社区有暂住人口管理制度，而执行特殊人口管理制度的社区仅占1.81%，这说明社区治安管理尚不得力，不能从制度上保证社区的长治久安。

（三）社会多元主体对社区治安的参与性不足

社区是居民生活的共同体，邻里之间互相帮助是社区和谐的重要因素，但是现实中部分社区居民对于社区仅仅是一个地域概念，对社区的归属感不强，不了解社区基本情况，也不关心社区的公共事务；同时，社区内的部分居民相互之间沟通交流不充分，容易引起邻里之间的误会和矛盾，不利于社区的团结与和谐，更不利于形成一个良好的社区治安环境；另外，居民对社区活动的参与率较低，这样既不利于居民对社区情况以及社区工作人员的了解，也不利于邻里之间的沟通交流，长时间下来导致居民难以对社区公共事务达成共识，对社区治安不能尽到相应的责任和义务，不利于形成安全稳定的社区治安环境。

社会多元主体主要包括居民个人、社工机构、志愿组织、社区文体组织、企事业单位等。社会多元主体参与社区治安管理已经成为一种社会发展趋势，社会多元主体包含了各行各业的人才，可以汇聚各方面的信息，能够为我们提供更直接、更全面的资源，对于提升社区治安凝聚力有重要作用。但是就目前实际情况来看，社会多元主体参与社区治安的积极性并不高。因此，需要政府相关部门提升社会多元主体参与社区治安的积极性，同时要积极保障社会多元主体的合法利益，促使社会多元主体积极致力于社区治理。

四 优化河南省城市社区治安综合治理的对策建议

社区治安是社会治安的重要组成部分,社区治安关系人们生活的幸福和社会的长治久安。结合当前社会治安的总体状况和河南省城市社区治安存在的主要问题,本文提出以下相关的对策建议,希望能进一步提升河南省城市社区治安的综合治理水平。

(一)明确政府自身职责,探索治安分类管理模式

政府要明确自身的职能与职责,切实承担起属于自身职责范围内的有关社会治安综合治理的事务。同时,政府要积极落实相关政策,对于政策的落实情况要经常检查、及时反省,以形成政府引导、全员参与的新格局,共同打造平安河南、平安社区。

不同类型的社区具有不同的特点,也存在不同的问题,因此政府需要结合当前最新形势,改变原有的"一刀切"治理模式,根据不同类型社区的不同特点和问题进行治理,从而提高治安管理的效率,为社区居民提供一个良好的居住环境。对于高档住宅社区来说,要继续以物业管理为主,同时还可以安排私人保安服务,将物业管理与私人保安服务相结合,为社区居民提供更加全面的服务,从而进一步提高社区居民的满意度和幸福感。对于普通商品房社区来说,不能仅仅依靠物业公司或者社区居委会,而要依靠更多的社会力量,积极响应我国群防群治的号召。另外,还要加强社区设施建设,用先进的科学技术手段增强社区治安管理成效。拆迁安置社区与其他社区类型相比,治安状况是最差的。因此,需要加大治安综合治理力度,保证居民拥有一个良好的居住环境。拆迁安置社区的居民主要以失地农民为主,经济收入较低,同时拆迁安置社区的居民小农意识较强,观念落后,对于参与社区治安治理的积极性不高,因此需要政府在思想上和行动上进行引导,调动居民共同维护社区环境的积极性,并且对社区物业公司给予相应的物质补助和支持,调动物业公司工作的积极性,并对其工作进行监督。对于单位型社

区来说，其治安状况相对较好，但是相对来说比较封闭。因此，应该鼓励这种类型的社区实行"走出去"模式，积极与其他类型社区交流，通过合作的方式参与到其他类型社区治安综合治理工作中，取长补短，共同进步。

（二）开展网格化管理，推进三社联动模式

城市社区网格化管理是一种全新的社区管理模式，是社区治理的必然趋势，社区网格化管理有利于避免社区治理过程中权责不清、管理不清等问题，是一种由被动等待处理问题转变为主动发现问题解决问题的社区治理新模式。社区网格化管理模式要坚持"以人为本"的思想，从社区内居民的真正需求出发，满足居民的生活以及发展需要。同时，城市社区网格化管理还应强化社区服务职能，关注社区治安状况。在走访中笔者发现，部分社区虽然已经实现了网格化管理模式，但是出现"徒有其表"的现象，甚至有一些居民并不了解网格化的实际意义，也不知道自己所在区域的网格长是谁。针对这种情况，要对网格化管理机构和网格长以及网格员实行考核评价制度，进一步发挥网格化管理在社区治安综合治理中的作用。在开展网格化管理的同时，还要动员社会组织参与到社区治安的综合治理中，充分发挥社会工作专业人才在社区治安综合治理中的作用，积极推进社区、社会组织、社会工作专业人才"三社联动"模式在社区治安综合治理中的运用，以更好地提升城市社区治安的综合治理水平。

（三）重视社区文化建设，提升社区居民的归属感

社区文化作为社区软实力，对于社区治安具有重要的作用。适当地丰富社区文化活动有助于增强社区居民的快乐感、幸福感并提升满意度。比如在社区中，除了安装必备的体育锻炼器材外，还要适度开放一些消费场所，如健身房、游泳馆等，同时还可以举办文体活动来丰富社区生活，如书法、绘画比赛等。同时，积极的文化活动有助于减少违法犯罪的发生，有利于增强居民的安全感和幸福感。政府等相关管理部门可以积极带动社区内无业人员、闲散人员进行创业，如在社区内经营超市、健身房等，这样不仅解决了

无业人员和闲散人员的就业问题,也为社区居民带来方便,还有助于减少违法犯罪的发生,从而促进社区治安状况的好转。

(四)探索社区治安市场化运作,引进社区治安维护的竞争机制

目前,河南省社区治安管理工作基本上属于行政管理,没有竞争机制,出现社区治安管理基础薄弱等问题。为此,应将社区治安从行政管理中逐渐分离出来,引进市场化的竞争机制,让市场来调解治安服务的供求关系以及资源。随着经济的发展,人们的生活水平也不断提高,生存需求对于人们来说已经完全得到满足,但是安全需求却得不到充分的保障。因此,就目前形势来说,安全需求是人们的主要需求,而治安消费也随着人们对于安全需求的渴望越来越被重视。在市场化条件下,企业追求利益最大化,因此企业可以根据消费者的安全需求来生产出相应的产品。比如保安公司可以采用竞争上岗的形式,对于不正当经营的保安公司,社区随时可以进行解雇,实现优胜劣汰。企业要注重品牌形象,培养品牌意识,尽可能地推出更优质的"治安产品",这样既可以给企业带来可观的利润,促进企业更好的发展,还可以产生良好的社会效益,从而实现双赢。社区治安实现市场化运作,不仅有利于缓解公安机关的治安管理压力,同时也会对社区治安相关管理部门造成一定的竞争压力,促使其更好地为社区及社区居民服务。另外,市场化运作也有利于提高人才的利用率,尤其是为下岗工人、进城务工人员、闲散人员等提供更多的就业机会,优化社区治安环境,促进社会稳定,从而更好地推进经济社会向前发展。

公共服务篇
Public Services

河南省社会保障事业发展报告

孙远太　侯帅　张玉博*

摘　要： 本文以历年公布的人力资源和社会保障统计年鉴、国民经济和社会发展统计公报的数据为基础，从养老保险、医疗保险、失业保险和工伤保险四个方面分析了河南省社会保障事业的发展状况，并通过数据对比分析，剖析了河南省社会保障事业发展中存在的问题，提出了河南省社会保障事业发展的保障措施。研究发现，河南省社会保障事业发展水平整体偏低，城乡失衡，保障制度过度分割，养老保险、医疗保险、失业保险和工伤保险等有待进一步发展。

关键词： 河南　社会保险　社会保障体系

---

* 孙远太，郑州大学公共管理学院副教授，社会治理河南省协同创新中心研究员，研究方向为政府治理与社会政策；侯帅，郑州大学公共管理学院2016级行政管理专业博士研究生；张玉博，郑州大学公共管理学院2016级行政管理专业硕士研究生。

我国经济发展进入新常态，"社会政策要托底"成为应对新常态的一个基本要求。社会政策要托底，就是在总体的经济增长速度适当放缓的条件下，对部分地区、部分行业和一些企业出现的一些困难，用"社会政策托底"来解决，这主要体现为社会保障事业的改革与发展。社会保障是各种具有经济福利性的、社会化的国民生活保障系统的统称。① 在现代国家，社会保障是公民的一项基本权利，是国家根据法律规定为公民的基本生活权利提供保障。社会保障的本质是维护社会公平进而促进社会稳定发展。完善的社会保障体系已经成为社会文明进步的重要标志之一。

随着改革开放和工业化、城镇化的加快推进，河南省社会结构出现急剧变动，利益格局不断调整，城乡居民利益诉求日趋多元化，城乡困难群体的生活问题和发展问题日益凸显，切实加强社会保障事业发展日趋紧迫。本文将对河南省社会保障事业的发展现状进行梳理，剖析社会保障事业发展中存在的问题，提出河南省社会保障事业发展的对策建议。

一 河南省社会保障事业发展现状

社会保障体系涵盖社会保险、社会救助、社会福利和社会优抚等众多领域。其中，社会保险是社会保障核心内容。社会保险是国家为预防和分担公众的社会风险而强制要求社会大多数成员参加的社会安全制度。社会保险主要包括养老保险、医疗保险、失业保险、工伤保险和生育保险。鉴于国务院已在一些地区试点将生育保险和职工基本医疗保险合并，本文重点从养老保险、医疗保险、失业保险和工伤保险四个方面分析社会保险发展状况，以反映出河南省社会保障事业发展的现状。2011～2016年，河南省社会保障事业进一步发展，覆盖范围不断扩大，社会保险待遇水平大幅提高，管理服务能力切实增强。

---

① 郑功成：《社会保障学——理念、制度、实践与思辨》，商务印书馆，2000，第11页。

（一）养老保险人数不断增加

在继续稳定发展城镇职工基本养老保险的同时，河南省结合自身的实际情况，坚持"保基本、广覆盖、有弹性、可持续"的基本原则，采取个人缴费与政府补贴相结合、社会统筹和个人账户相结合的模式，统筹城乡发展和促进社会公平。将城镇居民养老保险和新型农村社会养老保险两项制度合并实施，统一为城乡居民养老保险制度，从制度层面上为河南省确立了政策模式、政府责任、个人义务、待遇标准和管理服务城乡统一化的标准，为城乡居民平等地享受养老保障提供了坚实可靠的保证。

城镇职工基本养老保险水平不断提高。2011～2016年，城镇职工基本养老保险参保人数从1168.38万人增长到1749.98万人。其中，在职职工的养老保险参保人数由2011年的880.48万人增长到2016年的1323.44万人，增长幅度高达50.31%。参保离退休人数由2011年的287.9万人增长到2016年的426.54万人，增长幅度高达48.16%。到2016年底，城乡居民基本养老保险参保人数为4893.74万人（见表1）。

表1 2011～2016年河南省养老保险发展状况

单位：万人

年份	城镇职工基本养老保险参保人数			城乡居民基本养老保险参保人数
	合计	参保职工人数	参保离退休人数	
2011	1168.38	880.48	287.90	—
2012	1270.63	964.59	306.04	—
2013	1349.99	1024.37	325.62	—
2014	1431.64	1089.33	342.30	—
2015	1508.71	1148.95	359.75	4854.43
2016	1749.98	1323.44	426.54	4893.74

资料来源：2011～2016年《河南统计年鉴》；2011～2016年《河南省国民经济和社会发展统计公报》。

（二）医疗保险体系逐步完善

河南省积极推进医疗保险制度改革，整合城乡居民基本医疗保险制度的各项工作任务基本完成。首先，各统筹地区出台了具体实施办法。出台城乡居民基本医疗保险实施办法和相关配套文件，确保2017年全面实施城乡居民基本医保制度，参保居民享受统一的基本医疗保险待遇。其次，统一管理体制。基本完成了原城镇居民医保和新农合行政及经办机构整合，调整了机构职能和人员编制，工作人员全部整合到位，实现了合署办公。最后，组织开展了参保缴费。全省城乡居民参保缴费组织工作顺利开展，截至2017年1月，城乡居民缴费率达到90%，部分农民工在春节返乡后全部完成参保缴费工作，确保看病就医不受影响。

2011~2016年，河南省城镇基本医疗保险发展状况良好，医疗保险参保人数稳步增长。城镇在岗职工基本医疗保险参保人数由2011年的744.30万人增长到2016年的882.74万人；同时，城镇退休人员基本医疗保险参保人数由2011年的272.30万人增长到2016年的344.60万人（见表2）。

表2　2011~2016年河南省医疗保险发展状况

单位：万人，万元

年份	城镇基本医疗保险参保人数	城镇职工基本医疗保险参保人数		城镇居民基本医疗保险参保人数	城镇基本医疗保险基金收支		
		城镇在岗职工基本医疗保险参保人数	城镇退休人员基本医疗保险参保人数		基金收入	基金支出	基金累计结余
2011	2122.30	744.30	272.30	1105.80	1657401	1322979	2012086
2012	2222.20	789.00	293.20	1140.00	2073738	1641111	2506518
2013	2297.20	826.80	313.40	1157.00	2469749	1936451	3107941
2014	2340.00	855.20	327.20	1157.60	2773938	2358612	3519609
2015	2344.90	864.10	336.60	1144.20	3171397	2685528	4005477
2016	2360.74	882.74	344.60	1133.40	—	—	—

资料来源：2011~2016年《河南统计年鉴》；2011~2016年《河南省国民经济和社会发展统计公报》。

从基金收支情况来看,基本医疗保险基金收入和支出持续增长,基金运行平稳。2011年,全省城镇基本医疗保险基金收入约166亿元,基金支出约132亿元,累计结余约201亿元;2015年,基金收入约317亿元,基金支出约269亿元,累计结余约401亿元。

(三)失业保险领域不断扩大

根据《河南省失业保险条例》及有关规定,从2015年7月1日起,河南省人社厅对全省现行失业保险金标准进行了相应的调整。失业保险金标准按照统筹地区失业保险经办机构所在地月最低工资标准的80%确定,月最低工资标准调整后,全省一、二、三类行政区域失业保险金标准也相应调整为1280元/月、1160元/月、1040元/月,平均增幅16%。

2011~2014年失业保险参保人数增幅较大,增长速度高达10.28%;2015~2016年河南省失业保险参保人数由783.34万人增长到788.07万人,参保人数趋于稳定增长。领取失业保险金人数由2011年的13.27万人下降到2015年的8.29万人(见表3)。随着失业保险参保人数的逐步增长,领取失业保险金的人数不断下降,越来越多的失业人口实现了再就业,河南省的失业保险工作获得了实质性的进展。

表3 2011~2016年河南省失业保险发展状况

单位:万人

年份	失业保险参保人数	领取失业保险金人数	年份	失业保险参保人数	领取失业保险金人数
2011	701.19	13.27	2014	773.30	10.19
2012	724.20	11.43	2015	783.34	8.29
2013	741.29	10.50	2016	788.07	—

资料来源:2011~2016年《河南统计年鉴》;2011~2016年《河南省国民经济和社会发展统计公报》。

(四)工伤保险制度逐步健全

2016年,河南省出台了《工伤保险基金省级统筹工作实施方案》,明确河南省的工伤保险基金按照"省级统筹、分级管理，职责明晰、强化考核，分步实施、提升服务，统调结合、缺口分担"的原则，实行"六统一"管理。在全省范围内实行参保范围和参保对象、费率政策和标准、基金管理、工伤认定和劳动能力鉴定办法、待遇支付标准、经办流程和信息系统的统一，工伤保险基金由全省统一调剂使用，工伤保险业务分级办理。河南省按照循序渐进、先急后缓、稳步推进的实施步骤，已逐步实现省级统筹。

河南省工伤保险工作得到了快速健康发展，工伤保险保障能力也迅速提升。截至2016年底，河南省工伤保险参保人数达到876.97万人，较2011年的655.54万人增加了221.43万人，增长幅度为33.78%。2015年，全省工伤保险基金收入已达到22.9亿元，比2011年的16.6亿元增加6.3亿元，增长率为37.95%；基金支出20.7亿元，比2011年的8.2亿元增加12.5亿元，增长率为152.44%；基金结余达到50.1亿元，比2011年的29.2亿元增加20.9亿元，增长率为71.58%。2015年全省享受工伤保险待遇人数达到4.97万人，比2011年的3.50万人增加1.47万人(见表4)。

表4　2011~2016年河南省工伤保险发展状况

单位：万人，万元

年份	工伤保险参保人数	享受工伤保险待遇的人数	工伤保险基金收入	工伤保险基金支出	工伤保险累计结余
2011	655.54	3.50	166388	81665	291548
2012	720.57	4.83	179684	119465	351942
2013	773.09	4.58	210812	142271	420347
2014	805.71	4.61	237881	180016	478201
2015	856.70	4.97	229463	206910	500532
2016	876.97	—	—	—	—

资料来源：2011~2016年《河南统计年鉴》；2011~2016年《河南省国民经济和社会发展统计公报》。

二 河南省社会保障事业发展中存在的问题

河南省社会保障水平呈现稳步提升的发展趋势,但由于城乡、地区间的社会保障水平存在较大差距,社会保障制度存在过度分割现象,养老保险、医疗保险、失业保险和工伤保险发展受到一定程度的限制。社会保障事业发展与人民群众的期待相比,仍存在一些差距。下文将对河南省社会保障事业的发展状况与全国平均水平及中部其他省份进行比较,以此描述河南省社会保障事业发展的问题。

(一)养老保险覆盖范围有待扩大

河南省养老保险的实际覆盖范围还比较窄,保障水平有待提高。对比全国及中部六省,2015年河南省城镇职工养老保险参保率仅为34%,参保率低于全国平均水平,在中部地区也低于湖北省、山西省和江西省(见图1)。其中,2015年城镇在岗职工养老保险参保率为26%,在全国及中部六省中处于中等水平(见图2);离退休人员养老保险参保率为8%,远远落后于全国平均水平及其他中部四省(见图3)。另外,基本养老保险在农村、农民工、城镇无业人员等群体中覆盖率更低。加之河南省企业年金和商业养老保险发展缓慢,其养老金替代率非常低。

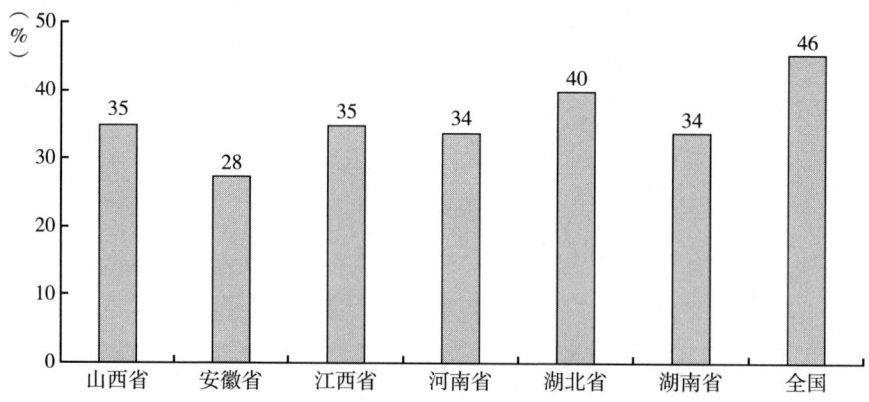

图1 2015年全国及中部六省城镇职工养老保险参保率

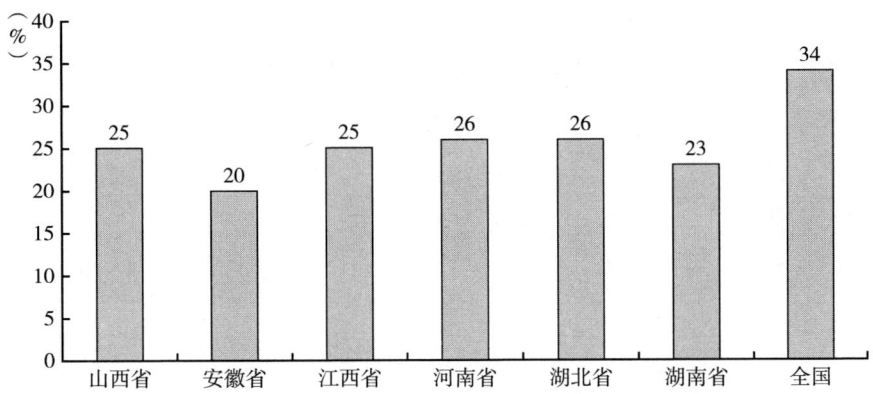

图2 2015年全国及中部六省在岗职工养老保险参保率

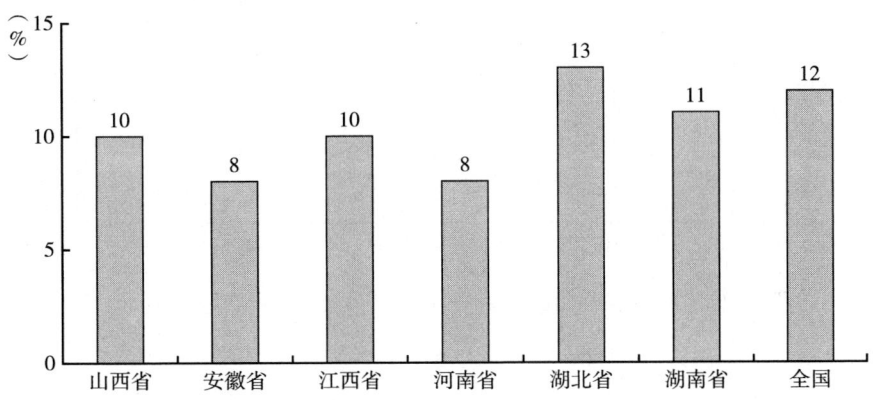

图3 2015年全国及中部六省离退休人员养老保险参保率

资料来源：《中国统计年鉴2016》。

（二）医疗保险体系不健全

第一，医疗保险项目部门管理混乱。由于城镇居民医疗保险和城镇职工医疗保险属于人力资源和社会保障部门管理范畴，新型农村合作医疗则由卫生部门进行管理。这将导致以下问题：不同部门的分割化管理会带来社会资源和行政资源的浪费。同样的，由于医保对象不同，部门之间存在利益之争，必然会产生不同的医保运行模式。长此以往，不同的经办机构和经办人员也会挤占大量社会资源和行政资源。

第二，城乡居民医疗保险不完善。特殊群体的参保问题难以解决，如关闭、破产和困难企业的参保问题，农民工及其子女的医疗保险问题，学校学生的医疗保险问题。河南省的城镇医疗保险参保率仅为53%，在中部六省中处于最低水平，且与全国平均水平相比相去甚远（见图4）。其中城镇职工医疗保险参保率为27%（见图5），城镇居民医疗保险参保率为26%（见图6），两者均远远低于全国平均水平。

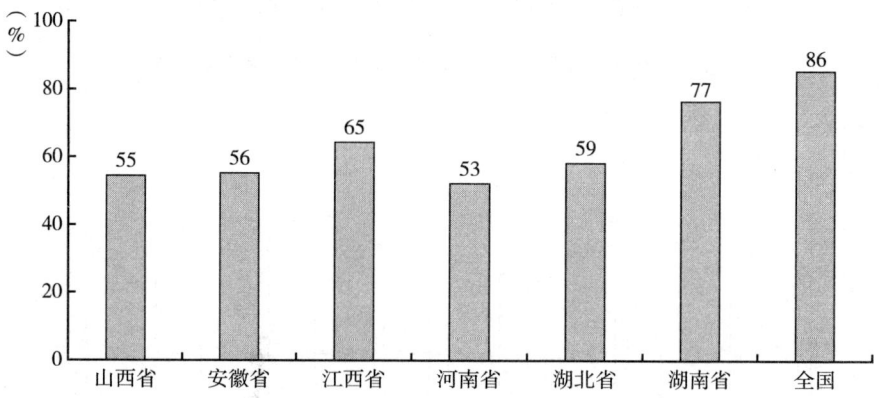

图4　2015年全国及中部六省城镇基本医疗保险参保率

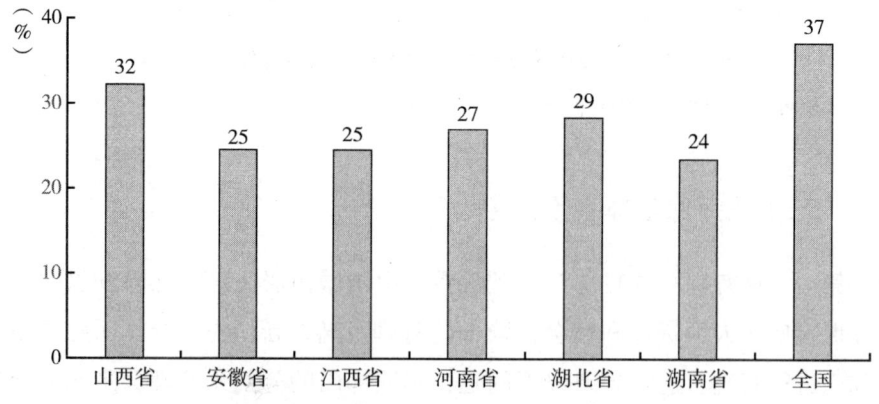

图5　2015年全国及中部六省城镇职工医疗保险参保率

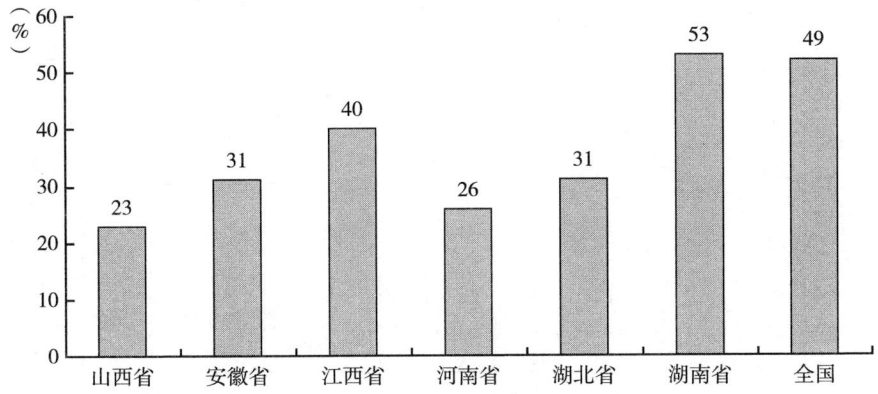

图6 2015年全国及中部六省城镇居民基本医疗保险参保率

资料来源：《中国统计年鉴2016》。

（三）失业保险体系不完善

第一，失业保险覆盖面较窄。河南省失业保险目前仅局限于规模较大的企事业单位。而大多中小企业以及灵活就业人员还没缴纳失业保险。河南省失业保险政策规定严重滞后于城镇灵活多样的就业方式。河南省失业保险参保率（8%）和领取失业保险金比例（0.09%）在中部六省中处于中等水平，与全国平均水平相比仍具有较大的差距（见图7、图8）。

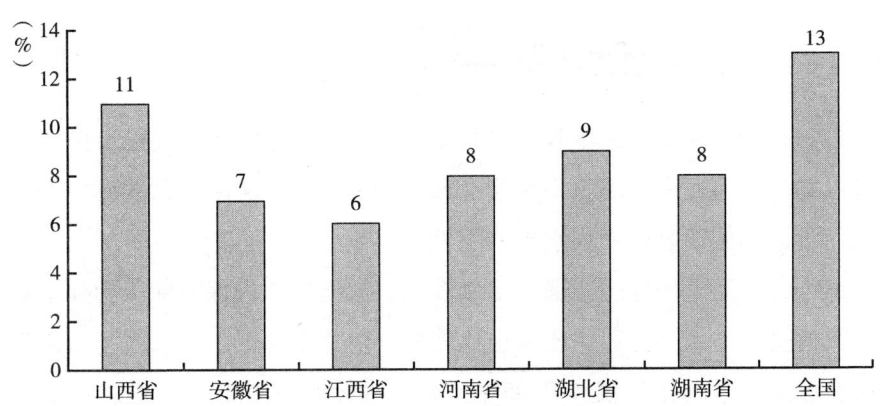

图7 2015年全国及中部六省失业保险参保率

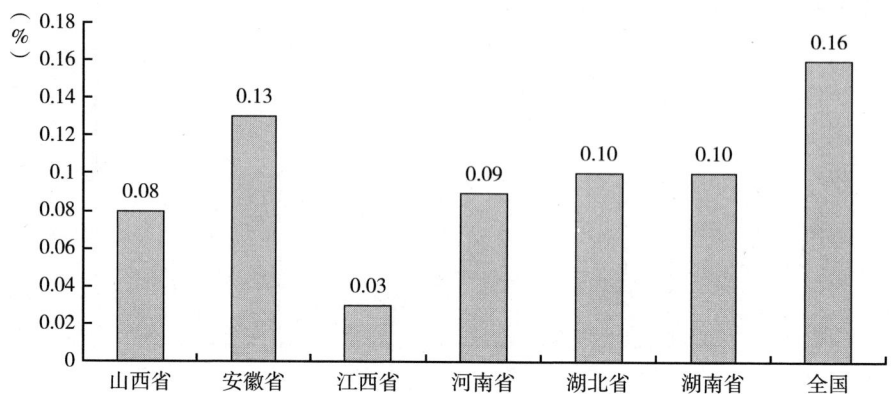

图8　2015年全国及中部六省领取失业保险金比例

资料来源：《中国统计年鉴2016》。

第二，失业保险基金收缴困难。河南省在颁布并实施了《河南省失业保险条例》之后，也相应地为受保群体确定了失业保险基金的各项组成部分和规定。根据现行的《河南省失业保险条例》相关规定，河南省失业保险的缴费在一定程度上得到保障。但由于大多数企事业经济单位中人员存在着失业保险意识淡薄、缴费意识偏低以及缴费积极性不高的现象，河南省在失业保险金收缴上面临很大的困难，因此在整体上也使河南省失业保险基金的积累困难重重。

（四）工伤保险制度有待完善

第一，工伤保险参保率较低。根据2015年全国及中部六省工伤参保率比较可知，目前河南省的工伤保险参保率为9%，不仅在中部六省中处于末尾，而且远远低于全国平均水平（见图9）。

第二，享受工伤保险待遇的比例较低。河南省工伤保险除了参保率低以外，其享受工伤保险待遇的比例也比较低，对比全国及中部六省，河南省享受工伤保险待遇的比例仅为0.05%，处于中部六省最低，而且远远低于全国0.15%的平均水平（见图10）。

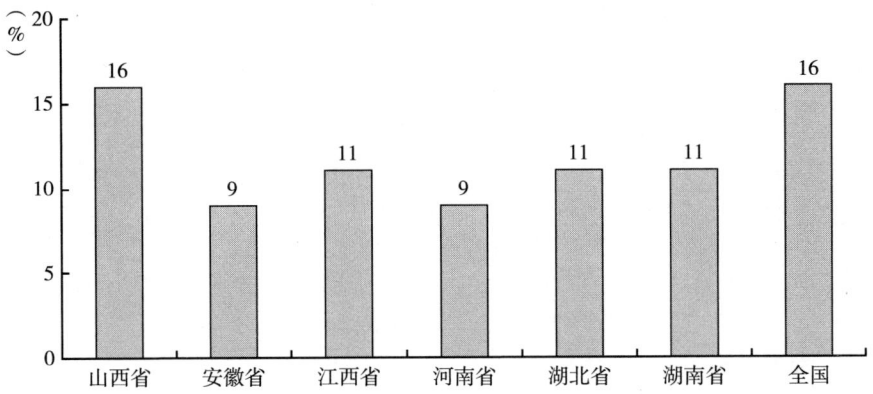

图9 2015年全国及中部六省工伤保险参保率

资料来源：《中国统计年鉴2016》。

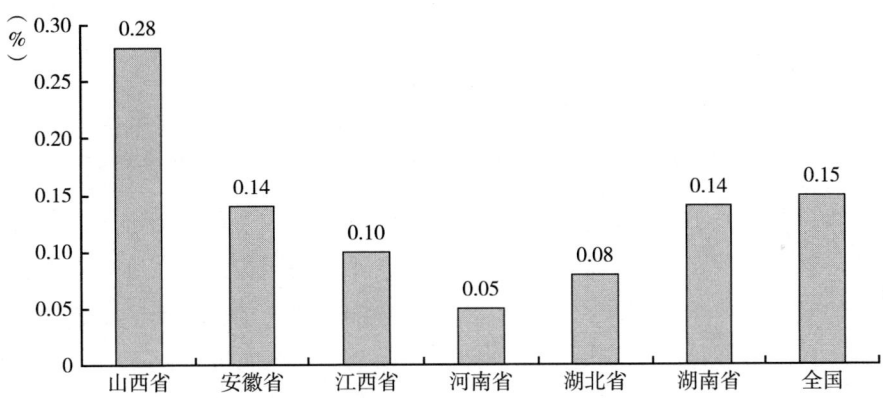

图10 2015年全国及中部六省享受工伤保险待遇的比例

资料来源：《中国统计年鉴2016》。

三 河南省社会保障事业发展目标与重点任务

根据《河南省"十三五"人力资源和社会保障事业发展规划》的要求，"十三五"期间，河南省要紧紧围绕全面建成小康社会宏伟目标，紧密结合河南省社会保障事业改革发展需要，以养老保障、医疗保险、失业救助以及工伤补助为主要内容，坚持全覆盖、保基本、多层次、可持续的方针，坚持改革创新、适度保障、权利与义务相结合、互助共济、统筹协调的基本原则，实现基本制度逐步定型、体制机制更加完备、法定人群全面覆盖、基本保障稳固可靠、基金运行安全有效、管理服务高效便捷，基本建成全面覆盖、更加公平和可持续的社会保障制度。

（一）养老保险

1. 发展目标

深化基本养老保险制度改革，完善城乡一体化养老保险体系，采取多种措施提高城乡居民养老保障水平。到"十三五"期末，城镇职工基本养老保险参保人数达到2000万人以上，基本养老保险参保率达到90%，基本实现目标群体的全覆盖。

2. 重点任务

（1）完善城乡统一的居民基本养老保险制度。科学合理地设计覆盖城镇职工和城乡居民的统一化养老保险制度，逐步提高基础养老金最低标准，探索建立基础养老金正常调整机制，完善缴费政策和缴费激励机制。整合多元、多轨养老保险制度，寻求不同制度养老保险的同构性。在细分养老保险项目的基础上，进一步统一养老保险项目类别，寻求项目结构的一致性。建立一体化的养老保险费基与费率，逐步实现全国费基与费率的统一。建立统一标准，逐步实现养老保险待遇的趋同与公平。

（2）完善养老保险项目的基本架构。提高城乡居民基本养老保险管理层次。完善城镇职工基本养老保险个人账户制度。全面实施机关事业单位工作人员养老保险制度改革，逐步实现机关事业单位养老保险基金省级统筹。研究出台参保中断人员接续鼓励性政策。建立遗属待遇和病残津贴制度，形成老、遗、残一体化的保障项目体系。完善基本养老保险关系转移衔接办法，维护流动就业人员的养老保障权益。

（3）设计科学的养老保险费基与费率。科学、合理的养老保险费基费率、缴费年限与工作年限（退休年龄）是完善养老保险制度的必要条件。

因此要逐步提高基础养老金最低标准，积极探索建立基础养老金正常调整机制，完善缴费政策和缴费激励机制等。

（二）医疗保险

1. 发展目标

医疗保障制度改革进一步推进，覆盖城乡居民的医疗保障体系全面建成，基本实现医疗保险法定人员全覆盖。建立医疗保险待遇正常调整机制，实现基金安全可持续运行。到"十三五"期末，城镇职工基本医疗保险、城乡居民基本医疗保险参保人数分别达到1500万人、9000万人以上，基本医疗保险参保率稳定在95%以上。推进生育保险与医疗保险合并实施。

2. 重点任务

（1）健全城乡统一的居民基本医疗保险制度。立足公平，确保城乡居民享有同等的基本医疗保险待遇。健全城乡居民医疗保险筹资机制。完善城乡居民大病保险制度，规范发展城镇居民大病保险，提高基金保障绩效。完善职工医疗保险个人账户政策，探索建立职工医保门诊统筹制度。巩固完善基本医疗保险市级统筹，逐步统一全省城镇医疗保险政策，探索实现省级统筹。

（2）深化医疗保险支付制度改革。全面实行医保付费总额控制，探索建立复合式医保付费方式。完善医保经办机构与医疗机构的谈判机制。全面推行运用医疗服务智能审核监控系统，强化医疗服务协议管理。完善医疗保险对医疗行为的监督和制约措施。完善医疗保险关系转移接续措施，完善异地安置人员就医管理服务和协作机制。

（3）建立完善省级异地就医管理和费用结算平台。同步推进医保标准化建设，建立全省统一的定点医药机构、药品、诊疗项目、医用耗材等医保基本信息库，实现结算平台的全覆盖。

（4）探索建立长期护理保险制度。在部分地方开展试点，以社会互助共济方式筹集资金，为长期失能或半失能人员化解因必要的生活照顾和基本医疗护理带来的家庭经济风险。

（三）失业保险

1. 发展目标

推进失业保险制度不断完善，不断推进就业规模持续扩大、就业结构更加合理、就业局势保持稳定、城乡均等的公共就业创业服务体系更加健全，实现比较充分和更高质量就业。"十三五"期间，实现城镇新增就业500万人、失业人员再就业175万人以上，就业困难人员实现就业60万人以上，全省失业保险参保人数达到900万人以上。

2. 重点任务

（1）深化失业保险制度改革。修订《河南省失业保险条例》，完善失业保险保障生活、预防失业、促进就业"三位一体"的制度功能体系。

（2）完善失业保险支持企业稳定岗位政策措施，落实失业保险费率动态调整机制，完善失业保险金标准与再就业、物价指数等联动机制。

（3）继续开展扩大失业保险基金支出试点工作。全面落实失业保险市级统筹制度，推动失业保险基金省级统筹。

（四）工伤保险

1. 发展目标

完善工伤保险制度改革，加大工伤保险金的监管力度，逐步提高工伤保险待遇。到"十三五"期末，工伤保险的参保人数达到1000万人以上，实现法定人员全覆盖。

2. 重点任务

（1）深化工伤保险制度改革。修订《河南省工伤保险条例》，建立工伤保险药品目录、诊疗目录和辅助器具配置目录。

（2）推进工伤保险制度体系建设，完善工伤保险基金管理机制，提高工伤保险基金统筹层次，实现工伤保险基金省级统筹。

（3）健全工伤保险工作机制。规范认定、鉴定和待遇支付流程。坚持补偿优先,加快工伤预防试点工作和工伤康复平台建设,促进工伤预防、工伤康复和待遇补偿"三位一体"共同发展。

四 河南省社会保障事业发展的保障措施

(一)深化社会保障制度改革

坚持改革创新、适度保障、权利与义务相结合、互助共济、统筹协调的基本原则,不断推进社会保障制度改革,基本建成全面覆盖、更加公平和可持续的社会保障制度。深化基本养老保险制度改革,完善城乡统一的居民基本养老保险制度,逐步提高基础养老金最低标准,探索建立基础养老金正常调整机制,完善缴费政策和缴费激励机制;深化医疗保险制度改革,健全城乡统一的居民基本医疗保险制度,立足公平,确保城乡居民享有同等的基本医疗保险待遇;深化失业保险制度改革,完善失业保险保障生活、预防失业、促进就业"三位一体"的制度功能体系;深化工伤保险制度改革,促进工伤预防、工伤康复和待遇补偿"三位一体"共同发展。

(二)建立更加高效便捷的管理体系

建立管理统一、经办快捷、服务优质、运行高效、操作阳光的社会保险管理体系。理顺经办管理体制,整合经办管理服务资源。按照"管理向上集中、服务向下延伸"的原则,通过购买服务、委托经办等方式增加服务网点,为参保单位和人员提供"一条龙"和"一站式"服务。加强社会保险经办管理信息化建设,加大自动缴费查阅终端投入,推行"网上社保"业务。加强社会保险业务档案、职工档案管理,推进社会保险经办规范化和标准化建设。

(三)基本实现人员全面覆盖

实施全民参保计划,促进和引导各类单位和符合条件的人员长期持续参保，基本实现法定人员全覆盖。开展全民参保登记，对全民参加社会保险情况进行全程跟踪，实现源头管理和精确管理，为全民参保提供基础支持。完善居民、个体从业人员、被征地农民、农民工等群体参保政策，鼓励积极参保、持续缴费，大幅提高灵活就业人员、农民工等群体参加社会保险比例。加大执法力度，依法扩面征缴，完善目标考核机制。

（四）加强社会保险基金管理和监督

完善社会保险基金预算制度，与一般公共财政预算相衔接，建立正常的经费保障机制。加大政府公共财政对社会保障的投入，努力实现财政对社会保障投入制度化。建立数据信息共享机制，实现数据资源共享、信息互联互通，形成多部门相互配合的联动工作格局。同时加强内控管理和稽核检查，做好信息比对工作，堵塞漏洞、健全机制，防止虚报冒领问题发生。加强社会保险基金监督机构建设，配备专业人员，提升社会保险行政监督能力。开展社会保险基金专项检查和安全巡查，落实社会保险基金要情报告制度，完善查处和防范社会保险欺诈工作联席会议制度。形成"队伍健全、信息共享、管理优化、追责到位"的基金监管体系，切实维护基金安全。

（五）确定适度的筹资水平和保障水平

逐步建立社会保障待遇确定机制和正常调整机制。完善社会保障待遇水平与缴费相挂钩的参保缴费激励约束机制。推进社会保障筹资制度改革，适当降低社会保险费率。逐步提高各级财政对覆盖全体参保人员的基本养老保险补助标准。加大省级财政补贴力度，鼓励各地财政配套资金，建立兼顾各类人员的基本养老金正常调整机制。稳步扩大基本医疗保险保障范围，在加强医疗管理、节约医疗费用、保障患者基本医疗需求、基金结余适度的基础上，动态确定和调整基本医疗保险待遇。进一步健全失业保险金标准调整机制，适度提高失业保险待遇水平。研究建立科学的工伤保险待遇项目、结构和标准体系，建立完善工伤保险待遇正常调整机制。

河南省志愿服务队伍发展研究*

——基于豫东文明单位志愿者的调查与分析

朱 磊**

摘　要： 基于对豫东地区1014名文明单位志愿者的问卷调查数据，本文从队伍结构、志愿服务领域和对象、志愿服务的组织者与条件保障、志愿服务的时间与信息获取、志愿服务参与动机、志愿服务评价、志愿服务参与的影响因素等方面描述分析了文明单位志愿服务队伍的基本特征和不足之处。研究发现：文明单位志愿服务队伍整体上呈现年轻化、高学历、注册率不高的特征；主要服务领域是社区公共服务，主要服务对象是贫困群体；主要的志愿服务组织者是行政性组织，条件保障水平不高；主要志愿服务时间是双休日，主要的信息途径是单位通知；在动机上兼顾个人价值和社会价值，高度肯定了志愿服务宣传公益、搭建奉献互助平台及提高自身能力的作用；同时存在着专业培训缺乏、组织主体缺陷、资金保障不足、激励回馈薄弱等问题。本文从强力推动志愿者培训事业发展、积极优化志愿服务组织体系、深入推进政府向志愿服务组织购买公共服务、建立健全激励回馈制度机制等方面提出了具体的政策建议。

---

* 本文是笔者主持的2016年度河南省教师教育课程改革研究项目立项计划"河南省农村留守义务教育学生关爱服务体系研究"（2016 – JSJYLX – 002）的阶段性成果。
** 朱磊，河南大学哲学与公共管理学院讲师，社会治理河南省协同创新中心研究人员，主要研究方向为组织社会学。

关键词： 河南　文明单位志愿服务队伍　志愿服务

河南省《关于推进全省志愿服务制度化的实施意见》（豫文明〔2014〕5号）指出，河南省志愿者队伍包括党（团）员志愿服务队、文明单位志愿服务队、社区志愿服务队、文化文艺志愿服务队、群团组织志愿服务队、各类志愿服务组织六支队伍，其中前三支队伍被河南省委作为志愿服务队伍建设的重点。在志愿服务实践工作中，上述六支队伍在性质、功能、组织方面有显著差异，容易区别划分，但在各自的人员构成上是边界模糊的，甚至互有交叉和重叠，在本文中，志愿服务队伍是指文明单位志愿服务队。本文聚焦于文明单位志愿者，对其参与志愿服务的类型与对象、组织者与条件保障、参与时间和信息获取、参与动机、结果评价、影响因素等方面进行描述分析，据此管窥当前志愿服务发展的新进展和新问题，并尝试提出若干对策建议。

本文所用数据来源于社会治理河南省协同创新中心2017年度委托课题"豫东地区志愿服务发展研究"的一项抽样调查。由笔者设计《河南省志愿者基本情况调查问卷》，利用豫东片区志愿者培训（2016年10~12月）的机遇，在周口、商丘、永城、鹿邑、兰考的文明单位志愿者培训会场上，采用座位等距抽样的方法选取1200个样本，当场发放问卷，由调查对象独立填答完成，当场回收，共回收有效问卷1014份，有效问卷回收率为85%。本文定位于一项探索性研究，意在探究、揭示河南省文明单位志愿队伍的新情况和新问题。河南省一直缺乏该研究主题的大规模问卷调查，本研究有可能做出一份贡献。

样本结构如表1所示，36周岁及以下者（即1980年及以后出生）占62.6%，大专及以上学历者占86.5%；出生年份和受教育程度两个变量交叉统计显示，36周岁及以下的被调查者中，具有大专及以上学历的占91.2%。这表明，文明单位志愿者队伍整体上呈现"年轻化、高学历"的特征。表1数据还显示，近六成的文明单位志愿者未正式注册登记。

表1　样本结构（N=1014）

单位:%

变量	百分比	变量	百分比
性别		受教育程度	
男	53.0	初中及以下	2.7
女	47.0	高中(中专、技校)	11.0
出生年份		大专	32.9
1979年及以前	37.4	本科	49.6
1980~1989年	36.6	研究生及以上	4.0
1990年及以后	26.0	婚姻状况	
是否注册志愿者		在婚	66.9
是	41.1	未婚	28.9
否	58.9	其他(离婚、丧偶等)	4.3

一　统计结果与分析

（一）主要服务领域是社区公共服务、弱势群体服务、社会宣传服务以及大型社会活动服务；主要服务对象是贫困老年人、困难家庭以及家境贫困学生

以表2中的个案百分比为标准，文明单位志愿者开展的志愿服务领域（类型）大致分为四类：第一类是社区公共服务和弱势群体服务，其参与率最高；第二类是社会宣传服务、大型社会活动服务和社区便民服务，其参与率均超过43%；第三类是慈善公益募捐服务，获得了近1/3样本的参与；第四类是社会应急救援服务、专业服务（心理咨询、法律援助、专业治疗等）和课业辅导服务等，其参与率较低。第一类和第二类志愿服务社会需求量大、覆盖范围广、形式灵活自由、参加门槛低，成为最主要的志愿服务领域（类型）；慈善公益募捐服务则由于2016年9月《慈善法》施行日益规范化、专业化，参与门槛逐渐提高；而社会应急救援服务、专业服务和课业辅导服务，具有专业性强、市场化程度高等特征，志愿者参与率较低。

表2 志愿服务的类型（N=1012）

单位：次，%

类别	响应		个案百分比
	频数	百分比	
大型社会活动服务	450	14.1	44.5
弱势群体服务	506	15.9	50.0
社会应急救援服务	169	5.3	16.7
社区便民服务	439	13.8	43.4
社会宣传服务	464	14.6	45.8
社区公共服务	644	20.2	63.6
慈善公益募捐服务	334	10.5	33.0
心理咨询、法律援助等专业服务	89	2.8	8.8
课业辅导服务	87	2.7	8.6
总计	3182	100.0	314.4

文明单位志愿者的服务对象有哪些？表3数据显示：贫困老年人、困难家庭和家境贫困学生是最主要的服务对象，其选择率在50%左右（47%~51%）；自然灾难受难者、残障人士、重大疾病无钱医治者均是重要的服务对象，获得三成左右志愿者（27%~35%）的服务；失业下岗人群、外来务工人员、单亲家庭、流浪者也获得了少部分志愿者（13%~16%）的帮助。

表3 志愿服务的对象（N=1010）

单位：次，%

类别	响应		个案百分比
	频数	百分比	
自然灾害受难者	350	11.4	34.7
家境贫困学生	475	15.5	47.0
重大疾病无钱医治者	276	9.0	27.3
贫困老年人	516	16.8	51.1
残障人士	322	10.5	31.9
困难家庭	482	15.7	47.7
失业下岗人群	145	4.7	14.4
外来务工人员	147	4.8	14.6
单亲家庭	130	4.2	12.9
流浪者	161	5.2	15.9
其他	70	2.3	6.9
总计	3074	100.0	304.4

(二)志愿服务组织者以行政性组织为主体、以社会性组织为补充,民间志愿组织发展滞后;志愿服务的条件保障水平不高

志愿服务组织者在动员志愿者、设计志愿服务项目、制订与实施志愿服务方案等环节发挥着重要作用。在创新社会治理和推动多元社会主体发展的新形势下,志愿服务的组织者呈现多元化的特征,如表4中所列举的至少有8种类型。根据表4数据,志愿服务组织者首先是工作单位(选择率为54.7%),其次是县乡(街道)政府(选择率为15.1%)和志愿服务行业组织(选择率为14.8%),再次是工会、青年、妇联组织等人民团体(选择率为5.4%)和民间志愿服务组织(选择率为4.7%);此外,个人、居委会、居住小区物业或业委会也组织了少量志愿者。

表4 志愿服务的组织者(N=1010)

单位:次,%

类别	频数	百分比	类别	频数	百分比
志愿服务行业组织	149	14.8	工作单位	552	54.7
民间志愿服务组织	47	4.7	个人单独实施	27	2.7
县乡(街道)政府	153	15.1	居住小区物业或业委会	5	0.5
工会、青年、妇联组织	55	5.4	其他	7	0.7
居委会	15	1.5	总计	1010	100.0

以组织属性为标准,表4中所列举的志愿服务组织者可以被划分为两类:第一类包括工作单位、县乡(街道)政府、工会、青年、妇联组织等人民团体,它们同属于政府行政(事业)单位序列,其日常运转具有鲜明的行政化特征,可以称之为行政性组织者;第二类包括志愿服务行业组织、民间志愿服务组织、居委会、个人、物业或业委会,它们属于"民间"范畴,其运转具有鲜明的社会化特征,可以称之为社会性组织者。根据表4,行政性组织者组织了75.2%的志愿者,社会性组织者

组织了24.2%的志愿者。这在一定程度上反映了当前的志愿服务组织以行政性为主导，而其社会化特征发育不足，尤其是民间志愿服务组织发展滞后。

为志愿者提供必要的条件保障，是衡量志愿服务组织发育程度以及志愿服务制度化水平的标准之一。表5数据详细显示了志愿服务的条件保障水平：一方面，志愿服务的条件保障不容乐观，约七成的志愿者未获得人身意外保险以及签订服务协议，接近六成的志愿者未被提供奖励性纪念品和必要的补贴；另一方面，各条件保障要素之间有一定的差异，依据表5中的"均值"大小，"相关培训"和"物资工具"的保障水平略高，"购买人身意外保险"和"签订服务协议"的保障最为薄弱。

表5 志愿服务的条件保障（N=1013）

单位：%

类别	频率				均值（标准差）
	经常	偶尔	很少	没有	
相关培训	32.4	28.7	17.8	21.1	2.72(1.128)
必要的补贴	10.5	13.4	18.4	57.7	1.77(1.038)
购买人身意外保险	10.4	7.7	10.7	71.3	1.57(1.011)
签订服务协议	10.7	8.2	11.7	69.4	1.60(1.022)
物资工具	32.4	20.6	17.5	29.5	2.56(1.224)
奖励性纪念品	9.8	15.4	16.7	58.1	1.77(1.036)

注："均值"的计算方法及意义：对"经常、偶尔、很少、没有"依次赋值4、3、2、1，运用SPSS18.0计算得出每个项目的均值，均值越大表示越接近"经常"。

（三）双休日是首要的志愿服务时机，过半的志愿者活跃度高（每月至少志愿服务一次），"单位通知"是获取志愿服务信息的主要途径

本文从时机、时长和频率三个方面考察了志愿服务的参与时间特征。根据表6，文明单位志愿者参与志愿服务的时机主要是双休日（选择率为

35.7%）以及服务对象需要之时（选择率为30.7%），约1/5的志愿者利用工作日的闲暇时间开展志愿服务；从志愿服务时长来看，每次志愿服务在2小时以下者占11.9%，2~4小时者占45.9%，4小时以上者占16.8%；从志愿服务参与频率来看，如果把"一个月至少参加一次志愿服务"作为"活跃志愿者"的标准，则有53.5%的志愿者属于活跃志愿者，值得注意的是，约25.1%的志愿者每隔"一年及以上"参加一次志愿服务，其志愿服务活跃度相对较低。

表6 志愿服务参与的时机、时长和频率

单位：%

指标	百分比	指标	百分比
志愿服务时机(N=1005)		志愿服务频率(N=1011)	
双休日	35.7	您通常多久参加一次志愿服务？	
节假日	12.1	一年及以上	25.1
工作日的闲暇时间	21.5	半年	21.5
随服务需要而定	30.7	一个月	19.8
每次志愿服务时长(N=1005)		半个月	10.2
2小时以下	11.9	一周	19.8
2~4小时	45.9	两三天	3.7
4小时以上	16.8		
不固定	25.4		

文明单位志愿者是如何获知志愿服务信息的？表7数据显示：首要的信息渠道是单位通知，其选择率高达72%；其次是手机网络和电脑网络，其选择率均超过30%；再次是宣传单、电视、报纸和亲朋好友，其选择率在15%~22%；此外，街头海报对于传播志愿服务信息的作用微小，其选择率仅为5.8%。这表明：对于文明单位志愿者而言，单位通知是最主要的志愿服务信息获取途径，网络（包括手机网络和电脑网络）则是重要的信息渠道，比较而言，传统的信息渠道（如电视、报纸、宣传单等）作用式微。

表7 志愿服务信息获取途径（N=1007）

单位：次，%

类别	响应		个案百分比
	频数	百分比	
电脑网络	321	14.3	31.9
手机网络	393	17.6	39.0
电视	173	7.7	17.2
报纸	166	7.4	16.5
街头海报	58	2.6	5.8
宣传单	214	9.6	21.3
亲朋好友	155	6.9	15.4
单位通知	725	32.4	72.0
其他	33	1.5	3.3
总计	2238	100.0	222.2

（四）在志愿服务动机上兼顾个人价值与社会价值，既显示利他性和公益性，也包括利己性因素，获得社会认可和专业培训的期望较高

根据现代心理学的基本原理，人的行为是由动机直接引起的，而动机的根源在于需求。本文考量了文明单位志愿者参加志愿服务的目的、激励回馈期望以及志愿服务倾向。根据表8数据，文明单位志愿者参加志愿服务的目的，排名在前五位的依次是"帮助他人，快乐自己""感恩回报社会""体现个人价值""增加社会阅历""履行社会责任"，排名在后两位的是"消磨时间"和"维护提高个人形象"。这表明：文明单位志愿者参加志愿服务的目的呈现兼顾个人价值与社会价值的特征，既强调了利他性和公益性，也包括了利己的因素（如快乐自己、体现个人价值、增加社会阅历等），比较符合"奉献、友爱、互助、进步"的志愿服务精神。

表8 参加志愿服务的目的

单位：个

类别	均值	标准差	样本数	均值排序
体现个人价值	4.34	0.826	1014	3
结识更多朋友	3.91	1.045	1014	8
消磨时间	2.27	1.219	1014	11
学习新知识	4.19	0.901	1010	7
单位组织的	3.90	1.063	1014	9
帮助他人,快乐自己	4.49	0.692	1014	1
感恩回报社会	4.39	0.803	1014	2
增加社会阅历	4.33	0.855	1014	4
维护提高个人形象	3.75	1.186	1014	10
履行社会责任	4.32	0.816	1014	5
丰富自己的生活	4.30	0.896	1014	6

注：评价的等级按照李克特五分测量设计为"非常符合、符合、不确定、不符合、非常不符合"，依次赋值5、4、3、2、1，运用SPSS18.0计算得出每个项目的均值，均值越大表示越接近"非常符合"。

志愿者需要履行特定的义务，同时享受特定的权利。建立健全志愿者激励回馈制度是志愿服务制度化的重要内容之一。文明单位志愿者参加志愿服务有怎样的激励回馈期望呢？根据表9数据：57.4%的志愿者不求回报，50.1%的志愿者的期望是亲朋好友或社会的认可；近1/3的志愿者期望获得专业培训，1/5左右的志愿者期望获得服务对象的感谢或基本补贴，还有约15%的志愿者期望获得荣誉证书（称号）或纪念品或实际的政策优惠。这意味着：加大对志愿者的宣传展示力度，增加志愿服务专业培训，可能是有效的激励措施。

表9 参加志愿服务的回报期望（N=1009）

单位：次，%

类别	响应		个案百分比
	频数	百分比	
荣誉证书（称号）	168	7.3	16.7
基本的补贴	186	8.1	18.4
服务对象的感谢	225	9.8	22.3

续表

类别	响应		个案百分比
	频数	百分比	
亲朋好友或社会的认可	506	22.0	50.1
志愿服务纪念品	166	7.2	16.5
专业培训	335	14.5	33.2
实际的政策优惠	140	6.1	13.9
不求回报	579	25.1	57.4
总计	2305	100.0	228.4

（五）对志愿服务的效果持有积极、肯定的评价

表10数据显示：文明单位志愿者充分肯定了志愿服务在宣传社会公益、搭建奉献互助的平台、化解社会矛盾、援助社会弱势群体、提高公民素质、提高社会凝聚力等方面的作用，尤其是高度肯定了志愿服务在宣传社会公益、搭建奉献互助的平台方面的功能。

表10 对志愿服务作用的评价（N=1014）

类别	均值	标准差	均值排序
宣传社会公益	4.55	0.746	1
搭建奉献互助的平台	4.43	0.783	2
化解社会矛盾	4.12	1.004	6
援助社会弱势群体	4.35	0.848	5
提高公民素质	4.39	0.821	3
提高社会凝聚力	4.37	0.877	4

注：评价的等级按照李克特五分测量设计为"非常大、大、不确定、小、非常小"，依次赋值5、4、3、2、1，运用SPSS18.0计算得出每个项目的均值，均值越大表示越接近"非常大"。

对于自己参加志愿服务的收获，文明单位志愿者认为首先是锻炼和提高了自身能力（选择率达80.1%），其次是让生活更充实有意义（选择率为

70.6%），再次是实现了自我价值和增长了社会见识（选择率分别为67.6%、65.7%），还有不少志愿者认为通过参加志愿服务结交到更多的朋友、发展了兴趣爱好。值得注意的是，仅有26.3%的样本选择了"获得荣誉和社会认可"（见表11），这与表9中把荣誉和社会认可作为回报期望的比例（累计66.8%）差距较大，这一差距提示我们在志愿服务实践中，应采取有效措施提高志愿者对荣誉和社会认可的获得感。

表11 通过参加志愿服务获得的收获（N=1013）

单位：次，%

类别	响应		个案百分比
	频数	百分比	
锻炼和提高了自身能力	811	20.0	80.1
获得荣誉和社会认可	266	6.6	26.3
实现自我价值	685	16.9	67.6
生活更充实有意义	715	17.6	70.6
发展了兴趣爱好	400	9.9	39.5
结交到更多朋友	458	11.3	45.2
增长了社会见识	666	16.4	65.7
觉得自己什么都没变	56	1.4	5.5
总计	4057	100.0	400.5

（六）决定是否参加某项志愿服务时最为看重的因素是活动本身的意义、组织者的信誉以及服务对象困难程度

文明单位志愿者参加某项志愿服务受到哪些因素的影响？表12数据显示：最重要的影响因素是活动本身是否有意义（选择率为77.1%），其次是组织机构的可信度（选择率接近50%）和服务对象的困难程度（选择率为47.7%），再次是服务对象是否容易接近（选择率为22.5%）、参加活动后自己能获得什么（选择率为16.9%）、劳动强度是否适中（选择率为16.1%）。这表明：文明单位志愿者在决定是否参加某项志愿服务时，最为看重的是活动本身的意义、组织机构的信誉以及服务对象的困难程度。

表12 影响是否参加某项志愿服务的因素（N=1008）

单位：次，%

类别	响应		个案百分比
	频数	百分比	
活动本身是否有意义	777	31.7	77.1
服务对象是否容易接近	227	9.3	22.5
服务对象的困难程度	481	19.6	47.7
劳动强度是否适中	162	6.6	16.1
活动的知名度	101	4.1	10.0
参加活动后自己能获得什么	170	6.9	16.9
组织机构的可信度	498	20.3	49.4
其他	32	1.3	3.2
总计	2448	100.0	242.9

志愿者参加志愿服务存在着若干阻碍因素，如表13数据所示：最主要的阻碍因素是自己时间少或时间不匹配（选择率为64.8%），其次是活动华而不实（选择率为42.1%）以及信息渠道太窄（选择率为39.9%），此外，还存在着不受社会尊重、服务对象不配合、需要自掏腰包、服务地点太远、怕出意外安全事故等阻碍因素。

表13 参加志愿服务的阻碍因素（N=1013）

单位：次，%

类别	响应		个案百分比
	频数	百分比	
时间少或时间不匹配	656	26.7	64.8
需要自掏腰包	191	7.8	18.9
家里人不支持	60	2.4	5.9
不受社会尊重	217	8.8	21.4
服务对象不配合	211	8.6	20.8
怕出意外安全事故	129	5.3	12.7
服务地点太远	160	6.5	15.8
信息渠道太窄	404	16.5	39.9
一些活动华而不实	426	17.4	42.1
总计	2454	100.0	242.3

当然，还有若干复杂因素影响了志愿者的志愿服务参与，本地区志愿服务存在的问题（缺陷）也是重要的因素。在文明单位志愿者看来，当前的志愿服务存在着诸多问题或缺陷，其中首要的问题（缺陷）是缺乏专业培训以及志愿服务组织少，其选择率均超过43%（含）；其次是资金保障不足，其选择率为35.4%，再次是政府重视程度不够、得不到社会认可、舆论引导宣传不到位、缺乏激励和表彰机制、志愿者权益保障不力，其选择率在24%～28%；此外，还存在着志愿服务管理不完善、志愿者参与决策的机会少、服务项目缺乏吸引力等问题（见表14）。

表14　志愿服务存在的主要问题识别（N=1013）

单位：次，%

类别	响应		个案百分比
	频数	百分比	
政府重视程度不够	283	8.8	27.9
得不到社会认可	278	8.7	27.4
志愿服务组织少	436	13.6	43.0
资金保障不足	359	11.2	35.4
志愿者权益保障不力	244	7.6	24.1
缺乏专业培训	472	14.7	46.6
舆论引导宣传不到位	268	8.3	26.5
管理不完善	225	7.0	22.2
志愿者参与决策的机会少	219	6.8	21.6
缺乏激励和表彰机制	249	7.8	24.6
服务项目缺乏吸引力	179	5.6	17.7
总计	3212	100.0	317.1

二　基本结论

根据前述的统计结果与分析，关于文明单位志愿服务队伍的发展状况，可以得出以下结论。

（一）现状特征

在队伍结构方面：整体上呈现"年轻化"（1980年及以后出生者占62.6%）、"高学历"（大专及以上学历者占86.5%）、"注册率不高"（志愿者注册登记率为41.1%）的特征。

在志愿服务领域和对象方面：开展志愿服务的主要领域是社区公共服务、弱势群体服务、社会宣传服务、大型社会活动服务和社区便民服务；志愿服务的主要对象是贫困老年人、困难家庭和家境贫困学生。

在志愿服务的组织者与条件保障方面：志愿服务的组织者以工作单位、县乡（街道）政府等行政性组织为主（占75.2%），社会性组织不足25%，民间志愿组织发展滞后；志愿服务组织者提供的条件保障水平不高，在购买人身意外保险、签订服务协议等方面最为薄弱。

在志愿服务的参与时间和信息获取方面：参加志愿服务的时机主要是双休日以及服务对象需要之时；57.8%的志愿者每次志愿服务时长不超过4小时；53.5%的志愿者活跃度高（每个月至少参加一次），25.1%的志愿者活跃度相对较低（大概每年参加一次）；获取志愿服务信息的途径主要是单位通知，其次是手机网络和电脑网络，传统的信息渠道（如电视、报纸、宣传单等）作用式微。

在志愿服务参与动机方面：兼顾个人价值与社会价值，既显示了利他性和公益性，也包括了利己性因素，比较符合"奉献、友爱、互助、进步"的志愿服务精神；近六成的志愿者不求回报，志愿者最主要的回报期望是获得亲朋好友或社会的认可以及专业培训。

在志愿服务评价方面：高度肯定了志愿服务在宣传社会公益、搭建奉献互助平台方面的功能；参加志愿服务的收获首先是锻炼和提高了自身能力，其次是让生活更充实有意义，再次是实现了自我价值和增长了社会见识。

在志愿服务参与的影响因素方面：在决定是否参加某项志愿服务时，最为看重的是活动本身的意义、组织机构的信誉以及服务对象的困难程度；参加志愿服务最主要的阻碍因素是自己时间少或时间不匹配，其次是活动华而不实以及信息渠道太窄；认为所在地区志愿服务存在的问题（缺陷）最主要的是缺乏专业培训、志愿服务组织少以及资金保障不足。

（二）存在的问题

首先是专业培训的缺乏。一方面是33.2%的志愿者期望获得专业培训，另一方面是46.6%的志愿者把缺乏专业培训视为本地区志愿服务的缺陷，这在一定程度上表明，在当前的志愿服务实践中，志愿者对专业培训有着较大的需求，而志愿者培训工作相对滞后，使得缺乏专业培训成为一个显性问题。这一问题具有深刻的社会背景，河南省是人口大省，老年人口、贫困人口、残疾人口等基数大，在当前工业化、城市化快速发展的时期，社会分化剧烈，养老、贫困、贫富差距、人口流动等社会问题相互叠加，社会的稳定、凝聚与整合面临重大挑战，对志愿服务的专业性、精准化产生强烈的需求，广大志愿者在开展志愿服务的实践中也深刻体会到，必须切实增强志愿服务的专业性，必须创新志愿服务的形式，才能有效保证志愿服务的效果与价值。

其次是志愿服务组织的缺陷。一是志愿服务组织数量少，43.0%的志愿者视之为本地区志愿服务存在的问题或缺陷；二是志愿服务组织在不同属性类型上的发展极不平衡，75.2%的志愿者是由行政性组织［包括工作单位、县乡（街道）政府、工青妇等人民团体］组织起来的，社会性志愿服务组织（包括志愿服务行业组织、民间志愿服务组织、居委会、居住小区物业或业委会、志愿者个人）的作用未能充分发挥，尤其是民间志愿组织发展滞后，仅有4.7%的志愿者加入其中。这在一定程度上表明：志愿服务组织数量少、不同类型的志愿服务组织发展不平衡、社会性志愿服务组织（尤其是民间志愿服务组织）发育滞后，是当前志愿服务中的重要缺陷。

再次是志愿服务资金保障不足。资金保障不足是制约志愿服务发展的瓶颈之一，例如，18.9%的志愿者把"需要自掏腰包"作为参加志愿服务的阻碍因素，事实上，资金不足带来一系列连锁"问题"，导致志愿服务的条件保障水平低，在为志愿者提供必要的专业培训、人身保险以及合理补贴等方面捉襟见肘，甚至没有资金举办志愿者表彰奖励、宣传展示、颁发荣誉证书或纪念品等活动。因此，超过1/3的志愿者把资金保障不足列为本地区志愿服务的缺陷。

最后，对志愿者的激励回馈薄弱。主要表现为志愿服务的社会认可度不高、舆论宣传不到位、激励表彰机制缺乏、志愿者权益保障不力、志愿者参与决策机会少等诸多方面。统计数据显示：获得荣誉证书（称号）以及亲朋好友或社会认可，是66.8%的志愿者的回报期望，而这些仅仅是26.3%的志愿者的实际收获，志愿者的回报期望与实际收获之间存在着较大的差距。由此可见，志愿者的获得感（包括获得社会认可、获得荣誉、获得参与志愿服务的价值感等方面）并不高，对志愿者的激励回馈是一个薄弱环节。

三 政策建议

上述四个问题已经成为制约河南省志愿服务事业发展的短板。为补齐短板，进一步挖掘、积聚、释放、发挥文明单位志愿服务队伍在全省志愿服务事业发展中的引领示范作用，本文尝试提出以下政策建议。

（一）强力推动志愿者培训事业发展

一是在制度理念上确立"志愿者培训与志愿服务并举、并重"的原则。可以通过召开会议、学习文件、举办讲座、讨论交流等灵活多样的形式，使各级文明办负责人、志愿者骨干充分认识到在当前形势下做好志愿者培训的重大意义，把志愿者培训作为一项基础性事业来抓。

二是在制度安排上进一步完善《河南省志愿者培训基地创建规划方案》（省文明办2016年1月28日印发）。该方案从培训目标、培训基地、管理体制及组织架构、师资及培训体系建设、资金保障、中长期规划设想等方面着力推动志愿者培训事业的规范化和科学化，已实施一年（即2016年开始），应及时总结，把经验性认识转化为制度和规范。

三是在制度实践上重点做好三项工作：建立全省五个志愿者培训基地的竞争机制，强化其品牌意识、竞争意识和发展意识；建立各级文明办与有关高校开展培训合作的平台与机制，充分调动双方的积极性，共同开发培训课程体系；加强志愿者骨干的培训，健全新老志愿者"传帮带"的机制，使志愿者骨干充分发挥榜样、示范、引导的作用。

（二）积极优化志愿服务组织体系

一是大力显示党（团）员志愿服务队和文明单位志愿服务队的示范引领作用。在实践中一方面要杜绝志愿服务中的形式主义和华而不实的做法，精准识别志愿服务对象及其需求；另一方面要探索创新志愿服务形式，吸收基层智慧，以服务对象需求为依据设计志愿服务项目及其形式，精准生产输送志愿服务。

二是充分发挥志愿服务行业组织的枢纽功能。目前，各级各领域的志愿者协会、义工协会、志愿服务联合会的框架已经建立起来，这些志愿服务行业组织的枢纽功能得到了一定程度的发挥，应进一步采取措施提高其统筹协调能力、信息沟通能力和组织孵化能力，充分发挥枢纽型组织的功能。

三是切实推进民间志愿服务组织依法注册登记。可以适当放宽民间志愿服务组织注册登记的条件，向其开放更多的场地、资金等公共资源，营造公平的政策环境，鼓励其进入扶贫、济困、扶老、救孤、恤病、助残、救灾、助医、助学等领域开展志愿服务，激发其发展活力。

四是加强志愿服务组织与专业社会工作机构的协作。各类志愿服务组织应虚心向专业社工机构学习组织策划、项目运作、资源链接、专业服务等方面的知识、方法与技能，与专业社工机构建立常态化的沟通、协作机制，不断提高志愿服务的专业化水平。

（三）深入推进政府向志愿服务组织购买公共服务

国务院和河南省发布了一系列关于政府向社会力量购买服务的政策文件，各部门各领域在贯彻落实上并不均衡，而在志愿服务领域则有较大的发展空间，大有可为！可以由省文明办牵头，与财政厅、民政厅、团省委等部门联合制定"河南省政府向志愿服务组织购买公共服务的实施意见"（名称暂定），争取把志愿服务列入《河南省政府向社会力量购买服务指导性目录》，争取加大财政资金对志愿服务运营管理的支持力度，从政策上打开局面，在扶贫、济困、扶老、救孤、恤病、助残、救灾、助医、助学等领域的深入推进政府向志愿服务组织购买公共服务。

（四）建立健全激励回馈制度机制

一方面，有关部门要全面梳理关于志愿者激励回馈的制度及其具体措施，及时修订改善，形成多层次、可升级的荣誉制度，增强激励回馈措施的可操作性；另一方面，尤其要重视志愿者荣誉表彰仪式，维护表彰仪式的崇高性，利用多种媒介宣扬、展示优秀志愿者的风采和事迹，提高其获得感。

河南省教育治理公众满意度评价研究[*]

何水 刘济源[**]

摘 要： 本报告从教育政策制定与落实、教育管理与改革、教育经费投入与管理、教育服务与公平维护、教育行政部门内部管理五大方面构建地方政府教育治理公众满意度评价指标体系，进而立足社会治理河南省协同创新中心"2016年夏河南省社会治理综合调查"有关教育治理数据，对河南省教育治理公众满意度展开评价分析。评价结果显示，河南省教育治理公众满意度一般；五大方面比较来看，教育政策制定与落实公众满意度最高，教育管理与改革公众满意度次之，教育行政部门内部管理公众满意度最低。从三级指标来看，教育政策制定与落实方面，教育政策法规执行公众满意度最高，教育发展战略规划公众满意度最低；教育管理与改革方面，推进教育综合改革满意度最高，推进教师培训和管理改革的满意度最低；教育经费投入与管理方面，教育经费依法筹措公众满意度高于教育经费使用管理；教育服务与公平维护方面，基本公共教育服务供给公众满意度最高，教育资源均衡配置公众满意度最低；教育行政部门内部管理方面，公众对教育行政部门廉政、教育行政部门信息公开的不满意率明显高于教育行政部门服务

---

[*] 本文系河南省教育科学规划重大招标项目"河南省教育治理能力现代化问题研究"（2016 - JKGHZDZB - 01）研究成果。
[**] 何水，郑州大学公共管理学院副教授、公共管理博士后，社会治理河南省协同创新中心研究员；刘济源，郑州大学公共管理学院2015级硕士研究生。

质量。建议河南省从重塑教育治理理念、优化教育治理结构、强化教育经费保障、提升教育服务水平等方面入手，大力优化教育治理，推进教育治理现代化。

关键词： 河南　教育治理　教育管理　教育服务

教育是立国之本，是社会进步的基石。"办好人民满意的教育"是我国教育改革和发展坚定不移的追求和目标。河南省作为人口大省、教育大省，"办好人民满意的教育"任务尤为艰巨。为更好地了解公众对河南省政府教育治理工作的评价，透视河南省教育治理实践状况，社会治理河南省协同创新中心在2016年夏开展的"河南省社会治理综合调查"中专门设置了教育治理板块，对河南省教育治理公众满意度进行调查。本报告在构建地方政府教育治理公众满意度评价指标体系基础上，立足此次问卷调查所获数据对河南省教育治理公众满意度展开评价分析，以期为认知河南省教育治理现状提供参考，为河南省优化教育治理、推进教育治理现代化提供对策建议。

一　评价指标体系的构建

近年来，国内不少学者围绕政府治理、公共服务满意度评价展开了积极探索，并引入了美国顾客满意度测评指数模型（ASCI）作为工具。ACSI源于私营部门，是以产品和服务消费的过程为基础，对顾客满意度水平的综合评价指数。其变量包括顾客预期、感知质量、感知价值、顾客满意度、顾客抱怨、顾客忠诚，各变量之间呈现因果关系。该模型科学地利用了顾客的消费认知过程，将总体满意度置于一个相互影响、相互关联的因果互动系统中，既可以解释消费经过与整体满意度之间的关系，也能揭示出满意度高低将带来的后果，从而赋予整体满意度前向预期的特性。此外，该模型不仅让顾客满意度能在不同产品和行业之间进行比较，还能在同一产品的不同顾客之间进行比较，体现出人与人的差异。不过，由于 ASCI 原本是用于私营部门的，运用在公共部门的测评上，难免出现操作难、投入大等问题。[①] 鉴于此，我们这里采用层次分析法（AHP）建构地方政府教育治理公众满意度评价指标体系。实际上，作为一个多指标结构的评价体系，运用层次化结构分析方法设定评价指标，可以由表及里、深入清晰地表述公众对地方政府教育治理的满意度水平。

根据层次分析法，地方政府教育治理的公众满意度评价指标体系可以划分为三个层次。划分原则是每一层次的评价指标都是由上一层评价指标展开的，而上一层次的评价指标则通过下一层指标的评价结果反映出来。其中，"地方政府教育治理公众满意度"是总的评价目标，即一级指标；地方政府教育治理涉及的五大方面即教育政策制定与落实、教育管理与改革、教育经费投入与管理、教育服务与公平维护、教育行政部门内部管理是二级指标；根据地方政府教育治理和服务要求的不同性质，可将五大二级指标细化为具体的三级指标，如表1所示。

表1　地方政府教育治理公众满意度评价指标体系

一级指标	二级指标	三级指标
地方政府教育治理公众满意度	教育政策制定与落实	教育政策法规执行
		教育政策措施制定
		教育发展战略规划
	教育管理与改革	推进教育综合改革
		引导规范社会力量办学
		指导学校内部管理改革
		推进教师培训和管理改革
	教育经费投入与管理	教育经费依法筹措
		教育经费使用管理

---

① 刘静：《地方政府教育管理公众满意度测评的实施流程与路径》，《求索》2008 年第 11 期。

续表

一级指标	二级指标	三级指标
地方政府教育治理公众满意度	教育服务与公平维护	基本公共教育服务供给
		教育公平维护
		解决入学难问题
		治理中小学择校问题
		保障外来人员子女受教育
		治理教育乱收费
		教育资源均衡配置
	教育行政部门内部管理	教育行政部门廉政
		教育行政部门信息公开
		教育行政部门服务质量

二 数据来源与调查样本

本报告以社会治理河南省协同创新中心2016年夏"河南省社会治理综合调查"有关教育治理数据为支撑，调查采用随机抽样的方法，在河南省共计发放问卷1000份，回收问卷中有关教育治理的有效问卷为804份，有效问卷回收率为80.4%。问卷采用五级量表的形式进行统计分析，分别对"非常满意、比较满意、一般、不太满意、非常不满意"进行赋值，其中1分代表"非常不满意"，2分代表"不太满意"，3分代表"一般"，4分代表"比较满意"，5分代表"非常满意"，分数越高意味着满意度越高。

调查样本中，男性430人，占比53.5%，女性374人，占比46.5%；年龄阶段上，1977年以前出生的人数为369人，占比45.9%，1977年以后出生的为435人，占比54.1%；文化程度上，小学及以下学历者共有73人，占比9.1%，初中学历176人，占比21.9%，高中及中专学历225人，占比28%，大专学历103人，占比12.8%，本科及以上学历227人，占比28.2%；而在工作状况上，无工作的共有146人，占比18.2%，打零工的有189人，占比23.5%，有稳定工作的有403人，占比50.1%，退休人员66人，占比8.2%（见表2）。

表2 调查样本描述分析

单位：人，%

变量	指标	人数	比例	变量	指标	人数	比例
性别	男	430	53.5	年龄	1977年以前	369	45.9
	女	374	46.5		1977年以后	435	54.1
文化程度	小学及以下	73	9.1	工作状况	无工作	146	18.2
	初中	176	21.9		打零工	189	23.5
	高中及中专	225	28.0		有稳定工作	403	50.1
	大专	103	12.8		已退休	66	8.2
	本科及以上	227	28.2				

三 评价与分析

（一）河南省教育治理公众满意度一般，主要指标分值差别不大

根据调查结果，对河南省教育治理的五个二级指标即教育政策制定与落实、教育管理与改革、教育经费投入与管理、教育服务与公平维护、教育行政部门内部管理进行评价，五个二级指标的计算结果如图1所示。采用等权重加权法计算后，河南省教育治理公众满意度得分为3.25分。分指标看，教育政策制定与落实的得分最高，为3.46分；其次是教育管理与改革，为3.3分；而后是教育经费投入与管理、教育服务与公平维护，分别为3.19分和3.17分；教育行政部门内部管理的得分最低，为3.14分。按照通行的评定标准，1.00~2.00分为"低"，2.00~3.00分为"比较低"，3.00~3.50分为"中"，3.50~4.00分为"比较高"；4.00~5.00分为"高"。由此可见，当前公众对河南省教育治理的满意度评价居于"中"的等次，较为"一般"；分指标来看，公众对教育政策制定与落实

等五大方面的满意度评价虽有一定差异，但分值差别不大且均处于"中"的等次，即均较为"一般"。

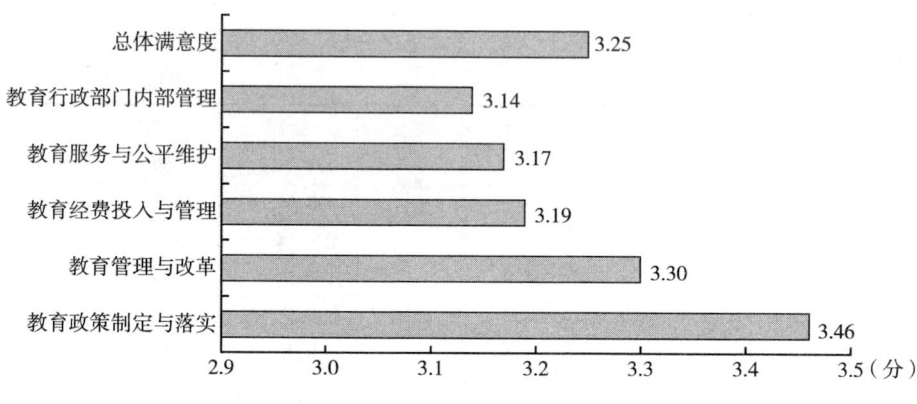

图 1　河南省教育治理公众满意度

（二）教育政策制定与落实方面，教育政策法规执行公众满意度最高，教育发展战略规划公众满意度最低

教育政策制定与落实方面包括教育政策法规执行、教育政策措施制定、教育发展战略规划三个具体指标。如图2所示，教育政策法规执行的公众满意度最高，有10.6%的居民表示非常满意，46.6%的居民比较满意，两者合计达57.2%；而教育发展战略规划的满意度情况不如其他两个指标，有41.9%的居民认为一般，9.8%的居民认为不太满意，2.1%的人觉得非常不满意，在三项指标中比重较高。

（三）教育管理与改革方面，推进教育综合改革满意度最高，推进教师培训和管理改革的满意度最低

教育管理与改革方面包括推进教育综合改革、引导规范社会力量办学、指导学校内部管理改革、推进教师培训和管理改革四个具体指标。如图3所示，公众对于政府推进教育综合改革的满意度最高，有6.8%的居民表示"非常满意"，有36.2%的居民表示"比较满意"，两者合计达43%；对于

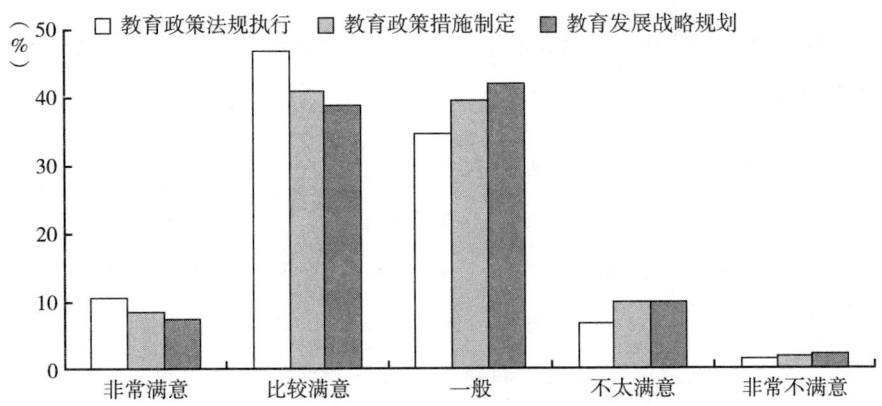

图2　教育政策制定与落实公众满意度

政府指导学校内部管理改革、推进教师培训和管理改革的满意度最低,分别有12.8%和15.8%的居民表示"不太满意",均有2.9%的居民表示"非常不满意"。此外,四个具体指标的评价中,"一般"、"不太满意"和"非常不满意"占比之和均超过50%,表明公众对于河南省推进教育综合改革、引导规范社会力量办学、指导学校内部管理改革、推进教师培训和管理改革的评价均较为一般。

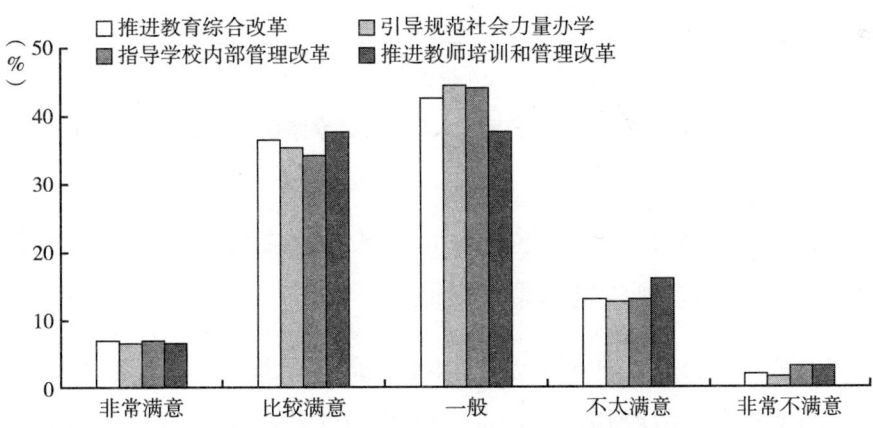

图3　教育管理与改革公众满意度

（四）教育经费投入与管理方面，教育经费依法筹措公众满意度高于教育经费使用管理

教育经费投入与管理方面包括教育经费依法筹措和教育经费使用管理两个具体指标。如图4所示，两项指标满意度评价中，"非常满意"和"非常不满意"的占比几乎相同，"一般"和"不太满意"占比相差不大，但从"比较满意"占比来看，前者为33.1%，后者为31.3%，表明公众对于教育经费依法筹措的满意度明显高于教育经费使用管理。由此可见，河南省作为欠发达地区，教育经费不足问题较为突出，亟须在增加财政投入的同时，依法多渠道筹集资金，及时有效解决教育经费不足问题。

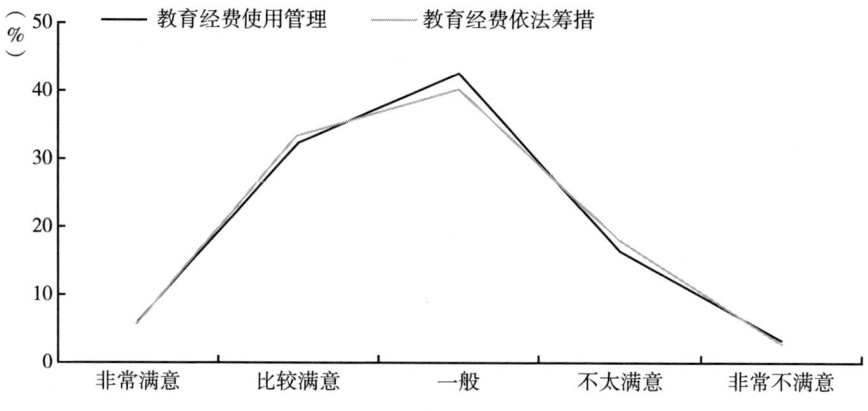

图4　教育经费投入与管理公众满意度

（五）教育服务与公平维护方面，基本公共教育服务供给满意度最高，教育资源均衡配置满意度最低

教育服务与公平维护方面包括基本公共教育服务供给、教育公平维护、解决入学难问题、治理中小学择校问题、保障外来人员子女受教育、治理教育乱收费、教育资源均衡配置七个具体指标。如表3所示，公众满意度最高的是基本公共教育服务供给，"非常满意"和"比较满意"占比分别为

6.7%和37.3%,均居前列;满意度最低的是教育资源均衡配置,有24.9%的居民认为"不太满意",5.5%的居民认为"非常不满意",两者合计达30.4%,明显高于其他指标。而从现实观察来看,相比于入学难、中小学择校等问题,教育资源均衡配置问题确实更为复杂,仍是当前地方政府教育治理面临的主要难题。

表3 教育服务与公平维护公众满意度

单位:%

类别	非常满意	比较满意	一般	不太满意	非常不满意
基本公共教育服务供给	6.7	37.3	40.9	12.7	2.4
教育公平维护	5.6	34.0	39.9	17.2	3.4
解决入学难问题	6.3	28.9	42.0	19.3	3.5
治理中小学择校问题	4.6	27.4	41.3	22.8	4.0
保障外来人员子女受教育	4.7	28.4	39.8	23.1	4.0
治理教育乱收费	5.5	31.3	37.1	20.9	5.2
教育资源均衡配置	3.6	26.9	39.2	24.9	5.5

(六)教育行政部门内部管理方面,公众对教育行政部门廉政、教育行政部门信息公开的不满意率明显高于教育行政部门服务质量

教育行政部门内部管理方面包括教育行政部门廉政、教育行政部门信息公开、教育行政部门服务质量三个三级指标。如图5所示,有12.8%的居民对教育行政部门服务质量表示"不太满意",3.2%的居民表示"非常不满意",不满意率为16%;教育行政部门信息公开方面,有18.5%的居民表示"不太满意",4.4%的居民表示"非常不满意",不满意率为22.9%;教育行政部门廉政方面,有19.7%的居民认为"不太满意",3.5%的居民表示"非常不满意",不满意率为23.2%。可见,公众对教育行政部门廉政、教育行政部门信息公开的不满意率明显高于教育行政部门服务质量。

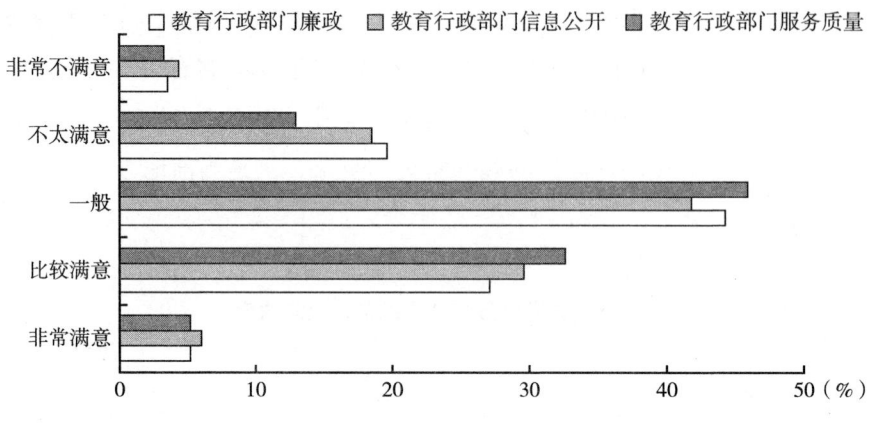

图5 教育行政部门内部管理公众满意度

四 结论与建议

教育治理现代化是国家治理现代化的应有之义和必然要求，是教育现代化的前提和基础。河南省教育治理公众满意度评价结果表明，作为人口大省、教育大省，尽管近年来河南省各级政府为贯彻落实国家有关教育政策法规，推进教育领域改革做了不少努力，也取得了积极成效，但与广大人民群众的期望以及"办好人民满意的教育"的目标要求相比，仍存较大差距。鉴于此，在全面深化改革过程中，河南省应切实贯彻落实中央有关教育改革的部署和要求，围绕"办好人民满意的教育"这一目标，从重塑教育治理理念、优化教育治理结构、强化教育经费保障、提升教育服务水平四个方面入手，大力优化教育治理，加快推进教育治理现代化。

（一）重塑教育治理理念

从政府一元化的教育管理走向政府主导下的多元化教育治理，是教育治理大势所趋，而理念是行动的先导。重塑教育治理理念，坚持社会本位，树立多元共治教育理念，是革新教育治理模式、推进教育治理现代化的前提。当前，随着改革的深入推进，我国的教育治理正在发生着深刻的变化，其中一个重要的方面就是推动管办评分离。这意味着，传统的政府既管教育也办教育还评价教育，现在要逐渐转变为政府管教育、学校办教育、社会评教育，三者相对独立。显然，能否重塑教育治理理念，直接决定着这一转变能否真正实现。而鉴于前述教育政策制定与落实评价中，教育发展战略规划公众满意度相对较低，建议河南省各级政府在教育政策尤其是教育中长期发展规划制定过程中，切实坚持社会本位，保障公众知情权，并充分吸纳社会公众意见，让公众参与进来，真正实现教育政策制定的科学化和民主化。

（二）优化教育治理结构

教育综合改革大的方向是构建政府、学校和社会之间的新型关系。因此，建议河南省各级政府立足于教育发展的自身规律和教育治理现代化的基本要求，进一步理顺政府、学校、社会关系，构建以政府、学校、社会三方为核心，系统完备、科学有效的治理体系，逐步形成政府依法管理、学校依法自主办学、社会各界依法参与评价和监督的教育治理新格局。这一过程中，各级政府应着力围绕转变职能、简政放权、创新方式，明确各级政府及部门管理教育的职责权限，把该放的放掉，把该管的管好，推进管办评分离，建立教育行政权力清单和责任清单制度，严格控制针对各级各类学校的项目评审、教育评估、人才评价和检查事项，大幅减少总量，更好地激发各个学校的活力；加快现代学校制度建设，以制定章程为统领，规范校内各利益主体之间的关系，提高学校依法自主办学能力；加强教育教学研究和教育科研机构建设，推进专业评价，鼓励专门机构和社会中介机构进行评估，形成由政府、学校、家长及社会各方面参与的多元教育质量评价体系。

（三）强化教育经费保障

教育治理、教育服务离不开充足的经费保障。建议河南省各级政府严格落实教育经费法定增长措施，健全以政府投入为主、多渠道筹措教育经费的体制，保障各级政府教育财政拨款随着经济社会发展稳步增长。依法逐步提高各级财政支出总额中教育经费所占比例，拓宽财政性教育经费来源渠道，全面落实加大教育投入的各项政策措施。建立专项督导制度，完善各级政府教育经费投入激励机制。完善教育投入保障机制，制定和落实各级教育生均财政拨款基本标准，进一步强化各级政府对义务教育的保障责任，结合经济发展状况、培养成本和群众承受能力等情况，适时合理动态调整收费标准。全面推进教育经费科学化精细化管理，健全预算绩效管理机制，探索建立第三方评估咨询制度，加强成果公开和应用。加大政府财务信息公开力度，主动接受社会监督，逐步提升政府对于教育经费的保障能力。

（四）提高教育服务水平

当前，公众对教育服务与教育公平问题十分关注，不仅希望政府加大教育服务投入，而且更希望政府能促进并维护教育公平。河南作为人口大省，面临的任务更为艰巨，各级政府必须给予教育服务与公平维护更多的关注。为此，建议河南省各级政府特别是县级政府统筹考虑新型城镇化、产业布局、人口发展与流动等因素，科学编制本地"十三五"教育事业发展规划，巩固提高基础教育水平；加大贫困地区教育脱贫攻坚力度，实施教育精准脱贫，全面落实《河南省教育脱贫专项方案》，加大贫困地区教育投入，提升贫困地区教育质量；优化教育资源配置，改善薄弱学校办学条件，加强乡村教师队伍建设；促进入学机会平等，完善义务教育公办中小学免试就近入学制度，加大对义务教育阶段择校问题的治理力度；提升特殊人群的教育教学水平，改革进城务工人员随迁子女就学机制，加强留守儿童教育关爱保护，保障特殊群体和困难人群的受教育权利。

河南省小学教育服务质量感知评价与影响因素分析[*]

——基于服务质量感知模型（SERVQUAL）的调查

丁辉侠　闫茜茜　张素丹[**]

摘　要：本文根据 SERVQUAL 质量感知模型，从有形性、可靠性、回应性、移情性和保证性五个维度，共设计了 15 个评价指标对河南省小学教育的服务质量从学生家长体验感知角度进行评价。评价结果表明，小学教育服务质量感知平均得分为 3.61 分，回应性、有形性、保证性、可靠性和移情性从高到低得分为 73.6 分、72.8 分、72.2 分、70.8 分和 68.8 分。15 个评价指标得分差距较大，学生在校有安全感的评价得分最高，为 3.8 分；老师对学生平等对待的评价得分最低，为 3.41 分。分析发现，资源投入、教育评价导向、教师责任心、学校教育管理态度和是否站在学生角度进行教育管理是影响评价结果的主要因素。本文从加大教育财政投入、落实素质教育、加强学校与家长和学生间的互动、加强教师队伍建设和稳步推进小班额教育等方面提出相应的对策建议。

---

[*] 本文是河南省软科学（项目编号：152400410055）和河南省社科基金（项目编号：2014CJJ034）和郑州市软科学（项目编号：153PRKXF241）资助项目的阶段性成果。

[**] 丁辉侠，博士，郑州大学公共管理学院副教授，社会治理河南省协同创新中心研究员，主要从事公共服务、区域治理和政府绩效管理方面的教育与研究工作；闫茜茜，郑州大学公共管理学院 2015 级行政管理专业硕士研究生；张素丹，郑州大学公共管理学院 2016 级行政管理专业硕士研究生。

关键词： 河南 SERVQUAL 模型 服务质量感知 小学义务教育

义务教育是每一个公民享有的基本权利。"九年义务教育是人生连续受教育时间最长的阶段，是打牢人生基础的关键阶段，对人的发展和未来幸福具有决定性影响。"[①] 作为整个教育阶段的基石，小学教育质量直接影响我国的整体教育水平和国民素质提升。1992年，国家颁布《中华人民共和国义务教育法实施细则》，从法律层面上保证了义务教育的贯彻实施。近些年来，河南省大力实施"科教兴豫"战略，坚持教育优先，并把义务教育作为教育工作的重中之重。截至2015年，河南省共有小学2.47万所，教学点9260个，招生169.30万人，在校生937.05万人，毕业生140.55万人。大班4.45万个，占17.93%，其中超大班2.03万个，占8.16%，小学净入学率100%。小学和教学点教职工50.2万人，其中专任教师50.09万人，专任教师学历合格率100%，专任教师中具有专科及以上学历的占90.64%，生师比19.85:1。小学和教学点代课教师2.28万人，兼任教师0.13万人。[②] 从河南省小学教育发展趋势来看，办学条件显著改善、义务教育布局结构更趋合理、专任教师的学历合格率稳步提高、大班额情况有所缓解。[③]

2010年我国颁布的《国家中长期教育改革和发展规划纲要（2010－2020年）》要求："建立国家义务教育质量基本标准和监测制度，推进义务教育学校标准化建设"。这对我国义务教育均等化和质量提升提出了基本要求。如何判断一个地方义务教育质量水平呢？质量评价是衡量教育服务质量的重要工具和手段。已有研究从教学条件、经费投入、教育公平、素质教育等方面对我国义务教育情况进行了评价。李孔珍从入学机会、区域资源配置、办学条件、师资水平和教育结果几个方面对义务教育的均衡发展情况进

[①] 刘延东：《让农村孩子接受更好的义务教育》，《求是》2013年第12期。
[②] 2015年河南省教育事业发展统计公报，www.haedu.gov.cn。
[③] 2007年河南省教育事业发展统计公报，www.haedu.gov.cn。

行评价。① 赵芳卉运用横向和纵向的比较研究法对义务教育经费投入的体制和机制进行评价。② 王少峰从区域差距、城乡差距、阶层差距、校际差距等层面上评价义务教育公平问题。③ 李鹏、朱德全在生均教学与辅助用房面积、生均生活用房面积、学校的信息化设备和生均固定资产四个维度上对义务教育学校办学条件和标准化建设进行评价。④ 王峰、王栓柱从素质教育维度评价义务教育的质量。⑤ 在素质教育方面，王元京从制度层面、城乡义务教育差别层面进行评价；⑥ 曾瑜、田贤鹏从独立第三方角度对义务教育进行评价。⑦ 已有研究对于理解义务教育的基本情况具有重要价值，但很少从服务对象质量感知角度研究评价义务教育质量。鉴于此，本文运用河南省协同创新中心2017年1月"河南省小学教育调查"的数据，利用服务质量感知模型（SERVQUAL）对河南省小学教育质量进行评估，以期为小学教育服务质量评价寻求一种更为合理的方式和途径，同时也为其质量提升提供有价值的政策参考。

一 服务质量感知模型及其评价维度

服务本身所具有的无形、异质和不可分离性，给服务质量的评价带来了很大的困难。20世纪70年代北欧一些学者开始了对服务质量问题的研究，其中贡献最大的是芬兰瑞典语经济与管理学院学者格罗鲁斯，其提出服务质量是顾客评价过程的结果，即顾客感知的服务绩效与预期服务绩效相比较的

---

① 李孔珍：《对义务教育均衡发展评价的思考》，《教育发展研究》2010年第9期。
② 赵芳卉：《我国义务教育投入机制问题研究》，四川大学硕士学位论文，2007。
③ 王少峰：《义务教育公平研究文献综述》，《经济社会体制比较》2014年第3期。
④ 李鹏、朱德全：《义务教育学校标准化建设：进程、问题与反思——基于2010~2014年全国义务教育办学条件数据的测度分析》，《清华大学教育研究》2016年第1期。
⑤ 王峰、王栓柱：《素质教育：义务教育质量效益目标模式的转换》，《教育理论与实践》1997年第17卷。
⑥ 王元京：《我国城乡义务教育差别的制度障碍分析》，《财经问题研究》2009年第9期。
⑦ 曾瑜、田贤鹏：《论义务教育阶段素质教育第三方评价机制的构建》，《现代中小学教育》2015年第1期。

结果。① 1988 年，美国营销专家派瑞赛姆（Parasurman）、塞随莫尔（Zeithaml）和贝利（Berry）提出了著名的服务质量评价模型——SERVQUAL 模型。SERVQUAL 的核心思想是从顾客主观感知角度评价服务质量，通过对比顾客对服务的期望和对服务的感知，判断服务质量水平。与流行的满意度调查相比，SERVQUAL 模型可以了解更多的关于感知和期望值的信息，同时其评价结果也更为客观和真实。SERVQUAL 模型主要从有形性、可靠性、回应性、移情性和保证性五个维度评价服务质量。②①有形性是指那些具体的、有形的能够看得见摸得着的设备、设施以及人员等硬件设施条件。由于服务具有无形性的特点，这就需要借助一些有形的实体来对服务质量进行评价。有形性是衡量服务质量过程中最为直观的，也是衡量服务质量最为基础的维度。②可靠性是指能够可靠、准确地履行所承诺服务的能力，包括可信赖的程度与一致性。③③回应性是指向顾客及时提供服务的意愿和自发性。让顾客对服务进行等待，尤其是无原因的漫长等待，会对服务质量造成不必要的消极影响。而当服务失败时，及时、迅速地解决问题会对服务质量产生积极影响。④保证性是指服务人员所具有的完成服务的能力，对顾客尊重、有效的沟通、把顾客最关心的事情放在心上等都是服务保证性的条件。⑤移情性是指服务过程中服务主体能够设身处地地为顾客考虑并给予顾客特别的关心和照顾，为顾客提供个性化的服务。移情性具有以下特点：接近顾客的能力、敏感性以及努力理解顾客的需求。

SERVQUAL 模型可以从体验方面对义务教育服务质量进行较为科学的测量和评价，但目前国内尚没有研究利用该模型对义务教育服务质量进行评价。结合我国国情和小学义务教育的特点，本报告从有形性、可靠性、回应性、移情性和保证性五个维度，共设计了 15 个评价指标对河南省小学教育的服务质量从体验感知角度进行评价。其中，①有形性主要从教学楼和教学

---

① Gronroos, Christian. An Applied Service Marketing Theory, *European Journal of Marketing*. 1993 (16).
② 施秀梅：《国内游客旅游住宿服务质量感知研究》，西南大学硕士学位论文，2013。
③ 许月美：《基于 SERVQUAL 模型的移动政务服务质量评价研究——以南宁市为例》，广西大学硕士学位论文，2015。

设备条件方面进行评价,即从硬件设施方面评价小学教育质量。②可靠性从教师和学校两个方面进行评价。对于教师而言,解决学生在学校的学习、生活和心理问题,是教育质量的基本保障;对学校而言,在学生知识教育和素质教育培养方面的承诺兑现是保证教育质量的重要前提。③回应性主要从学校与学生和家长的互动方面进行评价,包括老师及时回复学生的提问和学校及时回应家长有关教育问题两个指标。只有实现学校与学生和家长的良性互动,及时回答学生的提问,有效解决学生在学校提出的问题,高效率地解答家长的问题、回复家长的咨询,才能有效地保障教育质量。④保证性主要从对学校的信任、学生在校安全及教师素质和能力方面进行评价。家长对教学质量的评价是衡量义务教育质量的重要指标,也是学校不断提高教育质量的动力。当前,学校暴力事件频发,对学校教育质量保证性的评价应包括学生在校安全指标,老师教学能力、素质和对学生有耐心是对老师教学能力和教学意愿方面的评价。⑤移情性主要从以人为本角度对小学教育进行评价。老师对所有学生平等对待、老师照顾学生的特殊需求、学校对学生利益的维护和学校清楚学生需要什么样的教育这几个指标从关心学生的角度评价小学教育质量。具体指标如表1所示。

表1 河南省小学教育服务质量评价指标体系

评价维度	评价指标	评价维度	评价指标
有形性	教学楼条件	保证性	有效控制校园暴力事件发生率
	教学设备条件(如教学器材、体育器材)		家长对教学质量有信心
			学生在学校有安全感
可靠性	老师总能解决学生的问题		老师对学生总是有耐心
	学生培养方面与学校承诺一致		老师具备教学能力与素质
回应性	老师及时回复学生的提问	移情性	老师对所有学生平等对待
			老师照顾学生的特殊需求
	学校及时回复家长有关教育问题		学校对学生利益的维护
			学校清楚学生需要什么样的教育

选择这些指标主要基于以下理念：第一，教育服务是以学生为中心的，必须关注学生的需求和成长，尊重学生的权力和利益，因此选择了老师照顾学生的特殊需求、学校对学生利益的维护等移情性指标。第二，符合教育行业的特殊性。在众多的服务行业中，教育行业具有其自身的特点，尤其是义务教育具有非营利性，服务质量关系学生的健康成长甚至未来。因此，选择了可靠性和保证性评价指标。该指标体系的设计不仅有助于全面科学地评价小学教育服务质量，也有助于帮助教育管理部门和学校针对本地和本学校的实际情况有目的地改善某些指标。

二 调查样本和数据来源

本文采用社会治理河南省协同创新中心2017年春季对河南省小学教育的调查数据。调查采用随机抽样的方法，在全省共计发放问卷1100份，回收问卷957份，问卷回收率为87%。为保证调查数据的真实可靠性，调查对象为孩子正在接受小学教育或刚刚从小学毕业的家长。针对调查的所有指标，满分为5分，共五个打分档次，分别是5分、4分、3分、2分和1分。这几个档次可以较好地反映家长对每一个指标的质量感知。

此次调查样本中，男性509人，占比53.2%，女性448人，占比46.8%；年龄阶段上，1975年以前出生的人数为371人，占比38.8%，1975年以后出生的为586人，占比61.2%；文化程度上，小学及以下学历者共有95人，占比9.9%，初中学历241人，占比25.2%，高中及中专学历223人，占比23.3%，大专学历126人，占比13.2%，本科及以上学历272人，占比28.4%；而在工作状况上，无工作的共有237人，占比24.8%，打零工的有205人，占比21.4%，有稳定工作的有485人，占比50.7%（见表2）。

表2 调查样本描述分析

单位：人，%

变量	指标	人数	比例	变量	指标	人数	比例
性别	男	509	53.2	年龄	1975年以前	371	38.8
	女	448	46.8		1975年以后	586	61.2
文化程度	小学及以下	95	9.9	工作状况	无工作	237	24.8
	初中	241	25.2		打零工	205	21.4
	高中及中专	223	23.3		有稳定工作	485	50.7
	大专	126	13.2		已退休	30	3.1
	本科及以上	272	28.4				

三 河南省小学教育服务质量感知评价结果及其影响因素分析

（一）小学教育服务质量感知总体得分不高，具体指标得分差距较大

根据调查数据，对河南省小学教育服务质量有形性、可靠性、回应性、保证性和移情性五个维度的质量感知进行评价，评价方法采用等权重加权法，五个维度的计算结果如图1所示。其中，回应性方面的得分最高，为

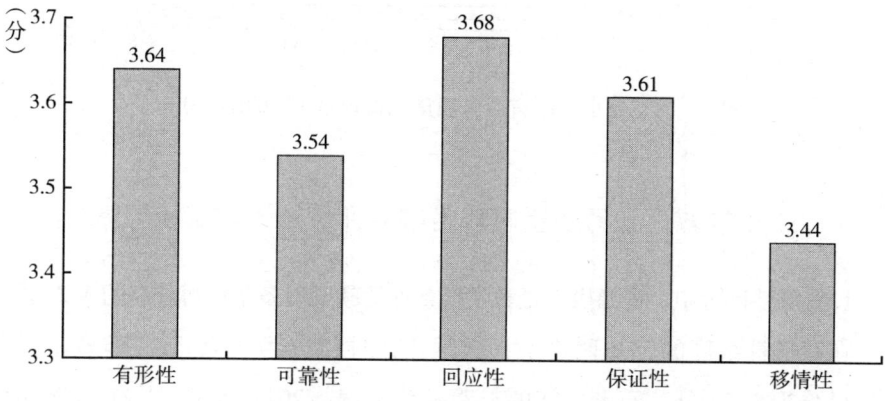

图1 河南省义务教育服务质量感知评价结果

3.68 分；其次是有形性和保证性，得分分别为 3.64 分和 3.61 分；可靠性方面的得分为 3.54 分；移情性方面的得分最低，为 3.44 分。如果换算成百分制，回应性、有形性、保证性、可靠性和移情性方面的得分分别为 73.6 分、72.8 分、72.2 分、70.8 分和 68.8 分。如果设定 80 分以上为优秀，五个维度的得分没有一个达到 80 分以上。

就各个维度的具体指标感知得分来看，区分度也很明显。如图 2 所示，其中学生在校有安全感的评价得分最高，为 3.8 分；老师对学生平等对待的评价得分最低，为 3.41 分。

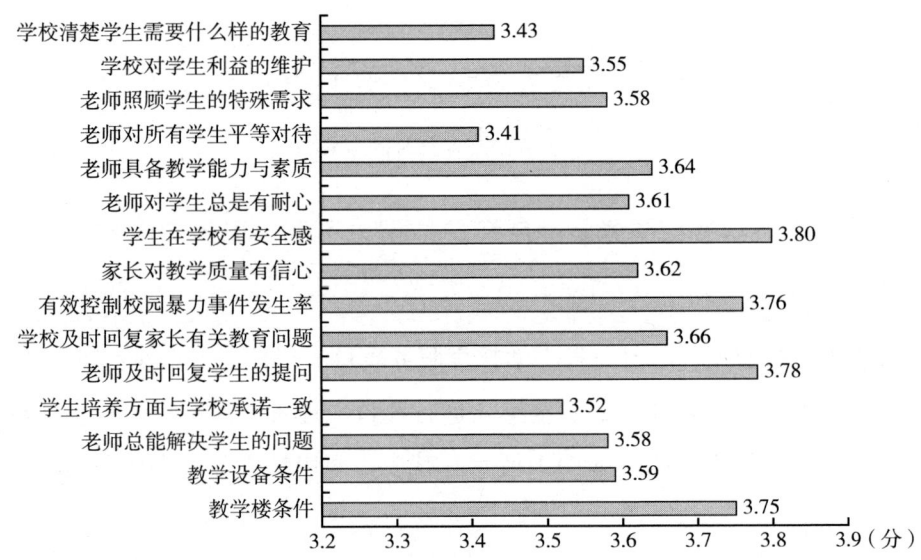

图 2　河南省小学教育服务质量总体评价 15 项指标得分

（二）小学教育服务质量感知各维度评价结果与影响因素分析

1. 有形性评价中，资源投入是教学楼条件比教学设备条件得分高的主要因素

在有形性维度的感知评价中，教学楼条件得分为 3.75 分，而教学设备条件得分为 3.59 分，两者之间的差距较为明显。2011 年 12 月 21 日颁布的《河南省义务教育学校办学条件标准化建设规划（2011 - 2015 年）》，对于义务教育阶段学校的办学条件如学校布局与规模、校园规划与布局、学校校舍标准化建设等内容做出了明确规定。近年来，河南省也不断加大对义务教育的公共财政投入。统计资料显示，2013~2015年，河南省一般公共预算义务教育支出累计2162.4亿元，年均增长8.8%，教育支出已成为河南省公共财政第一大支出。① 这些举措较为明显地改善了全省小学教学楼条件和教学设备条件。但为什么在学生、家长眼里教学楼比教学仪器设备的条件更好呢？《河南省义务教育学校办学条件标准化建设规划（2011-2015年）》中虽然也有针对教学设备与仪器的明确规定，但由于教学设备和仪器涵盖多方面内容，规划中并没有针对每一个具体的仪器和设备做出细致详尽的规定，结果是不同地方的学校配备参差不齐。同时，由于河南省义务教育阶段人数众多，在城镇，小学班级规模普遍过大，大班额占所有班级总数的17.93%，教学仪器与设备并不能保证每个学生的需求；而在农村，虽然班级规模基本上都不超过45人，但是出于各种原因，教学设备配备比较简陋。总之，无论是大班额的问题，还是教学设备配备不齐全的问题，都是由于教育经费投入不足，这应该是教学设备条件的感知得分普遍低于教学楼条件的主要原因。但不可否认的是，随着河南省义务教育财政投入的不断增加，近年来小学的硬件设备无论是教学楼还是教学仪器与设备均得到很大改善。

2. 可靠性评价中，履行承诺服务的结果受教育评价导向的限制

可靠性是学校履行义务教育服务承诺的兑现情况，反映学校准确履行教育服务承诺的能力。老师总能解决学生问题和学生培养方面与学校承诺一致两个指标的得分分别为3.58分和3.52分，均低于各项指标的平均得分（3.61分）。早在1999年《中共中央国务院关于深化教育改革，全面推进素质教育的决定》就提出："实施素质教育，必须把德育、智育、体育、美育等有机地统一在教育活动的各个环节中。学校教育不仅要抓好智育，更要重

---

① 省人大常委会副主任蒋笃运做关于检查《中华人民共和国义务教育法》和《河南省实施〈中华人民共和国义务教育法〉办法》贯彻实施情况的报告。

视德育，还要加强体育、美育、劳动技术教育和社会实践，使诸方面教育相互渗透、协调发展，促进学生的全面发展和健康成长。"2001年，《教育部关于印发〈义务教育课程设置实验方案〉的通知》（教基〔2001〕28号）也要求，"根据德智体美等方面全面发展的要求，均衡设置课程，各门课程比例适当，并可按照地方、学校实际和学生的不同需求进行适度调整，保证学生和谐、全面发展"。教育部门多年来提倡素质教育，但在教育资源紧张的背景下，到目前为止仍没有摆脱应试教育的模式。这与我国义务教育阶段的教育目标相违背，因此学生培养方面与学校承诺一致这一指标的服务质量感知评价较低。令人惊讶的是，老师总能解决学生问题的感知得分也较低，这可能也与应试教育中老师更多关注与学习密切相关的问题，而对于学生的其他问题关注较少有关。

3. 回应性评估中，责任心与问题的复杂性是主要的影响因素

教育作为一种典型的需要与服务对象进行持续互动和良好沟通的公共服务，要求提供服务的教师和学校与服务对象学生和家长保持及时、高质量的互动。现有研究却很少关注小学教育服务主体与服务对象之间的互动问题。在回应性维度中，老师及时回复学生提问得分3.78分，学校及时回复家长有关教育问题的得分为3.66分，两者均高于各项指标的平均得分（3.61分），老师对学生的回应评价明显好于学校对家长的回应评价。教师作为教育中直接面对学生的主体，他们不仅仅是普通意义上的公共服务主体，而且是教育下一代的人类灵魂工程师，因此大多数老师都能针对学生的问题进行认真的回答。这也是与其他指标相比，该指标感知得分较高的主要原因。但相对于学生对老师的提问，家长向学校咨询或要求答复的多是与教学管理相关的问题，而其中一部分是学校本身难以解决或者不愿意正面解决的问题，因此对于家长的回应相对没有对学生的回应及时。

4. 保证性评估中，**学校教学管理重视程度和教师责任心是主要影响因素**

保证性是对学校完成小学义务教育服务能力的评价，既包括在校人身安全的评价，也包括是否能够接受良好教育的评价。在安全性方面，小学生是

行为能力比较弱、非常需要保护的群体，一旦出现安全事故学校的主体责任比较大。在本次调查中，学生在学校有安全感和有效控制校园暴力事件发生率两个指标的得分分别为 3.80 分和 3.76 分，这在所有指标中是得分比较高的。这说明学生和家长对于学校在学生人身安全的保护措施相对比较满意。近年来，全国各地发生校内外的安全事件引起教育管理部门的高度重视，河南省对学校加强了安保措施，如郑州市实现了上学放学都有警察在校门口维持安全。学生在学校安全系数较高，这应该是家长认为学生在校比较安全的主要原因。在校园暴力方面，最高人民法院对 2013～2015 年所发生的 100 起校园暴力事件进行统计，涉案小学生占 2.52%，小学暴力事件发生率总体较低。① 家长对于学校有效控制校园暴力事件发生率比较满意的原因可能还与学校确实采取一些有效的措施有关。

统计资料显示，截至 2014 年底，河南省小学和教学点教职工 50.2 万人，其中专任教师 50.09 万人，专任教师学历合格率 100%，专任教师中具有专科及以上学历的占 90.64%。② 令人意外的是，家长对于老师教学能力与素质的评价仅为 3.64 分，同时对教学质量有信心的评价得分只有 3.62 分。这个问题值得深思，这可能不仅是老师教学能力和素质本身的问题，同时也与教学责任心未能充分发挥，能力和素质尚未完全得到家长认可有关。从老师对学生总是有耐心的评价得分（3.61 分）来看，其也可以反映出部分老师由于没有照顾到学生的需求，不能有效保证教育的质量。

5. 移情性评价中，各指标得分受是否站在学生角度上考虑问题影响

移情性是老师和学校站在学生的角度，以人为本，从学生的成长和发展方面考虑教学和管理问题。调查结果发现，学校对学生利益的维护、老师照顾学生的特殊需求、学校清楚学生需要什么样的教育、老师对所有学生平等对待得分依次为 3.55 分、3.58 分、3.43 分和 3.41 分，均低于各项

---

① 《最高人民法院关于校园暴力案件的调研报告》，http://www.court.gov.cn/zixun-xiangqing-21681.html。
② 《河南统计年鉴 2015》，河南统计网，http://www.ha.stats.gov.cn/hntj/lib/tjnj/2016/indexch.htm。

指标的平均得分（3.61分）。虽然学校努力推进素质教育，但在教学实践中，常被考试成绩、升学率等考核指标所羁绊。以升学率为指挥棒、以成绩为导向的教育违背了以人为本的教育精神，导致学校更多地从维护学校和教师利益而不是学生利益出发，同时老师也不能平等对待优差生、难以照顾学生的特殊需求，以至于家长认为学校都不清楚学生到底需要什么样教育，这也是各项指标得分都比较低的主要原因。其中，老师对所有学生平等对待方面得分最低的原因，一方面是因为不能平等对待优秀、中等和较差学生，另一方面可能是由于个别老师不能平等对待不同家庭背景的学生。移情性评价的结果值得教育管理部门和学校深思，如何才能从有利于学生教育和成长的角度从事教育服务，这既关系教育服务质量，也关系国家未来的发展。

四 政策建议

（一）继续加大财政投入力度，改善义务教育硬件设施条件

调查发现，近年来河南省小学义务教育教学硬件设施（包括教室、教育仪器设备等）都有较大程度的改善，但相对于学生的需求而言还存在一定的差距。这不仅表现在城镇大班额现象导致教学资源不足，也反映在城乡教学条件的差距上。因此，要继续加大针对义务教育小学阶段的公共财政投入，不断加大转移支付力度，统筹城乡发展，改善教学设备条件以及硬件设施，实现教育资源的优化和均等配置。一方面，建立和完善省级以下教育经费保障制度，从根源上解决市县教育经费投入的体制和机制问题；另一方面，完善教育经费监督机制，建立教育经费第三方评估机制，提高教育经费支出效率。

（二）继续推进义务教育改革，落实素质教育

自20世纪80年代我国推行素质教育至今，素质教育改革的实践还不尽

如人意。由于受考学、升学等因素的影响，社会各界对素质教育的认识还没有完全到位，应试教育的观念和模式短时间内难以改变。同时，素质教育的实践还不全面、不系统、不深入，存在着"雷声大雨点小"的现象，没有真正将素质教育落实到实践层面中去。因此，要在教育实践中，把全面实施素质教育作为义务教育改革发展的核心理念，系统设计、整体规划小学义务教育中素质教育的重点任务；打破以升学率为主的考核机制，建立健全素质教育考试机制，鼓励学校在小学阶段培养学生的兴趣爱好，实现学生素质的全面提升。

（三）拓宽学校与家长互动渠道和途径，提高学校回应质量

只有学校与学生和家长之间建立起良好的互动与沟通关系，才能真正为学生建立起良好的学习和成长环境。首先，拓宽学校与家长互动的途径，利用先进的信息科技手段，如微信、短信等，及时沟通和回应学生在校情况，增进学校与家长之间的相互理解和信任。其次，提高学校的回应质量。对于家长反映的教育方式、教育管理、学生安全等问题，学校要及时回应，积极听取家长的意见，不断改进教学方法和手段，提高教学管理质量。最后，积极与学生进行沟通交流，了解学生实际需要和真实想法，唯有如此才能做到因材施教，建立良好的师生互动关系。

（四）加强教师队伍建设，稳步推进小班额教育

教师队伍质量是小学义务教育质量的重要保障。按照《小学教师专业标准（试行）》的要求："把学科知识、教育理论与教育实践相结合，突出教书育人的实践能力；研究小学生，遵循小学生的成长规律，提高教育教学专业水平；坚持实践、反思、再实践、再反思，不断提高专业能力。"一方面，应从源头上控制教师质量，在教师选拔和聘任环节严格把关，保证优秀的教师队伍；加强对教师的在职培训，不断总结教学经验，学习和推广好的教学方法；除了对教师的业务能力进行考核外，还应特别关注教师个人的道德素质和思想观念，对教师的行为规范、个人道德素质、心理健康能力也应

建立起相应的考核系统，使得教师的行为符合社会主义核心价值观，对学生的学习和成长产生积极影响。另一方面，应推行小班额制度，使得每个班的人数控制在45人以内。这样不仅有助于老师了解每一个学生，使每一个学生都能得到教师的关注，而且也能保证老师有时间和精力解决学生在学习和成长过程中所遇到的问题，从而有助于学生身心全面发展。

河南省农村老人医疗服务需求及满意度研究[*]

刘春平 侯圣伟[**]

摘　要： 调查结果表明农村老人普遍身体状况一般，医疗需求较大；农村老人潜在健康管理意识较强，但健康管理需求未得到满足；老人医疗需求的就医便易性较强，但医疗需求满意度较低；医疗照护多依赖于家人或自己，专业性的医疗照护匮乏；医疗费用在合理的范围之内，但压力仍然较大，存在放弃治疗现象；医疗保险实际效果有限，难以支撑老人的医疗需求；老人医疗需求服务整体满意度较低，"重基层、保基本"的目的未能体现，在医疗服务需求上，农村老人对机构、个人或家庭、医保的满意度呈现顺序下降的现象。为了提高农村老人医疗服务需求的满意度，政府应该在健康预防管理、医疗保险制度支持以及医疗卫生资源的投入上做出更多的努力。

关键词： 河南农村老人　医疗服务需求　健康管理

---

[*] 基金项目：郑州轻工业学院2012年博士基金项目；2016年度河南省教育厅社科重点项目（2016 - ZD - 048）；2015年度河南省高等学校重点科研项目（15B630020）。

[**] 刘春平，郑州轻工业学院讲师，研究方向为社会风俗及文化；侯圣伟，郑州轻工业学院政法学院讲师，研究方向为医疗保障、卫生经济学。

根据河南省统计局2016年发布的《2015年河南省人口抽样调查主要数据公报》，截至2015年末，河南省60岁及以上人口为1500万人，占15.82%，其中65岁及以上人口为913万人，占9.63%。同2010年相比，60岁及以上人口比重上升3.1个百分点，65岁及以上人口比重上升1.27个百分点，老龄化的程度呈上升趋势。而作为农业大省和人口输出大省，河南农村劳动力大量流入省内外大中城市，农村空心化现象明显，农村老龄化程度比城市更加严重。在这种背景下，欠发达的河南农村老人在医疗照护、医疗费用支持等方面的医疗需求呈现什么特点？其需求是否得到满足、满足程度如何是我们面临的一大课题。本研究基于对河南农村老人的实地调查，试图就上述问题进行一定的探究。

一 数据来源与研究方法

（一）数据来源

为充分了解河南省农村老人的医疗需求及其满意度，本课题研究对安阳、商丘、开封、焦作、驻马店、周口、许昌、洛阳、信阳9市14县区21个乡镇58个村的老年居民采用随机抽样的方式开展了调查。调查历时两个月，以问卷调查方式为主，由调查员询问被调查者，然后进行填写，并根据实际情况在需要时进行信息笔录。共发放问卷285份，回收285份，有效问卷260份，有效率达到了91.23%。其中男性125份、女性135份。

（二）研究方法

在研究方法的选取上，本研究以定量研究为主，辅之以定性研究。在具体的操作过程中，通过对问卷收集到的数据进行筛选，运用SPSS软件进行数据分析，分析方法主要是描述性统计。除此之外，调查过程中的笔录整理，也有效弥补了定量研究的不足。

二 样本描述性分析

从表1可以看出，本次调查样本中，男性125人，占比48.08%，女性135人，51.92%，其中60~70岁者有115人，占44.23%，70~80岁者有94人，占36.15%，80岁以上老人者有51人，19.62%；就文化程度来讲，不认字的老人有122人，占比46.92%，小学及以下者93人，占35.77%，小学以上文化程度者有45人，占17.31%；从生活状态来看，独居的有46人，占17.69%，和老伴一起居住的有81人，比例为31.15%，和家人一起居住的有132人，占50.77%，养老院居住的只有一人，占0.38%。从数据分析来看，大部分老人由于年龄较大，普遍文化程度不高，对事物的理解比较单一；大部分老人选择和老伴或者家人一起居住，便于生活起居的照顾，这类老人的比例整体达到81.92%，为当前农村老人的主流生活状态。

表1 调查样本描述性分析

单位：人，%

变量	指标	人数	比例	变量	指标	人数	比例
性别	男	125	48.08	年龄	60~70岁	115	44.23
	女	135	51.92		70~80岁	94	36.15
					80岁以上	51	19.62
文化程度	不认字	122	46.92	生活状态	独居	46	17.69
	小学及以下	93	35.77		和老伴	81	31.15
	小学以上	45	17.31		和家人	132	50.77
					在养老院	1	0.38

三 河南农村老人医疗需求状态分析

农村老人医疗服务需求主要以老人身体状况及医疗照护等方面是否得到满足来说明。调查结果表明，河南农村老人健康意识较为薄弱，身体健康状况整体处于一般状态，两周患病率较高，患病时医疗照护主要依靠老伴及家人，医疗费用大部分由儿女负担和自我负担，医疗保险起到的作用不是非常突出，家庭医疗费用负担较重，影响了老人继续治疗的能力。

（一）农村老人普遍身体状况一般，医疗需求较大

由表2可知，三个年龄段老人都呈现自我认为身体状况一般的特点，60~70多年龄段的老人中，48.67%的老人认为自己身体状态一般，70~80岁老人认为自己身体状态一般的占到39.08%，80岁以上老人中认为身体状态一般的比例接近于60~70岁年龄段老人的比例。整体来看，64.23%的老人认为自己身体状况"很好"和"一般"，这中间60~70岁老人对身体状态自我认知较好，其次为80岁以上老人，而70~80岁年龄段的老人认为身体状态"很好"和"一般"的比例是最低的，认为自己身体状况"较差"的比例最高，为40.23%，超过60~70岁老人的20.35%和80岁以上老人的33.33%。其中70岁以上老人认为身体状况"一般""较差""很差"的比例远超过70岁以下的老人。这个结果和当前河南人口平均寿命为74.57岁比较吻合，70~80岁可以视为"疾病多发"的特殊阶段，老人对自我健康忧虑较多，而在年龄超过80岁之后，反而出现"释然"的积极心态，有助于老人健康肌体的维护。

表2 河南农村老人身体状况自我认知情况

单位：人，%

年龄 状况	60~70岁		70~80岁		80岁以上		总计	
	人数	比例	人数	比例	人数	比例	人数	比例
很好	31	27.43	13	14.94	5	8.33	49	18.85
一般	55	48.67	34	39.08	29	48.33	118	45.38
较差	23	20.35	35	40.23	20	33.33	78	30.00
很差	4	3.54	5	5.75	6	10.0	15	5.77

慢性病是老人面临的普遍性疾病，也是影响老人身体健康的主要原因，从老人慢性病患病率来看，有159人患有慢性病，占被调查对象的

61.15%，大部分老人都在忍受慢性病的折磨，但只有 26 人（仅占慢性病老人的 16.35%）选择定期去医院接受治疗，而大部分人选择了"自己买药在家吃"和"不看，自己坚持"，"自己买药在家吃"的比例最高，达到 75.47%，"不看，自己坚持"的有 13 人，占比 8.18%（见表3）。

表3 农村老人慢性病患病率及其治疗状况

单位：人，%

有无慢性病	治疗方式	人数	比例
有	不看，自己坚持	13	8.18
	自己买药在家吃	120	75.47
	定期去医院治疗	26	16.35
无		101	38.85

再从两周患病率来看，根据调查结果，河南农村老人两周患病率为 51.92%，其中"过去两周有过小病"的比例为 43.84%，"过去两周有过大病"的比例为 8.08%，超过一半的老人在过去的两周遭受过疾病的痛楚，"过去两周无患病经历"的仅为 48.08%。

在"平时身体不舒服（感冒、拉肚子等小病）的第一选择"中，大部分老人选择了"村卫生室"和"自己买药吃"，比例分别为 41.15%、40.77%，紧随其后的为"不管它"，比例为 8.08%，选择"镇卫生院"的为 4.62%，选择"县级及以上医院"的比例为 5.38%。

（二）农村老人潜在健康管理意识较强，但健康管理需求未得到满足

健康体检是发现潜在疾病并做出提前预防治疗的有效手段，与当前社会成员健康体检意识逐渐增强的状况相比，农村老人的健康体检意识普遍不强，对健康体检效果的认同也不大相同。

调查结果显示，农村老人中感觉有必要进行健康体检的人数为 144 人，占被调查对象的 55.38%，表明农村老人健康管理的意识较强，比较注重自

我身体的健康状况。但这种健康管理的意识，在自身以及其他外部条件的制约之下，并没有真正转化为健康管理行动。

认为有健康体检必要的老人中，并非都能够实际进行健康体检行为。在调查中发现，接受过定期体检的老人仅为 101 人，占比 38.85%，绝大部分老人并未进行过健康体检，其比例达到 61.15%。在 38.85% 的体检老人中，认为"定期体检效果挺好，能够了解自身身体状况"的超过了 50%，但也仅为 56.44%；34.65% 的老人感觉"一般，发现不了什么问题"和"流于形式"，其中"一般，发现不了什么问题"的比例为 20.79%，感受到健康体检"流于形式"的为 13.86%，认为发现不了问题和流于形式的老人超过被调查对象的 1/3，出于这种认识，他们今后也不会再选择健康体检，转而认为"没有必要进行健康体检"，造成老人潜在疾病难以提早发现，从而引起医疗费用的增加及其疾病治疗可能性的降低。

认为没有必要进行健康体检的人接近一半，达到 116 人，占 44.62%，反映出相当一部分老人缺乏健康管理的意识，缺少提前预防、提早发现、尽早治疗的习惯。选择没有接受过健康体检的老人为 159 人，其原因呈现多样性，"体检机构太远不方便"的为 31 人，比例为 19.50%，"没有人组织"的为 51 人，比例为 32.08%，"不信任"的为 15 人，占比 9.43%，"经济原因"的为 62 人，占到 38.99%。

从这个结果可以看出，接近一半的老人因为客观原因，即体检机构太远和没人组织未能进行健康体检，有健康体检意愿而出于个人经济原因未进行体检的老人超过 1/3，这部分老人的健康体检意愿或者潜在的医疗需求在政府进行一定补助的情况下会得到满足，通过宣传的方式，消除老人的不信任心理，也会使老人的健康体检意愿得以转变成实际行动。

（三）老人医疗需求的就医便易性较强，但需求满意度较低

增强居民的就医便易性，使常见病得到及时治疗，是国家和社会满足居民医疗服务需求的重要目标，特别是当前农村空心化严重的情况之下，这种医疗需求的可及性对于老人来讲尤为重要。

由图1可以发现，大部分农村老人都能够在就近的医疗点及时得到医疗服务，75.76%的老人居住地在医疗机构2公里之内，距离3~4公里的占11.92%，5公里以上的占12.31%，这表明大部分农村老人在患病时能够在较短的时间内获得医疗服务。

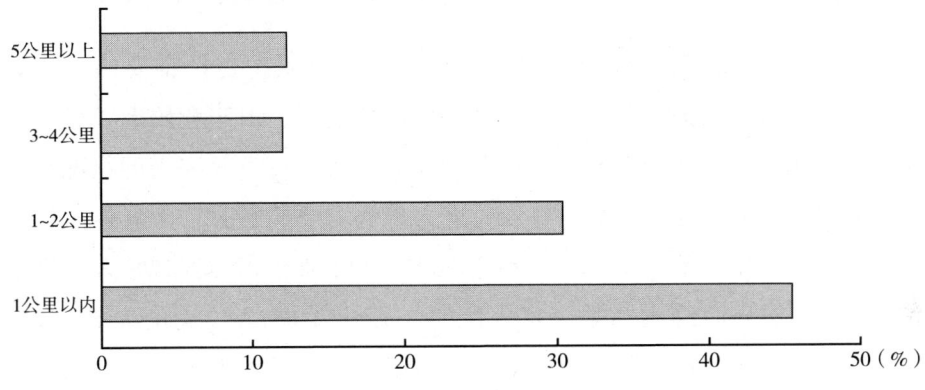

图1 老人居住地和最近医疗机构的距离

就近可以获取医疗服务，并不意味着能够获得医疗水平较高的医疗服务。调查结果显示，大部分老人认为最近的医疗机构医疗水平一般，医疗设施缺乏或者没有相应的医疗设备。被调查老人中只有49人认为医疗机构的医疗水平较高，设施一般和较好，占比18.85%；大部分老人则认为医生水平一般，医疗机构设施缺乏以及一般，比例达到81.15%（见表4），老人们表示"难以满足需要"，"简单地看看病，给点药吃"，"稍微严重一点的病都看不了，检查也做不了"。

表4 最近的医疗机构医疗水平

单位：人，%

最近的医疗机构医疗水平如何	人数	比例
医生水平一般,缺乏设施	84	32.31
医生水平一般,设施一般	127	48.84
医生水平较高,设施一般	38	14.62
医生水平较高,设施较好	11	4.23

由此可以看出，医疗机构虽然距离老人的居住地较近，但其仍停留在"简单地看病拿药"的水平，距离真正满足老人治疗疾病需要的要求还较远。

（四）医疗照护多依赖于家人或自己，专业性的医疗照护匮乏

老人在患病后除了接受治疗服务之外，医疗照护也是重要的一个方面，适当的医疗照护有助于老人身体健康的恢复，但由于我国老人长期护理制度的缺失，大部分老人的医疗照护还处于依靠自身及家人的状况，调查结果充分验证了这一判断。在农村老人患病需要照顾时，由老伴照顾和儿女照顾的分别占到了 37.31% 和 37.69%，分别有 97 人和 98 人，说明农村老人在患病时绝大多数由家人照顾。另外有 64 人。比例为 24.62% 的老人选择自我照顾，这部分老人大多是因为独居或者不想给儿女添加麻烦，在身体状况允许的情况下独自承担了医疗照顾的活动。而由护工等专业人员进行照顾的仅有一人，占比 0.38%，这位老人之所以选择护工服务，是因为家庭条件较好，儿女经济收入较高，可以给予足够的经济支持。大部分老人选择自我照顾或者家人照顾，其原因在于"没有被外人照顾的习惯""经济条件不允许"。在调研中，不止一位老人表示："生病需要照顾时，尽可能不去麻烦别人，就是自己的儿女也不想去麻烦他们，除非是没有办法了。只要有一点办法，都是自己尽可能地照顾自己，再说还有老伴呢，老伴也能够照顾我。""找外人（护工等专业人员照顾）心里不舒服，感觉不方便啊，哪有自己人照顾自己方便？再说得花钱吧，找个保姆还得不少钱呢，哪有钱啊！""要是我们真有钱，钱多的话，找个外人照顾也好啊，儿女们都很忙，成天打工不在家，收入也不高，还很辛苦，不能给他们增加负担啊，能自己照顾自己就不告诉他们，也没钱花钱找人照顾！"

从中可以看出，农村老人有着专业医疗护理的需求，但出于经济原因，大多数选择了自我照顾或家人照顾，希望儿女照顾的同时，也要考虑儿女外出打工不在身边等因素，这也是自我照顾比例较高的原因，但这种家庭式的

医疗照护在当前农村空心化的情况之下，势必逐渐被专业医疗照护取代，可专业性医疗照护所需要的费用成为老人医疗照护需求难以得到满足的重要因素。

（五）医疗费用负担在合理范围内，但压力较大，存在放弃治疗现象

医疗费用负担主要集中在住院治疗方面，相对于"家门口看病买药"来讲，老人医疗费用的负担较重是指大病治疗时的住院医疗费用。在"最近一年有无住院经历"的调查中，绝大多数老人都有过住院经历，人数为220人，占到被调查老人总数的84.62%，只有40位老人最近无住院记录，比例为15.38%。而在住院花费方面，2000元以内的有140人，占63.64%，2000~5000元的有39人，比例为17.73%，比例为18.64%的老人住院医疗费用超过5000元。

老人的医疗费用主要是自我负担和儿女负担，其中儿女负担占到50.77%，老人自我负担的比例为43.85%，自我负担但需要借钱的占5.38%，家人和亲戚朋友仍然是老人面对医疗费用时的主要解决途径。在医疗费用负担压力方面，63.85%的老人认为当前医疗费用负担"还可以，能够承担得起"，25.77%的老人认为"负担过重，难以承受"，8.85%的老人认为"压力很大，但咬牙坚持治病"，另外有1.54%的老人表示医疗费用过重，"无力承担，放弃治疗"。

医疗费用负担一直是当前我国居民面临的重要压力，对农村老人来讲，其医疗费用问题更加突出，出于自身收入低或无收入、儿女工作不稳定等原因，农村老人医疗费用缺乏稳定的支撑体系，大多依靠儿女或者亲戚朋友。整体来看，虽然超过一半的老人认为能够承担得起，但感觉负担过重难以承受和咬牙坚持治病的比例仍然达到34.62%，超过被调查老人总数的1/3，一旦超过承受的压力范围，就会出现老人无力承担医疗费用而放弃治疗的现象，"看病贵"的问题仍未得到有效解决。

（六）医疗保险实际效果有限，不足以支撑老人医疗需求

据统计，我国农村居民医疗保险参保比例已达到97%以上，随着医保报销比例的不断提高，医疗保险成为保障农民健康的守护神。从调查结果来看，在为何参加居民医保的回答中，74.4%的老人选择"感觉有用，看病有补偿，心里也有安全感"，这表明大部分农村老人对居民医保有着强烈的心理认同感；有19.2%的老人参保原因是"随大流，村里大部分人参加了"，表明居民医保的制度号召力推动了老人参保；4.8%的老人是"被动参加，村里要求的"，只有1.6%的老人是出其他原因，比如低保对象参保无须缴费等。调查对象中只有10位老人未参加医疗保险，占3.85%，其未参保的原因中，第一位为"不信任，看病还得靠家人"，有5人，占比50.0%，第二位为"没钱缴纳医保费"，有4人，占40.0%，只有1人是因为"不知道有居民医保"。这个调查结果和我国政府公布的参保率基本吻合，虽然关于具体的未参保原因目前研究较少，但自我意识问题和经济原因起到了主要作用。

在参保老人之中，只有57位老人回答"报销比例较高，对看病很有帮助"，约占22.8%；而回答"报销比例一般，帮助程度不大"的老人超过了50%，有141人，占比56.4%；回答"报销比例低，对看病没有帮助"的有52人，占20.8%的比例，即只有不到1/3的老人对医疗保险持正面的积极态度，而超过2/3的老人则倾向于消极态度，对医疗保险降低医疗费用、促进老人医疗需求得以满足的作用给予了否定。

从以上调查数据中我们可以推断，大多数老人无论其参保的原因有何不同，都对医保抱有非常强烈的期望，认为有了医保"看病能报销，能省很多钱"，可实际结果却出现了效果一般、帮助有限的消极倾向性回答，其原因在于农村老人对于医保制度、报销政策等的不理解，其期望和现实之间的落差导致了该问题的出现。

在是否了解居民医保相关政策（起付线、封顶线、报销范围、报销比例等）方面，非常了解和比较了解居民医保政策的老人只占7.6%，了解一

部分的占到22.8%，而选择不太了解和完全不了解的则分别达到32.4%和37.2%，表明河南农村老人对于医保只具备一个基本的概念，而对具体政策的认识，比如事关医疗费用的起付线、报销比例和报销范围等基本处于空白状态。在这种情况下，如若发生较大的医疗费用问题，直接就导致老人产生"医疗保险不是报销的吗？""有医疗保险还要缴费，费用还这么高？"等的心理落差，当再次产生医疗服务需要时，很多老人出于医疗费用的考虑，会出现降低医疗服务需求或者不再接受医疗服务的现象。

（七）老人医疗需求服务整体满意度较低，"重基层、保基本"的目的未能体现

为正确获取农村老人对医疗需求服务的满意度，本次调查从个人因素、机构因素和医保因素三个方面入手，对每个方面分别进行分解并按照满意程度的高低赋予5~1分的分值，个人因素分为健康状况、家庭负担比、医疗照护、医疗费用、总体水平，机构因素分为医疗水平、就医便易性、诊疗费用、照护水平、服务态度、总体水平，医保因素分为宣传力度、报销比例、事前预防、保险费率、总体水平等指标，满意度从低到高分别为很不满意（1分）、不太满意（2分）、一般（3分）、比较满意（4分）、非常满意（5分），分值最后按照平均分来评价总体满意度。根据测算结果，就满意度来讲，个人因素平均分为2.92分，机构因素为2.99分，医保因素为2.53分，表明在农村老人医疗服务需求满意度上，机构起到的作用最大，主要表现在就医便易性和服务态度上，而个人因素的满意度排在第二位，主要体现在医疗照护和家庭负担比方面，而老人对医保因素表现出较低的满意度，其不满意主要表现在宣传力度、报销比例和保险费率方面。

但无论是机构因素、个人因素还是医保因素，农村老人的满意度平均分值都未达到"一般（3分）"，只是在个人和机构方面接近于一般的水平，表明在满足农村老人医疗需求方面，居民医保并未真正地发挥其"重基层、保基本"的积极作用。

四 结论与建议

在政府积极推行农村新型合作医疗的背景下，农村老人医疗服务需求状况有所改善，但整体满意度仍然较低。农村地区优质医疗资源缺乏，医疗保险报销力度较小，农村老人收入缺乏或较低，制约了农村老人医疗需求的进一步满足。特别是大多数老人体力衰退、身体患病，加上经济能力一般，"无钱看病""看病难""因病致贫"的问题普遍存在，由于承担不起沉重的医疗费用，只能"小病扛""大病挨"。提高农村老年人的医疗需求满意度，要整体考虑老人、医保、政府等各方面的因素，根据农村老人的实际需求和困难，出台具有针对性的政策，为农村老人医疗服务需求的改善做出更大努力。

（一）加强老人健康教育和疾病预防工作

在老龄化的背景下，农村老人医疗保障问题日益突出，农村老人出于经济收入、文化意识、身体条件等原因，预防疾病意识不强，政府应该针对农村老人搞好健康教育和健康体检，提高健康体检的效果，做到提前预防。

老年人的身心健康是影响老年人卫生服务的重要因素，应对农村老年人加强健康教育、健康指导，宣传医学保健知识，引导老年人注重疾病的预防。随着生活水平的不断提高，老年人的自我保健意识普遍增强，但他们往往缺乏系统而正规的自我保健知识，需通过开展健康教育，宣传医疗保健知识，有效地提高农村老年人的健康知识水平，如卫生服务机构应更多地开设健康课堂及定期体检活动，采用通俗易懂的教育形式，让农村老年人获得必要的保健知识，尤其是要将防治老年人的慢性疾病作为工作重点，帮助老年人改善健康状况。

（二）实施老人医保倾斜政策，扩大慢性病报销范围并提高比例

农村老人普遍收入不高，居民医保对老人缺乏倾斜性照顾，重大疾病实

际报销比例偏低，慢性病报销目录较少，导致农村老年人无法及时支付高昂的医疗费用，农村老年人"看病难"特别是"看病贵"的问题仍未得到根本解决。

应加大医疗保险政策的宣传力度，在不违背农村老年人意愿的前提之下适当提高参保筹资水平，政府方面应加大补贴力度，不断提升居民医保报销水平，出台针对农村老人医疗保险报销的倾斜政策，将门诊费用纳入医保报销的范围，提高医疗保险对老人重大疾病医疗费用的报销比例，降低老人的医疗费用负担。

老年人多患有慢性病，患病率为74.35%，疾病谱较广，需要长期服药，目前纳入居民医保报销范围的慢性病仅10种，加之医疗保险对于慢性病的报销较少，老人慢性病负担较重，降低了其对居民医保的满意度。近年来，新农合基本用药目录虽有增加，但仍不能满足农村老年人用药的需要，尤其是中医中药，农村老年人对中医药信赖度较高，进一步扩大中医药的报销范围，有助于农村老人慢性病的治疗，提高其医疗服务需求满意度。

（三）提高农村经济活力，提升医疗服务供给能力

在农村空心化加深的情况下，老年人身边无子女陪伴，影响到老人医疗照护需求的满足，政府应扶持和发展农村经济，推进农村社会保障体系建设，促进农村和谐发展，有效遏制空心化带来的负面效应。只有农村经济不断发展，才能留住农村青壮年就近就业或发展特色农业、养殖业，以更好地照顾家中老人。

加大医疗卫生资源对农村地区的投入，提高基层医疗机构的医疗水平，使得农村老人能够就近获取优质的医疗服务。政府应加大对农村基础医疗设施的投入，加强农村医护人员的培养，提高其专业素质；对于基层的医护人员，要提高福利待遇，并建立乡、县、市各级医院之间轮回学习及指导制度，以提升医疗水平和稳定乡村医疗队伍。

评 价 篇

Evaluation

河南省宜居城市调查分析

梁思源　顾蕴韬*

摘　要：　本文以2016年河南省宜居城市调查问卷和2016年河南省统计年鉴为数据来源，从政治文明度、社会和谐度、经济发展度、环境优美度、生活便宜度、城市喜爱度几个维度对河南省18个地市的宜居程度进行测评。本研究以社会治理为出发点，从政府质量和居民社会生活两个维度，对宜居度相关因素进行分析，找出与宜居度相关程度较高的影响因素。此外，找出影响各地市宜居程度的优势因素与限制因素，为各地进一步提升宜居度提供参考依据。调查发现，总体来看，河南省宜居情况较好，济源、漯河两个地市的宜居指数远高于其他城市，而安阳、商丘、周口的宜居指数相对较低；政治文明、社会和谐与环境问题是河南省社

---

* 梁思源，郑州大学公共管理学院讲师，社会治理河南省协同创新中心研究员，研究方向为社会治理与社会发展、土地资源管理；顾蕴韬，郑州大学公共管理学院2016级行政管理专业硕士研究生。

会建设发展中的薄弱环节，有待改善；居民对城市的喜爱度随居住时间先降后升；大部分居民不满意现有居住条件。建议加强民主参与和政务公开，提升政府形象；注重城市绿化和环境保护，改善城市生态；推动经济发展和市政建设，改善人民生活；发展民间组织与社区服务，维护社会和谐。

关键词： 河南　宜居城市　宜居度　宜居度评价

　　宜居城市是指适宜人类居住和生活的城市，其应当具有良好的居住环境、人文社会环境和生态自然环境，既达到一定程度的经济发展，又保证为居民提供绿色、和谐、便利的生活环境。随着河南省城市化建设进程不断加快，城市发展目标逐渐由扩张人口数量和空间规模向丰富城市内涵和提升居民生活质量转变。宜居城市评价作为对城市适宜居住程度的综合评价，对于研究城市的宜居程度、指导宜居城市建设具有重要意义，在一定程度上能够为评判社会治理能力和水平提供参考，反映城市发展的协调程度和融洽状况。2016年政府工作报告明确指出，要在生态文明建设、保障和改善民生、创新社会治理等方面加大工作力度，提升人民群众的幸福感。在此背景下，本文以2016年12月社会治理河南省协同创新中心在全省18个地市开展的"河南省宜居城市调查"结果和2016年河南省统计年鉴数据为依据，对省内各地市宜居程度进行分析评价，并在此基础上提出提升城市宜居度的对策建议。

一　样本分析

　　本文的分析样本主要来源于2016年12月开展的"河南省宜居城市调查"和2016年河南省统计年鉴相关数据。宜居城市调查侧重于收集城市居民对于城市环境、公共服务、经济发展、社会和谐等方面的满意度,统计年鉴提供具体翔实的统计数据作为补充信息。

社会治理河南省协同创新中心于2016年12月19日至23日开展了"河南省宜居城市调查",调研结果为本文提供了有效的数据支撑。此次问卷调查涉及全省18个地市,调查累计发放问卷4100份,回收有效问卷4014份,有效问卷回收率为97.9%。在问卷数量分布上,综合考虑人口等社会经济要素,郑州市发放问卷最多,回收有效问卷508份;其次是洛阳市,有效问卷共计302份;其余各地市发放问卷200份左右。课题组围绕居民公共服务满意度、法治建设情况、社会参与意愿、政府建设、居民生活以及社会和谐等方面进行了问卷调研。此次调查团队由96名郑州大学公共管理学院的研究生、本科生组成,为了保障调查的科学性和代表性,本次调查采取等距抽样方法,每个地市抽取两个街道,每个街道抽取4个居民委员会,在所抽取到的居民委员会范围之内开展偶遇调查。

调查样本中男性为1703人,女性为2304人,比例分别为42.5%、57.5%。调研对象中,绝大多数为当地户籍人口,占总数的84.6%。大多数调研对象都为当地常住人口,居住三年以上的人口占总数的86.9%。调研对象的文化程度主要集中在高中及以上学历,占六成以上,具体来说,初中及以下1328人,高中或中专1540人,大专738人,本科及以上401人,分别占样本总量的33.15%、38.43%、18.42%、10.00%。调查对象以中青年为主,30岁以下1021人,30~45岁1407人,46~60岁1149人,60岁以上434人,分别占样本总量的25.45%、35.08%、28.65%、10.82%。从职业分布来看,普通工人最多,有1121人,占总数的27.9%,然后依次是个体工商户1071人、农民工或农民425人、机关事业单位人员420人、专业技术人员或高级管理人员179人、私营企业主172人,分别占总样本量的26.7%、10.6%、10.5%、4.5%、4.3%,此外,还有15.5%的人员属于其他职业。从年收入来看,大多数人的收入集中在1万~5万元(见表1)。

表1 调查样本描述分析

单位：%

变量	指标	比例	变量	指标	比例
性别	男	42.5	年龄	30岁以下	25.45
	女	57.5		30～45岁	35.08
户籍所在地	本地	84.6		46～60岁	28.65
	外地	15.4		60岁以上	10.82
居住时间	半年以下	2.1	文化程度	初中及以下	33.15
	半年到一年	4.2		高中或中专	38.43
	一年到三年	6.8		大专	18.42
	三年以上	86.9		本科及以上	10.00
职业	个体工商户	26.7	年收入	1万元以下	2.36
	私营企业主	4.3		1万～2万元	40.62
	机关事业单位人员	10.5		2万～3万元	22.89
	专业技术人员或高级管理人员	4.5		3万～5万元	20.84
	普通工人	27.9		5万～10万元	11.52
	农民工或农民	10.6		10万元以上	1.76
	其他	15.5		—	

二 河南省宜居城市评价指标体系

国内外学者对于宜居城市评价指标体系有着众多设计。对于宜居城市内涵的理解有广义和狭义之分：狭义的宜居城市是指气候条件宜人，生态景观和谐，人工环境优美，治安环境良好，适宜居住的城市，这里的"宜居"仅仅指适宜居住；广义的宜居城市则是指人文环境与自然环境协调，经济持续繁荣，社会和谐稳定，文化氛围浓郁，设施舒适齐备，适于人类工作、生活和居住的城市，这里的"宜居"不仅是指适宜居住，还包括适宜就业、出行及教育、医疗、文化资源充足等内容。国外学者大多倾向于狭义概念，国内学者大多倾向于广义概念。[①] 随着城市发展，市民对于

---

① 王先鹏：《国内宜居城市评价研究述评》，《住宅产业》2013年第1期。

城市提供的各项资源的质量有着越来越高的要求，对于城市宜居程度的考察也越来越细致。因此，本研究选择在广义宜居城市内涵的指导下设计评价指标体系。该体系由政治文明度、社会和谐度、经济发展度、环境优美度、生活便宜度、城市喜爱度六个一级指标组成，共包含23项二级指标、53项三级指标（见表2）。对城市的喜爱程度是市民对于所居住城市的总体感受，综合了市民对于城市政治文明、社会和谐、经济发展、环境绿化、生活便宜程度的总体考量，能够在很大程度上反映出城市的宜居情况，因而将其设定为重点分析指标，纳入评估体系中。

表2 宜居城市评价指标体系

一级指标	权重	二级指标	权重	三级指标	权重
政治文明度	0.1	遵纪守法	0.02	居民遵守法律情况	0.01
				政府遵守法律情况	0.01
		政务公开	0.01	政府政务公开满意度	0.005
				政府网站满意度	0.005
		民主监督	0.01	政府民意反映渠道满意度	0.005
				居民反映问题主动性	0.005
		政府形象	0.04	对政府的信任度	0.01
				当地干部作风	0.01
				政府廉洁状况	0.01
				法院判决公正度	0.01
		行政效率	0.01	行政服务中心办事效率	0.01
		民主参与	0.01	参与公共事务的意愿	0.005
				参与公共事务的状况	0.005
社会和谐度	0.1	贫富差距	0.02	城乡收入比	0.02
		就业与保障	0.02	就业率	0.005
				就业服务满意度	0.005
				社会保障满意度	0.01
		社区服务	0.01	社区服务满意度	0.01
		民间组织	0.01	民间组织发展	0.01
		社会稳定	0.04	每万人刑事罪犯人数	0.004
				食品安全性评价	0.004
				社会安全度评价	0.008
				矛盾纠纷化解	0.008
				社会公平评价	0.008
				社会和谐评价	0.008

续表

一级指标	权重	二级指标	权重	三级指标	权重
经济发展度	0.1	经济发展水平	0.02	人均GDP	0.01
				第三产值贡献率	0.01
		经济富裕度	0.08	城镇居民人均可支配收入	0.016
				城镇居民消费水平	0.016
				城镇居民家庭人均恩格尔系数	0.016
				收入满意度	0.016
				生活成本	0.016
环境优美度	0.3	生态环境	0.24	人均绿化覆盖面积	0.024
				人均公园绿地面积	0.024
				建成区绿化覆盖率	0.024
				绿化满意度	0.048
				生态环境满意度	0.12
		人文环境	0.03	人文环境满意度	0.03
		城市景观	0.03	城市规划和市容市貌满意度	0.03
生活便宜度	0.3	城市交通	0.06	人均拥有道路面积	0.03
				交通服务满意度	0.03
		商业服务	0.03	商业服务满意度	0.015
				物流服务发展程度	0.015
		市政服务	0.06	市政设施和市政服务满意度	0.06
		教育文化休闲	0.06	每百万人健身场地设施数	0.015
				每百万人口公共图书馆数	0.015
				广播电视覆盖率	0.015
				教育服务满意度	0.015
		居住条件	0.06	住房满意度	0.06
		公共卫生与养老	0.03	每百万人口医疗卫生机构数量	0.0075
				医疗服务满意度	0.0075
				养老服务满意度	0.015
城市喜爱度	0.1	喜爱度	0.1	对城市的喜爱度	0.1

资料来源：评价体系参考建设部《宜居城市科学评价标准》，2007年4月；李丽萍、吴祥裕《宜居城市评价指标体系研究》，《中共济南市委党校学报》2007年第1期；顾文选、罗亚蒙《宜居城市科学评价标准》，中国城市网；张文忠《宜居城市的内涵及评价指标体系探讨》，中国城市科学研究会会议论文集。

本报告将全省及18个地市各项指数按百分制进行计算，其中调查问卷五分量表得到的数据以非常好100分、比较好80分、一般60分、不太好40

分、非常差 20 分的标准进行赋值计算，统计年鉴数据根据全国和河南省平均水平选取标准值，对指标进行标准化后赋值计算。以此得出的全省及 18 个地市各项三级指标得分，通过加权计算进而得出二级指标及一级指标得分，用以综合判定全省及各地市的宜居程度（见表 3）。

表 3　宜居城市评价指标评分标准

指标	评分标准
满意度	非常好 100 分,比较好 80 分,一般 60 分,不太好 40 分,非常差 20 分
城乡收入比	100 -（城乡收入比 - 标准值）/标准值 * 100
	标准值 1.8（负指标）
就业率	就业率/标准值×100
	标准值 80%
每万人刑事罪犯人数	100 - 每万人刑事罪犯人数（人）
人均 GDP	人均 GDP/标准值×100
	标准值 4 万元
第三产值贡献率	第三产值贡献率/标准值×100
	标准值 50%
城镇居民人均可支配收入	城镇居民人均可支配收入/标准值×100
	标准值 2.5 万元
城镇居民消费水平	城镇居民消费水平/标准值×100
	标准值 1.5 万元
城镇居民家庭人均恩格尔系数	59% 以上为 0 分,50% ~ 59% 为 25 分,40% ~ 50% 为 50 分,30% ~ 40% 为 75 分,低于 30% 为 100 分
人均绿化覆盖面积	人均绿化覆盖面积/标准值×100
	标准值 10 平方米
人均公园绿地面积	人均公园绿地面积/标准值×100
	标准值 3 平方米
建成区绿化覆盖率	建成区绿化覆盖率/标准值×100
	标准值 40%
人均拥有道路面积	人均拥有道路面积/标准值×100
	标准值 15 平方米

续表

指标	评分标准
每百万人健身场地设施数	每百万人健身场地设施数/标准值×100
	标准值 80 个
每百万人口公共图书馆数	每百万人口公共图书馆数/标准值×100
	标准值 2 个
广播电视覆盖率	广播电视覆盖率/标准值×100
	标准值 100%
每百万人口医疗卫生机构数量	每百万人口医疗卫生机构数量/标准值×100
	标准值 8 个

三 河南省各地市宜居度评价

城市的宜居程度不仅体现了城市居民生活环境的总体情况，也在很大程度上反映了当地政府的社会治理能力和水平。对城市宜居度的测量包括当地居民主观感受和城市发展客观指标两方面。为了更准确地了解市民的态度，在问卷设计方面采用多维度测量方法，不直接就被调查者的宜居感受进行提问，而是采用比较复杂的量表从多个维度对被调查者进行全面衡量。将实地调研取得的数据和 2016 年河南省统计年鉴相关数据进行结合分析后，对河南省各地市宜居度做出了以下几点评价。

（一）河南省城市整体宜居情况较好

测算结果表明，河南省居民整体生活在比较宜居的环境中。综合政治文明度、社会和谐度、经济发展度、环境优美度、生活便宜度和城市喜爱度六大指标得分，计算出全省宜居指数的平均分为 73.57 分，属于较高水平。分地市来看，济源、漯河、许昌的宜居度得分位列前三名，分别为 80.7 分、79.8 分和 77.4 分；此外，焦作、洛阳、信阳、三门峡、鹤壁、濮阳、南阳的宜居指数都高于全省平均水平；而安阳、商丘、周口的宜居指数相对较低（见图1）。

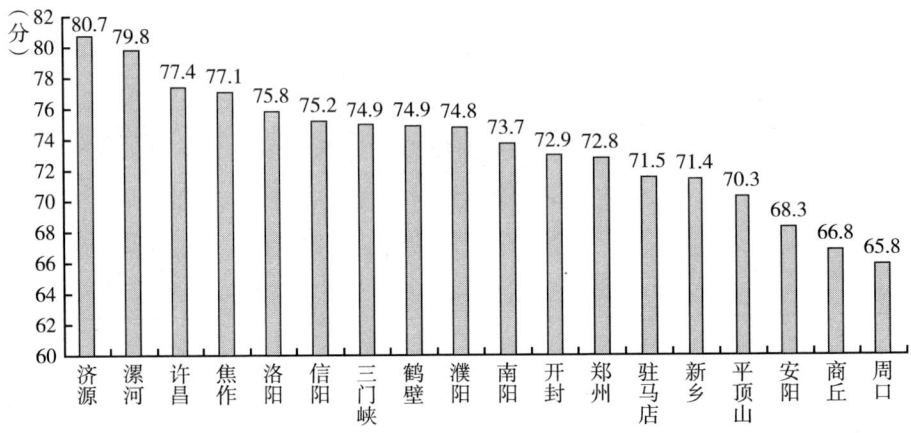

图1　18个地市宜居指数排名

政治文明度方面，各地市状况均未能令人满意；许昌、济源、漯河得分较高，驻马店、三门峡、焦作、濮阳、南阳、信阳高于全省平均水平，安阳、平顶山、开封排名靠后。社会和谐度方面，许昌、济源领先其他地市，平顶山、洛阳名列最后，各地市得分总体差别不大。经济发展度方面各地市差别较大，排名第一的郑州与排名最后的周口得分相差17.5分；郑州、许昌、洛阳、焦作、济源领先于全省其他地市。环境优美度方面，济源、洛阳、漯河得分较高，分别为86.8分、83.8分和83.4分，周口得分最低，仅为56.9分；南阳、新乡、平顶山、安阳、驻马店、商丘得分低于全省平均值。生活便宜度方面，漯河、济源、信阳得分位列前三，郑州市得分最低，为64.1分。城市喜爱度方面，18个地市得分在67～86分，差值较大；信阳、许昌两市得分领先其他地市；信阳、许昌、济源、洛阳、漯河、南阳、驻马店、三门峡的得分高于全省平均值；新乡、平顶山、安阳的城市喜爱度较低（见表4、图2）。

河南省宜居城市调查分析

表4 宜居城市评价指标得分及排名

单位：分

城市	宜居度 得分	宜居度 排名	政治文明度 得分	政治文明度 排名	社会和谐度 得分	社会和谐度 排名	经济发展度 得分	经济发展度 排名	环境优美度 得分	环境优美度 排名	生活便宜度 得分	生活便宜度 排名	城市喜爱度 得分	城市喜爱度 排名
济源	80.71	1	70.16	3	78.54	2	82.08	5	86.81	1	77.65	2	83.00	3
漯河	79.76	2	70.22	2	77.17	3	81.16	7	83.43	3	79.25	1	81.10	5
许昌	77.43	3	70.66	1	78.80	1	84.78	2	77.62	7	74.43	7	84.00	2
焦作	77.11	4	67.53	6	77.01	4	83.39	4	79.71	5	75.66	6	77.10	9
洛阳	75.82	5	65.52	10	65.56	18	84.58	3	83.84	2	69.59	16	82.39	4
信阳	75.18	6	67.20	9	71.83	10	73.58	16	74.17	11	77.03	3	85.81	1
三门峡	74.95	7	67.56	5	73.12	6	78.64	10	76.65	8	74.36	8	77.30	8
鹤壁	74.89	8	63.81	15	72.74	7	78.84	8	80.12	4	73.96	9	71.30	15
濮阳	74.78	9	67.50	7	69.11	13	78.72	9	75.21	10	76.58	4	77.10	10
南阳	73.73	10	67.36	8	72.27	8	76.54	14	73.63	12	73.46	11	80.00	6
开封	72.94	11	62.02	18	69.78	12	81.78	6	75.75	9	70.57	15	77.00	11
郑州	72.81	12	64.30	12	75.34	5	85.27	1	78.52	6	64.09	18	75.45	13
驻马店	71.53	13	68.97	4	72.01	9	76.63	13	63.51	16	75.78	5	79.80	7
新乡	71.45	14	64.23	13	70.68	11	77.72	11	70.32	13	73.81	10	69.50	16
平顶山	70.26	15	62.81	17	66.89	17	76.20	15	69.74	14	72.78	12	69.29	17
安阳	68.32	16	62.94	16	68.36	14	76.98	12	64.71	15	71.21	13	67.20	18
商丘	66.81	17	65.47	11	67.00	16	68.63	17	61.53	17	69.10	17	75.22	14
周口	65.83	18	63.83	14	67.81	15	67.78	18	56.92	18	70.67	14	76.20	12
平均分	73.57		66.23		71.89		78.52		73.98		73.33		77.15	

（二）政治文明、社会和谐与环境问题是河南省社会建设发展中的薄弱环节，有待改善

六项二级指标中，政治文明度得分明显落后于其他各项，全省平均分仅

209

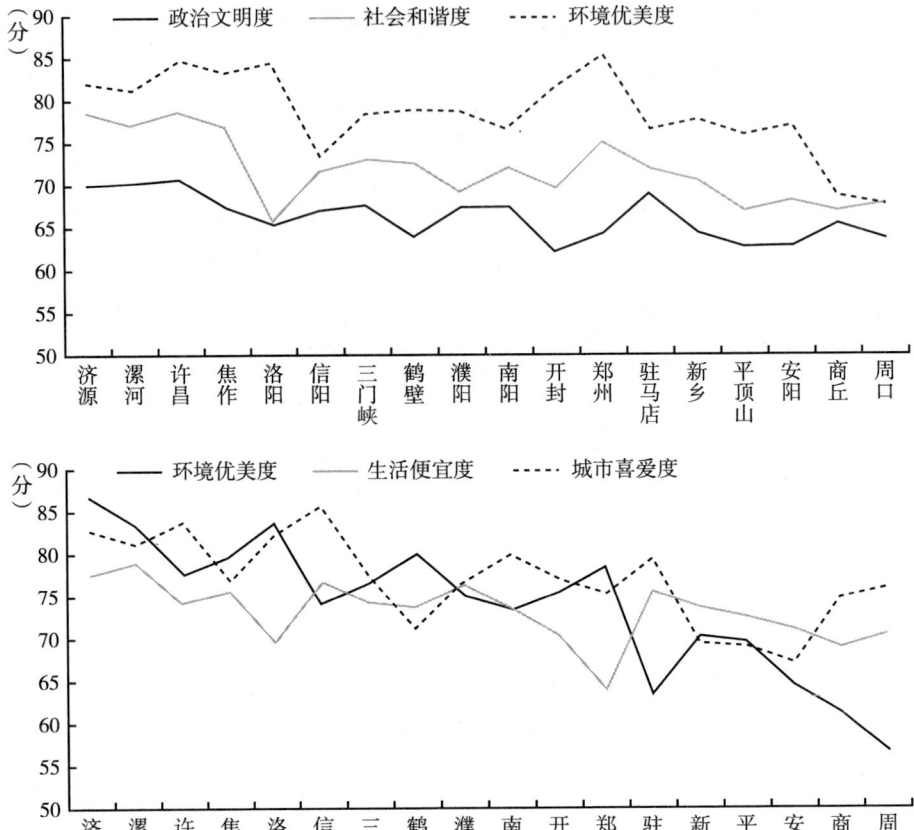

图2　18个地市宜居城市二级指标得分

66.23分（见图3），得分最高的许昌市也仅70.66分，说明政府在深化社会主义民主、提供行政服务、树立政府形象、提高行政效率等方面的工作还有待加强；在社会和谐度包含的三级指标中，社会公平评价的得分最低，全省平均仅64.75分，反映出当前社会公平状况不容乐观，影响社会和谐与社会稳定；环境优美度所包含的三级指标在各地市统计的分数差别较大，说明在城市绿化、生态环境保护等方面各地市存在较大差异，需要在投入资源时注意均衡性。可以说，改革政府管理模式、加大政务公开力度、营造和谐社会氛围、改善自然与人文环境，是河南省政府提升全省宜居水平的主要着力点。

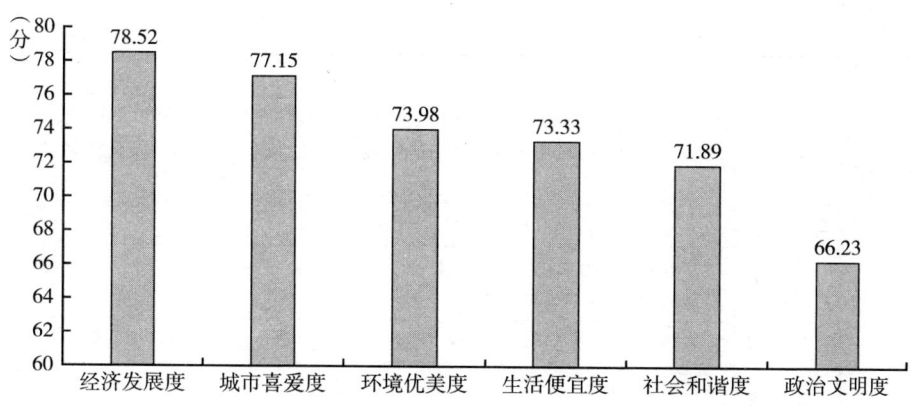

图3 宜居城市相关因素得分情况

（三）河南省18个地市影响宜居水平的优势因素与限制因素各有不同

对影响18个地市宜居度的相关因素进行赋值计算并进行对比分析，可以找出影响各地市宜居度的优势因素与限制因素。分析表明，影响各地市宜居度的优势因素和限制因素各不相同。如在贫富差距方面，郑州、济源、焦作优势最为明显，濮阳、商丘、洛阳的限制性最强；在生态环境方面，济源、洛阳、漯河优势最为明显，驻马店、商丘、周口的限制性最强（见表5）。

表5　各地市影响宜居度优势与限制因素分析

地市		因素分析
安阳	优势因素	贫富差距、经济发展水平、经济富裕度、城市交通、教育文化休闲、公共卫生与养老
	限制因素	遵纪守法、政务公开、民主监督、政府形象、行政效率、民主参与、就业与保障、社区服务、民间组织、社会稳定、生态环境、人文环境、城市景观、市政服务、居住条件
鹤壁	优势因素	贫富差距、经济发展水平、经济富裕度、生态环境、城市交通、教育文化休闲、公共卫生与养老
	限制因素	遵纪守法、政务公开、民主监督、政府形象、行政效率、民主参与、就业与保障、社区服务、民间组织、社会稳定、人文环境、城市景观、市政服务、居住条件

续表

地市		因素分析
济 源	优势因素	行政效率、贫富差距、就业与保障、社会稳定、经济发展水平、经济富裕度、生态环境、人文环境、城市景观、城市交通、商业服务、市政服务、教育文化休闲、公共卫生与养老
	限制因素	政务公开、政府形象、民间组织、居住条件
焦 作	优势因素	贫富差距、就业与保障、经济发展水平、经济富裕度、生态环境、城市交通、教育文化休闲、公共卫生与养老
	限制因素	政务公开、民主监督、政府形象、民主参与、民间组织、城市景观、居住条件
开 封	优势因素	贫富差距、经济发展水平、经济富裕度、生态环境、人文环境、城市交通、教育文化休闲
	限制因素	遵纪守法、政务公开、民主监督、政府形象、行政效率、民主参与、社区服务、民间组织、社会稳定、城市景观、市政服务、居住条件、公共卫生与养老
洛 阳	优势因素	经济发展水平、经济富裕度、生态环境、人文环境、教育文化休闲
	限制因素	遵纪守法、政务公开、民主监督、政府形象、行政效率、民主参与、贫富差距、社区服务、民间组织、城市交通、市政服务、居住条件、公共卫生与养老
漯 河	优势因素	贫富差距、就业与保障、社区服务、民间组织、社会稳定、经济富裕度、生态环境、城市景观、城市交通、商业服务、市政服务、教育文化休闲、公共卫生与养老
	限制因素	政务公开、民主监督、政府形象、民主参与、居住条件
南 阳	优势因素	就业与保障、社会稳定、经济发展水平、经济富裕度、城市交通、商业服务、教育文化休闲
	限制因素	政务公开、民主监督、政府形象、行政效率、民主参与、居住条件
平顶山	优势因素	经济发展水平、经济富裕度、城市交通、教育文化休闲、公共卫生与养老
	限制因素	遵纪守法、政务公开、民主监督、政府形象、行政效率、民主参与、贫富差距、就业与保障、社区服务、民间组织、社会稳定、人文环境、城市景观、市政服务、居住条件
濮 阳	优势因素	就业与保障、经济发展水平、经济富裕度、生态环境、城市景观、城市交通、商业服务、教育文化休闲、公共卫生与养老
	限制因素	政务公开、民主监督、政府形象、民主参与、贫富差距、居住条件
三门峡	优势因素	贫富差距、经济发展水平、经济富裕度、人文环境、城市景观、商业服务、教育文化休闲、公共卫生与养老
	限制因素	政务公开、民主监督、政府形象、行政效率、民主参与、城市交通、居住条件
商 丘	优势因素	教育文化休闲、公共卫生与养老
	限制因素	遵纪守法、政务公开、民主监督、政府形象、行政效率、民主参与、贫富差距、经济发展水平、经济富裕度、生态环境、人文环境、城市交通、市政服务、居住条件

续表

地市		因素分析
新乡	优势因素	就业与保障、人文环境、城市景观、城市交通、商业服务、教育文化休闲
	限制因素	遵纪守法、政务公开、民主监督、政府形象、行政效率、民主参与、就业与保障、社区服务、民间组织、人文环境、城市景观、市政服务、居住条件
信阳	优势因素	就业与保障、人文环境、城市景观、城市交通、商业服务、教育文化休闲
	限制因素	政务公开、民主监督、政府形象、行政效率、民主参与、社区服务、民间组织、居住条件、公共卫生与养老
许昌	优势因素	遵纪守法、贫富差距、社区服务、民间组织、社会稳定、经济发展水平、经济富裕度、生态环境、人文环境、城市景观、城市交通、商业服务、市政服务、教育文化休闲、公共卫生与养老
	限制因素	政务公开、政府形象、民主参与、居住条件
郑州	优势因素	贫富差距、就业与保障、经济发展水平、经济富裕度、生态环境、商业服务、教育文化休闲
	限制因素	遵纪守法、政务公开、民主监督、政府形象、行政效率、民主参与、社区服务、民间组织、社会稳定、人文环境、城市景观、城市交通、市政服务、居住条件、公共卫生与养老
周口	优势因素	城市交通、教育文化休闲、公共卫生与养老
	限制因素	遵纪守法、政务公开、民主监督、政府形象、行政效率、民主参与、贫富差距、社区服务、民间组织、经济发展水平、经济富裕度、生态环境、人文环境、城市景观、市政服务、居住条件
驻马店	优势因素	就业与保障、民间组织、社会稳定、经济富裕度、城市交通、商业服务、市政服务、教育文化休闲
	限制因素	政务公开、民主监督、政府形象、民主参与、贫富差距、生态环境、人文环境、居住条件、公共卫生与养老

从18个地市宜居度优势因素与限制因素分析结果来看，济源、焦作、漯河、南阳、濮阳、三门峡、许昌七个地市的优势因素多于限制因素，其余地市的限制因素相对较多。

通过分析可以看出，优势因素越多，城市宜居度越高。政务公开、民主监督、政府形象、民主参与是普遍困扰各地市的限制因素。分析结果有助于各个地市在加强巩固自身优势因素的同时，针对限制因素加强相关建设，从而不断提高当地的宜居水平。

（四）对城市的喜爱度随居住时间先降后升

在当地居住半年以下的人群对于城市的喜爱程度较高，之后随着时间的延长出现先降后增的现象。居住半年到一年的人群对城市的喜爱度最低，当居住三年以上后，对城市的喜爱度达到最高（见图4）。居住半年以下的人群中有16.9%的人非常喜欢所在城市，50.6%的人比较喜欢所在城市；居住半年到一年的人群中有15.7%的人非常喜欢所在城市，38.0%的人比较喜欢所在城市；居住一年到三年的人群中有15.1%的人非常喜欢所在城市，45.2%的人比较喜欢所在城市；居住三年以上的人群中有26.3%的人非常喜欢所在城市，45.2%的人比较喜欢所在城市。在居住半年以下的人群中有半数以上都具有本科及以上学历，收入相对较高，对自己生活质量相对满意，所以普遍喜欢所在城市；居住三年以上人群中，具有本地户籍的比例最高（达到90.7%），因为对所居住的城市有着深刻的归属感，故喜爱程度最为强烈。

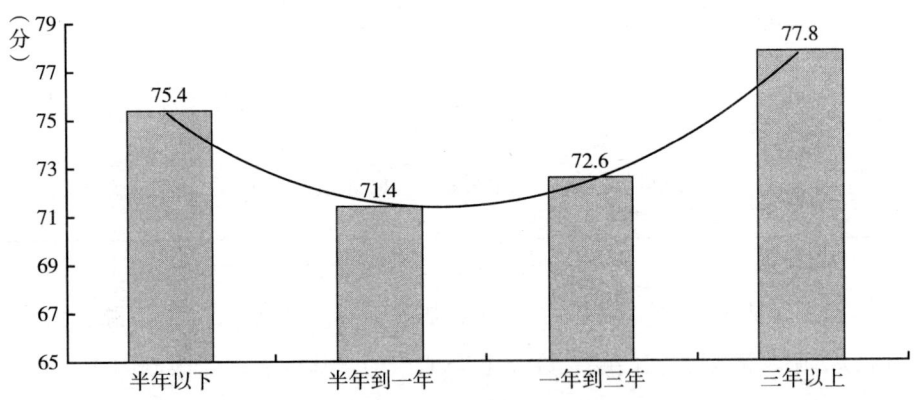

图4　河南省居民对城市喜爱度分居住时间对比

本地人更喜爱所居住的城市。从调查数据来看，本地居民对于所在地市的喜爱度高于外地居民。在本地居民中，有26.6%的人非常喜欢所在城市，45.9%的人比较喜欢所在城市；外地户口的居民中，只有15.7%的人非常喜欢现居城市，40.6%的人比较喜欢现居城市（见图5）。而对所在地市持负面看法的人群中，本地居民只占36.4%，外地居民占了63.6%。这说明，本地居民对于所居住的城市更有认同感与归属感，也可能是由于各地市针对外地居民提供的相关政策和公共服务尚有不到位之处，未能使外地居民满意。

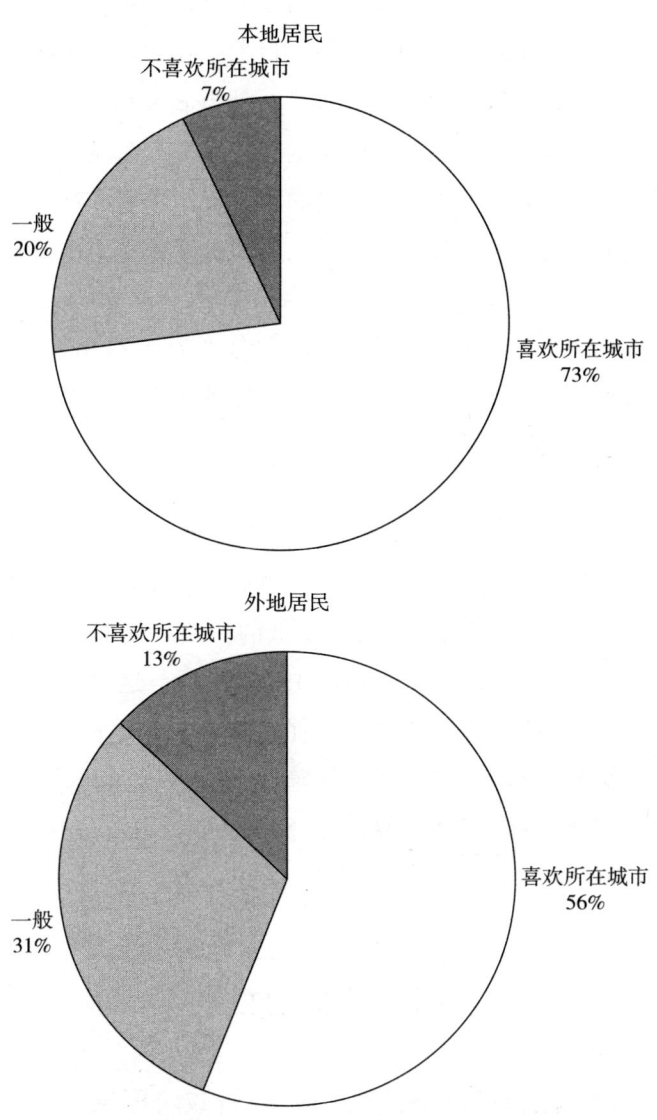

图5　本地居民与外地居民对所在城市的喜爱程度

提高城市的宜居度，需要居民的广泛支持与参与。居民对城市的喜爱度越高，越能积极主动地参与城市建设，进而转化为建设宜居城市的重要推动力。

（五）生态环境满意度与城市喜爱度紧密相关

通过对宜居度的各个三级指标与城市喜爱度进行相关性分析，可得出影响居民城市喜爱度的各因素影响力大小。根据correl函数计算结果，相关系数R≥0.6时为高度相关，当0.4≤R＜0.6时为显著相关，当R＜0.4时为弱相关。生态环境满意度与城市喜爱度的相关性最为明显，相关性系数达到0.81，说明城市居民对于城市生态环境的印象直接影响了对于所居住城市的喜爱程度，这可能是由于近年来环境污染问题日渐严重，环境安全得到了普遍的重视；其次是社会安全度与其的相关性，达到0.79；居民反映问题主动性和收入满意度与其的相关性位列其后，分别为0.75和0.65。全省各地市应从美化城市环境、维护社会和谐稳定、提升政治文明等方面努力，提高城市的宜居水平和吸引力。

（六）大部分居民不满意现有居住条件

对实地调研得到的数据进行分析，全省城市居民对于居住条件的满意度得分仅为59.0分，是所有指标中分数最低的一项。其中，郑州市的住房满意度得分为48.3分，在全省18个地市中排名最后。这提醒了政府需要在今后加大对房地产市场的监管规范力度，促进房地产市场平稳运行；完善住房保障制度，创新机制体制；着力推进保障性安居工程，满足群众住房需求；重视老旧小区综合整治，改善群众居住环境；完善调控机制，严格遏制投资投机性需求。

四 对策与建议

（一）加强民主参与和政务公开，提升政府形象

通过提高民主参与，可以更多地表达公众意愿，反映不同人群利益，化

解城市发展带来的矛盾，从而使城市建设满足更广泛的需求，使宜居成为居民共同的体验。在宜居城市建设中要注重提高公众知情度，拓宽公众参与途径，建立公众参与激励机制；对涉及规划、环境、住房、社会保障、交通等与市民密切相关的重大决策，必须按规定履行听证程序，听取市民意见，接受社会监督，建立公示制度；执行中要主动公开重要政策、重大工程项目的执行措施、实施步骤、责任分工、监督方式，听取公众意见建议，加强和改进工作；管理上要全面推行权力清单、责任清单、负面清单公开工作，规范行政裁量，促进执法公平公正；服务中要把实体政务服务中心与网上办事大厅结合起来，简化优化办事流程，完善政府网站建设，形成政府与居民间的良性互动；对于重点领域信息，如财政预决算、公共资源配置、重大建设项目批准和实施、社会公益事业建设等，都要按照政府信息公开要求和程序予以公布。重视民主参与建设和政务公开落实，可以有效提升政府形象，推动政府建设。

（二）注重城市绿化和环境保护，改善城市生态

环境优美度作为城市宜居度的重要影响因素，关乎居民生活质量和城市发展潜力。建设宜居城市需要在尊重自然、顺应自然、保护自然的生态文明理念指导下加强绿化建设和污染防治，打造环境友好型社会。绿化建设工作要合理布局城市的功能分区，提高城市绿化覆盖率，增加绿色建筑；通过添加必要的人工要素，加强居民与景观的联系。在污染防治方面，可通过调整能源结构，淘汰落后产能，防治工业污染、扬尘、机动车尾气排放等方式治理空气环境污染；通过保护饮用水水源地，加大工业废水处理力度，促进工业水资源循环利用，治理城市生活污水污染，通过综合整治河道等方式治理水环境污染；通过严禁文化娱乐场所使用高音喇叭，严格建筑施工噪声管理，严格落实禁鸣措施等方式治理噪声污染；通过治理工业固体废弃物污染、医疗废物污染、生活垃圾污染、危险废物污染、废弃电器电子产品污染等措施防治固体废弃物污染。重视对生态环境重要性的教育与宣传，增强全体民众的生态意识和环保观念。

（三）推动经济发展和市政建设，改善人民生活

经济发展是宜居城市建设的前提，良好的经济基础是进行基础设施建设、科学文化研究和提高社会保障水平的财力保证。对于周口、商丘等经济发展程度不高的地市，需要着力发展当地产业，提高居民收入。具体措施包括：促进科技与经济发展密切结合，积极鼓励自主创新，提高原始创新、集成创新和引进消化吸收再创新能力，注重协同创新；加快发展第三产业，在提高居民生活便利程度的同时，为社会提供更多的就业岗位；注重财富分配的公平性，让更多人享受到经济发展的成果，拥有获得感；转变经济发展方式，努力实现经济集约化发展的格局，保证经济长足稳定的发展。

在良好的经济发展的前提下，加大财政在市政设施建设方面的投入，着力提升市政设施综合利用率；发展公共交通，加快轨道交通建设，优化调整常规交通，加强各种交通系统的衔接，优化站场布局；按照人口比例合理安排公共健身场地的数量、建设规模和布局，并通过政策引导扶持现有体育场馆提供更多的公共服务；建设更多的公共图书馆，满足市民的基本阅读需求，培育城市文化氛围。

（四）发展民间组织与社区服务，维护社会和谐

引导和利用民间组织整合社会的能力，创新管理机制，完善社会管理：根据民间组织参与社会公共事业和公益领域的活动内容和范围，确定科学的民间组织补贴方案和补贴比例，有效实施财政补贴政策，力争获取最大的社会效益；落实政府购买服务政策，确保政府购买服务的行为公平、公正，将市场竞争机制引入社会公共事业领域，激发各类民间组织的积极性；制定专款专项等扶持民间组织的政策，加大对公益社会事业的投入力度，发展民间公益事业。社区服务方面，建议制定具体可行的社区服务政策，与私营及非营利组织合作，为社区服务所面临的问

题寻找解决办法；转变观念，建立集体的、共享的公共利益价值观；把人们聚集到能无拘无束、真诚地进行对话的环境中，共商社区服务发展方向与改进措施；带动公民参与社区服务，重视与公民及在公民之间建立信任与合作关系，以鼓励越来越多的人为邻里和社区所发生的事情承担个人责任，履行自己的公民义务。

河南省社会治理舆情报告

张彦帆 耿琼琼 马秋爽*

摘　要： 本报告依托互联网舆情大数据系统，对2016年河南省社会治理舆情数据进行采集和梳理。2016年，河南社会治理舆情事件多发，一些热点舆情波动周期较长，不仅深刻地影响着现实社会秩序，而且也塑造着线上舆论生态，给社会治理主体尤其是政府部门带来了种种挑战与机遇。从时间分布来看，1月、4月、10月成为社会治理舆情事件的高发期；从事件影响的行政层级来看，主要分布在市级与县级层面，郑州作为省会城市，社会治理舆情压力远高于其他地市；从类型分布来看，社会治安、行政执法、教育、交通等领域舆情事件多发。2016年，河南省社会治理舆情特点主要表现为：突发事件多发，涉及因素复杂多样；部分舆情事件影响力广泛，舆论压力较大；新兴媒介协作传播，促进舆情快速发酵；传统媒体引导深入讨论，揭露深层次问题等。基于以上各项特点，本报告认为各级部门应进一步提升舆情回应效果，强化政府公信力；通过社会治理舆情风险预警，提升舆情危机管理水平；线上发布联动线下处置，为优化社会治理提供支持；加强政务新媒体建设，进一步推动社会治理能力提升。

关键词： 河南　社会治理　舆情应对　舆情处置

---

* 张彦帆，河南省人民广播电台舆情内参主编、人民网舆情监测室特约舆情分析师，在网络舆情和大数据方面有一定的研究；耿琼琼，郑州大学公共管理学院2016级硕士研究生；马秋爽，郑州大学公共管理学院2017级硕士研究生。

2016年10月9日下午，习近平总书记在主持中共中央政治局实施网络强国战略第三十六次集体学习时的重要讲话中强调，"随着互联网特别是移动互联网发展，社会治理模式正在从单向管理转向双向互动，从线下转向线上线下融合，从单纯的政府监管向更加注重社会协同治理转变。要强化互联网思维，利用互联网扁平化、交互式、快捷性优势，推进政府决策科学化、社会治理精准化、公共服务高效化，用信息化手段更好感知社会态势、畅通沟通渠道、辅助决策施政。"[①] 2016年8月12日，国务院办公厅发布了《关于在政务公开工作中进一步做好政务舆情回应的通知》，规定对涉及特别重大、重大突发事件的政务舆情，"最迟应在24小时内举行新闻发布会，对其他政务舆情应在48小时内予以回应，并根据工作进展情况，持续发布权威信息"。通知首次创新使用"政务舆情"一词，透视出国家治理对于来自网络空间的"网络舆情观"的重大理念升级。对于河南各地政府部门而言，如何把社会舆情作为社会治理的晴雨表，及时问诊存在的疑难杂症，回应民意、解决问题，是在新的舆论环境下的一个重要考验。本报告对2016年河南省社会治理舆情特征以及舆情处置效度进行分析，并针对舆情处置不足之处提出相应的改进建议，以供相关职能部门参考。

一　2016年河南公共事件舆情热度排行榜TOP30

表1　2016年河南公共事件舆情热度排行榜TOP30

序号	涉及地区	报道时间	事件	舆情热度
1	郑州	5月11日	郑州惠济区一拆迁户持刀伤人致3人死亡	58540.6
2	南阳	11月12日	南阳两交警抢开罚单引争执　警方通报二人被停职	35207.1
3	商丘	9月22日	商丘一幼儿园校车与货车相撞　致2死11伤	33012.5
4	驻马店	7月28日	驻马店一城管队员执法时被瓜贩捅伤致死	31206
5	郑州	1月8日	郑大四附院遭非法拆迁　多名官员被问责	25440.5

---

① 《论习近平总书记新网络舆论观》，中国青年网，http://pinglun.youth.cn/ll/201701/t20170113_9035948.htm。

续表

序号	涉及地区	报道时间	事件	舆情热度
6	安阳	9月18日	安阳副市长暗访扬尘治理被拒门外近40分钟	13619.8
7	三门峡	11月7日	河南三"少年犯"喊冤12年 最高法再次接访	12051
8	周口	4月29日	周口公布"王娜娜事件"调查结果 13名当事人被处理	10612.6
9	郑州	7月8日	河南律师任全牛网上造谣涉嫌犯罪被刑拘	9179.2
10	周口	10月23日	周口被曝无牌执法车满街跑 公安整治仍现顶风作案	8735
11	焦作	2月3日	焦作民工寒冬集体裸身讨薪	8690.6
12	濮阳	7月21日	濮阳3人组织围堵肯德基被警方行政拘留	8645.7
13	周口	12月7日	周口一个案子现两份判决书 记者采访遭打砸抢	8128.5
14	安阳	8月29日	安阳城管执法时遭小贩刀捅1死1伤	7960
15	郑州	1月30日	河南拐卖22名儿童主犯被执行死刑 17名买家也获刑	7623.8
16	开封	1月14日	开封通许县一鞭炮厂爆炸 造成10死7伤	7415.1
17	商丘	8月31日	商丘城管与商贩发生争执 2名城管被捅伤	7296.3
18	郑州	5月21日	郑州精密设备厂爆炸引燃相邻服装厂 造成6死7伤	7218.5
19	商丘	7月29日	商丘治理大气污染强关大量饭店	6882
20	南阳	4月18日	南阳南召县公职人员打死农家乐老板	6714.3
21	驻马店	9月26日	驻马店上蔡成电信诈骗犯罪重灾区 警方通缉113人	6501.9
22	信阳	12月12日	信阳光山县30余小学生疑食物中毒 2人被行政拘留	5945.2
23	许昌	10月19日	许昌襄城县焦化厂有毒气体泄露 多名村民中毒送医	5620.8
24	许昌	5月4日	许昌一城管被占道经营商贩连捅8刀	5317
25	固始	12月22日	固始县教师聚集县政府门前向政府讨薪	4793.5
26	郑州	7月22日	新郑一辅警穿警服打伤医生 已被拘留并辞退	4528.2
27	信阳	12月26日	信阳一孤寡失明老人"吃猪食"度日	4127
28	郑州	3月30日	郑州私设停车场成致富好手段 省医附近停车收费惊人	3892
29	平顶山	10月21日	平顶山一网民造谣化工厂爆炸被拘5日	3740.6
30	许昌	5月19日	许昌老兵"被死亡"两年领不到补助 河南多人被问责	3718.1

注：①通过对网络新闻、报刊、论坛贴吧、博客、微博、微信等各大平台相关的舆情信息量进行综合加权计算，得出事件的舆情热度值，选取热度值位居前三十的事件进行排行展示；②舆情数据来源于新浪微舆情系统，采集时间为2016年1月1日至12月31日。

二 2016年河南社会治理舆情分布特征

（一）舆情走势波动变化，1月、4月和10月多发

纵观2016年，河南省社会治理舆情走势呈现波动变化趋势。1月、4月、

10月成为社会治理舆情事件的高发期，5月、7月、9月社会治理舆情事件数量次之，其他月份大体在6件左右波动（见图1）。

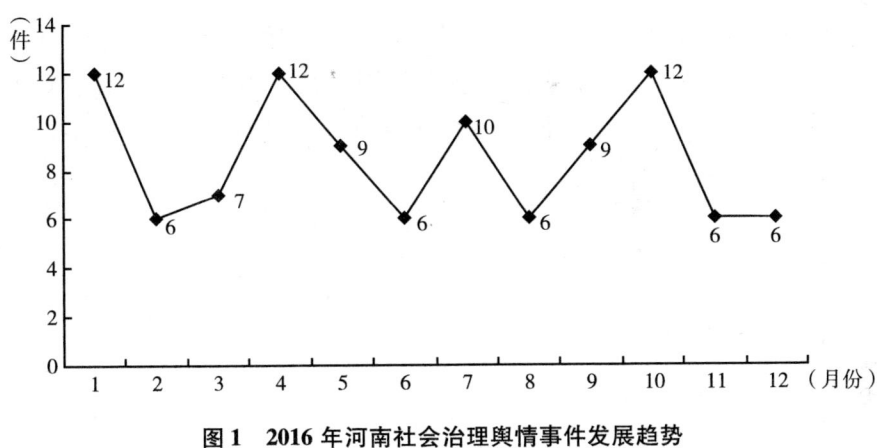

图1　2016年河南社会治理舆情事件发展趋势

1月份的河南社会治理舆情事件不但数量多，热度也较高。除了备受关注的"郑大四附院遭非法拆迁　多名官员被问责""河南拐卖22名儿童主犯被执行死刑　17名买家也获刑""开封通许县一鞭炮厂爆炸　造成10死7伤"事件以外，"孟州一幼儿园多名幼童疑遭针扎　警方介入调查""兰考一农民家中建制毒工厂　造41公斤毒品"等事件也引发了较多的关注。

4月份河南社会治理舆情多发，主要涉及社会治安、校园食品安全、生产安全事故等方面，相关事件如"南阳南召县公职人员打死农家乐老板""信阳偏远小学供免费早餐　18名学生疑似食物中毒""巩义一幼儿园疑给学生吃变质鸡蛋　遭家长围堵""平顶山郏县磨料场冶炼炉爆炸致2死2伤""安阳一涂料厂采暖炉发生爆炸　3人身亡"等。

10月份也是河南社会治理舆情集中度比较高的月份。"周口被曝无牌执法车满街跑　公安整治仍现顶风作案""周口王娜娜申请恢复学籍被拒　准备2017年高考""郑州惠济区一民房施工突然坍塌　致一死5伤""许昌襄城县焦化厂有毒气体泄露　多名村民中毒送医""平顶山一网民造谣化工厂爆炸被拘5日"等事件在网上曝出后，引起了舆论的广泛关注和持续热议。

223

（二）地域分布不均，省会郑州远多于其他地市

从图2可以看出，2016年，郑州社会治理舆情事件最多，共有24件；开封有9件，仅次于郑州；周口有8件，在榜单中排行第三；安阳、南阳、信阳、商丘、驻马店等地市社会治理舆情事件的数量位居其后。在省直管县方面，巩义有2件，汝州、固始、邓州各有1件。此外，涉及河南全省的社会治理舆情事件有7件。

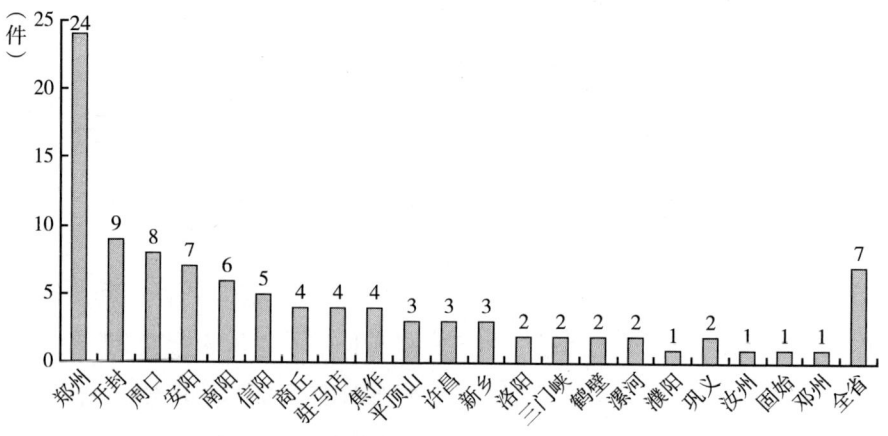

图2　2016年河南社会治理舆情事件分布地域

（三）舆情事件分布于众多领域，社会治安领域突出

通过对舆情监测系统采集到的相关数据进行统计得知，2016年河南社会治理舆情事件分布领域如图3、表2所示。

1. 社会治安

2016年河南社会治理舆情事件中，分布在社会治安领域的共有20件，占比为18.7%，主要包括故意杀人、拐卖儿童、诈骗、打架斗殴等犯罪事件。一些重大治安案件发生后，在网上引发了广泛的关注，致使网民对自己人身及财产安全产生了焦虑和担忧，流露出对社会治安现状的不满情绪。舆论呼吁政法部门加大社会治安治理力度，加快更新社会治安管理机制和模式，促进社会安全形势的持续好转，提升公众的安全感、幸福感。

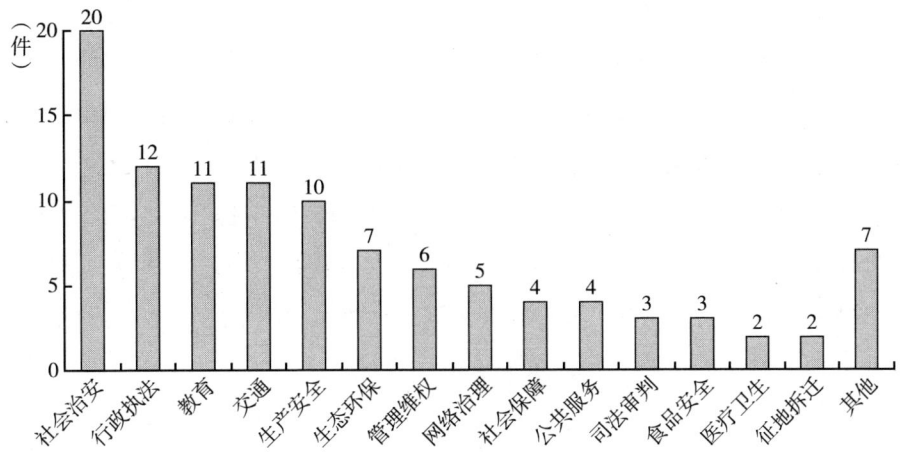

图 3　2016 年河南社会治理舆情事件分布领域

表 2　2016 年河南社会治理舆情事件分布领域

单位：%

领域分布	占比	领域分布	占比
社会治安	18.7	社会保障	3.7
行政执法	11.2	公共服务	3.7
教　育	10.3	司法审判	2.8
交　通	10.3	食品安全	2.8
生产安全	9.3	医疗卫生	1.9
生态环保	6.5	征地拆迁	1.9
管理维权	5.6	其　他	6.5
网络治理	4.7		

2. 行政执法

2016 年河南社会治理舆情事件中，涉及行政执法领域的有 12 件，占比为 11.2%，主要包括交通执法、城管执法、教育执法、环境执法等方面。由于行政执法涉及不同群体的利益，因此一些执法冲突类事件发生后，也在网上引发了持续热议。舆论认为，只有坚持严格规范、公正、文明执法，做到执法要求与执法形式相统一、执法效果与社会效果相统一，才能不断提高执法公信力，切实维护国家法律的权威和尊严。

3. 教育

2016 年河南社会治理舆情事件中，教育领域舆情事件共有 11 件，占比为10.3%，主要涉及教师及学生权益维护、校园食品安全、校园非正常伤亡事件、校车安全等方面。教育领域管理维权事件在网络舆论场中受到的关注度一贯较高，若是相关问题应对或处理稍有不慎，便很有可能引发线下聚集抗议事件。如2016年9月7日，河南省上蔡县苏豫中学上千名学生集体罢课，抗议学校伙食太差，有同学称吃不饱甚至吃不上饭。2016年12月22日，河南固始县近千名教师到县政府门前"讨说法"，要求"返还克扣工资，绩效工资按月发放"。这些教育领域群体性事件背后反映的实则是涉事教师、学生群体的正当利益诉求无法得到满足。

此外，2016年河南辖区内校园食品安全事件多发，危害学生的身体健康，引发了家长群体的不满。在校车安全方面，发生于2016年9月份的商丘校车事故一度占据各大媒体平台头条位置，引发主流舆论对于校车安全管理的思考。舆论认为，这些事件无不都在考验着河南各地教育主管部门的智慧和能力。同时，建设平安校园，为学生营造良好的成长、就学环境，也需要全社会的共同发力。

4. 交通

2016年河南社会治理舆情事件中，涉及交通的舆情事件共有11件，占比为10.3%，主要包含特大交通事故、交通监管事件等。2016年发生的"开封客车疑因躲避横穿马路三轮车侧翻　致5死26伤""商丘一幼儿园校车与货车相撞　致2死11伤""信阳新县货车客车相撞　致9死20余人受伤"等交通事故造成了较为严重的人员伤亡情况，这些事件在网上曝出后，舆论密切关注交通事故发生的原因、造成的伤亡情况等信息，相关部门一旦舆情回应滞后，谣言就容易滋生并且大肆传播。此外，"郑州宝马撞伤农民工后逃逸　车牌号中含有'888'""项城民警用假车牌被查　对交警发飙引网友围观""周口多地无牌执法车满街跑　学者称行政程序行不通"等事件发生后，舆论对于交警部门加大交通监管力度、公正透明执法的呼声大幅增多。

5. 生产安全

2016年河南社会治理舆情事件中，涉及生产安全的舆情事件有10件，占比为9.3%，主要涉及工厂爆炸及失火事故、民房施工坍塌事故等，这些生产安全事故具有突变性、公共性等特征，一旦发生，往往造成严重的死伤情况，会迅速成为舆论关注的焦点。由于事态发展具有一定的不可预计性，在新媒体与传统媒体的信息共振及媒体议题和网民议题的双重影响下，主体舆情会出现不同衍化，隐性和显性的次生舆情危机可能会随时发生，舆情环境更为复杂，在应对时效和方法上更考验内功。

除了以上五个领域外，2016年河南社会治理舆情事件还分布在生态环保、管理维权、网络治理、社会保障、公共服务、司法审判等领域，舆情分布领域众多，折射出的其实是现实社会矛盾复杂的一面，在当前新媒体成为主要传播阵地的情况下，其对河南各地政府的应急管理能力和水平也提出了更高的要求。

（四）市级和县级层面社会治理舆情事件多发

从事件影响的行政层级来看，2016年河南省社会治理舆情事件主要分布在市级与县级层面，其中市级层面有59件，相关事件如"郑大四附院遭非法拆迁 多名官员被问责""安阳副市长暗访扬尘治理被拒门外近40分钟"等；县级层面有31件，相关事件如"固始县教师聚集县政府门前向政府讨薪"。此外，省级层面社会治理舆情事件有7件，乡镇层面社会治理舆情事件有4件（见图4）。

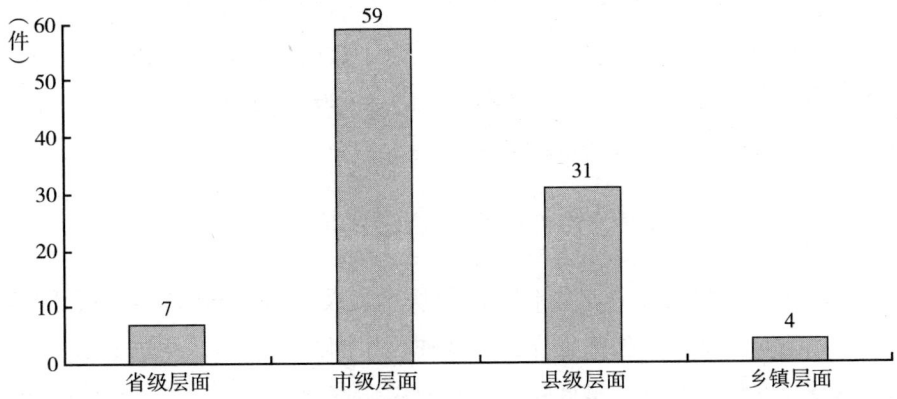

图4 2016年河南社会治理舆情事件行政层级分布

三 2016年河南社会治理舆情基本特点

（一）突发事件多发，涉及因素复杂多样

从2016年河南省社会治理舆情来看，突发事件类舆情占比较高，相关事件既有交通、生产安全事故，如"商丘一幼儿园校车与货车相撞 致2死11伤""开封通许县一鞭炮厂爆炸 造成10死7伤"等，也有涉及征地拆迁、行政执法方面的，如"郑大四附院遭非法拆迁 多名官员被问责""驻马店一城管队员执法时被瓜贩捅伤致死"等，同时还有管理维权、社会治安、食品安全等方面的，如"焦作民工寒冬集体裸身讨薪""信阳光山县30余小学生疑食物中毒 2人被行政拘留"等。这些事件涉及众多领域、众多部门或企业，因此在网上形成了较为复杂的舆论生态环境。

（二）部分舆情事件影响力广泛，舆论压力较大

2016年以来，河南省一些社会治理舆情事件在网上曝出后，引发了媒体和网民持续关注和热议，相关事件如"郑州惠济区一拆迁户持刀伤人致3人死亡""南阳两交警抢开罚单引争执 警方通报二人被停职""驻马店一城管队员执法时被瓜贩捅伤致死"等。以"郑州惠济区一拆迁户持刀伤人致3人死亡"事件为例，此事件发生后，人民网、新华网、中国新闻网、澎湃新闻、财新网等国家级和地方媒体进行了持续跟进报道，短短几天时间里新闻报道量高达3900余篇，微博相关信息42000余条，发酵成为全国性热点舆情事件，给当地政府部门带来了较大的舆论压力。

（三）新兴传播媒介协作传播，促进舆情快速发酵

2016年，微博再度强势崛起，微信快速发展，与此同时，知乎、问答、秒拍、网络直播等新兴传播媒介也直接作用于网络舆论场，并与微博、微信相互结合，促使一些社会事件在几个小时内病毒式传播，产生了较广泛的影响。从2016年河南社会治理热点舆情事件可以看出，"南阳两交警抢开罚单

引争执　警方通报二人被停职""商丘一幼儿园校车与货车相撞　致2死11伤"等事件发生后，事发现场的秒拍视频在微博、微信等平台上快速传播，引发了全国网民的广泛转发和讨论，舆情热度持续攀高。微博、微信以及知乎、秒拍等平台的协作传播，给社会治理舆情处置带来了新的难题。

（四）传统媒体引导深入讨论，揭露社会深层次问题

在媒体融合背景下，传统媒体积极向新兴媒体学习，仍然是推动舆情话题发酵的重要因素。一些热点事件虽然由网民最先在自媒体平台爆出，但导致话题走热的直接原因还是传统媒体的曝光和深挖，例如"南阳两交警抢开罚单引争执　警方通报二人被停职"事件，此事件相关视频在微信平台曝出后，《人民日报》《中国青年报》《南方都市报》等国家级和地方媒体纷纷介入报道此事，舆情热度急剧升温，受到了全国网民的关注。传统媒体在报道这一事件时，对其深层次原因进行挖掘，如《人民日报》评论指出，"南阳的'罚款任务'是'土皇帝'思维在作祟"；新华社评论称"交警抢开罚单，真相不能缺席"；《京华时报》《新京报》等媒体评论认为，两名民警抢开罚单的背后是"指标治理""罚款创收"在作怪。传统媒体的相关报道，将"执法经济"这种不合规、不合法的行为推向了舆论的风口浪尖，倒逼南阳相关部门直面这一问题，改进交通监管和执法方式。

四　2016年河南社会治理舆情处置效度分析

（一）舆情处置效度TOP10

表3　2016年河南舆情处置效度TOP10

单位：分

序号	事件	应对力	行动力	修复力	总分
1	商丘一幼儿园校车与货车相撞　致2死11伤	28	29	38	95
2	驻马店一城管队员执法时被瓜贩捅伤致死	28	29	35	92
3	信阳一孤寡失明老人"吃猪食"度日	27	29	35	91

续表

序号	事件	应对力	行动力	修复力	总分
4	南阳南召县公职人员打死农家乐老板	26	26	38	90
5	郑州惠济区一拆迁户持刀伤人 致3人死亡	28	30	29	87
6	郑州精密设备厂爆炸引燃相邻服装厂 造成6死7伤	28	28	30	86
7	信阳光山县30余小学生疑食物中毒 2人被行政拘留	26	27	32	85
8	河南律师任全牛网上造谣涉嫌犯罪被刑拘	23	28	31	82
9	商丘修路"水泥封树" 4名官员受处理	23	24	33	80
10	周口公布"王娜娜事件"调查结果 13名当事人被处理	24	27	26	77

注：①应对力，主要考察舆情责任主体新闻应急传播的专业化程度，主要包括应急响应、权威表态、信息公开、动态发布、专业程度等，指标得分范围为0~30分；②行动力，主要考察舆情责任主体对舆情所反映问题进行依法处置的专业化程度，主要包括调查开展、人员问责、矛盾调处、秩序恢复、制度改进等，指标得分范围为0~30分；③修复力，主要考察舆情责任主体处置舆情受到社会公众认可的程度，主要包括误传澄清、此生舆情控制、形象修复、价值彰显、平息周期等，指标得分范围为0~40分。

资料来源：舆情处置指标参照人民网舆情监测室相关指标和计算方式，对各项指标得分进行综合评判得出。

（二）舆情处置特征

1. 舆情应对能力整体提升

2016年以来，河南各级政府部门面对突发性社会治理舆情的响应速度显著提升，对舆情早期传播的预警、干预能力也有较大的提高。在"商丘一幼儿园校车与货车相撞 致2死11伤""南阳南召县公职人员打死农家乐老板""信阳一孤寡失明老人'吃猪食'度日"等事件上，相关职能部门第一时间回应舆论关切，及时澄清网络不实信息，使官方权威信息占据了舆论主流位置，有效维护了自身形象和公信力。此外，通过统计得知，在2016年河南省100多件社会治理舆情案例中，政府回应率达到86.3%，将近六成的事件政府首次响应是在事发24小时之内。

同2015年河南省发生的"郑州交警开宝马车撞死婴儿""鲁山一老年康复中心发生火灾事件""新乡大学生掏鸟窝被判刑十年""新郑夫妻半夜被抛墓地 回家房屋成废墟"等热点舆情事件处置情况对比来看，2016年，河南省各级政府部门对于热点舆情事件的回应整体上更为及时、得当，各级政府部门发出的权威声音有力地消弭了互联网舆论场的杂音，官方舆论场和民间舆论场共识度有所提高，舆情应对和处置能力进一步提升。

2. 线上线下联动协同成为趋势

近年来，网络舆情越来越呈现"线下决定线上""实情决定舆情"的特征，也正因为如此，舆情处置工作的重点是线下工作。2016年，河南各级政府部门在社会治理舆情处置过程中，已经能够较好地实现线上线下联动，推动相关问题的解决。例如2016年10月23日，《法制日报》曝光称，河南周口多地无牌执法车"满街跑"，并质疑开违法车辆执法"是对手中执法权力的亵渎"。随后，各大媒体纷纷跟进报道了此事，促使这一事件在网上产生了较高的热度。

对此，周口市公安局交警支队相关负责人回应媒体称，《法制日报》曝光当天，支队研究制定了《周口市行政执法车辆涉牌涉证等交通违法行为集中整治行为实施方案》，并挂在了公安网站上。方案要求，对无牌行政执法车辆，"发现一辆扣一辆，查扣车辆不上牌一律不准放行"。相关回应经主流媒体扩散以后，有效安抚了公众情绪。线下，周口交警根据相关暗访资料，安排支队班子成员连夜到各县区督查整治行动，集中查处阶段为"10月27日至12月20日"。周口市公安局交警支队通过线下部署与线上回应相结合的方式，在一定程度上缓和了舆情压力，避免了相关舆情的继续恶化。

3. 积极利用政务新媒体处置舆情

近年来，河南省政务新媒体发展迅速，政务微博、微信等平台在社会治理舆情处置过程中发挥着越来越重要的作用。《人民日报》和新浪微博联合联合发布的《2016政务指数·微博影响力报告》显示，河南省作为政务微博大省，2016年表现依旧强势：河南政务微博数量全国稳居第一，整体竞争力全国第六，年度账号活跃率最高的城市排行中漯河夺得榜首。此外，在公安、教育、旅游等多项系统微博排名中，河南省相关部门政务微博也有突出的表现。

在具体的政务微博舆情应对方面，以"河南律师任全牛网上造谣涉嫌犯罪被刑拘"事件为例，2016年7月7日，天津市公安局官方微博"平安天津"通报，因涉嫌违法犯罪于2015年被批准逮捕的北京锋锐律师事务所24岁女助理赵威，因对自己涉嫌违法犯罪的事实供认不讳且态度较好，公安机关同意对其变更刑事强制措施为取保候审。赵威被取保候审后，在其新浪微博中称，走出天津市看守所当天，得知网上传播"赵威在派出所遭到性侵"这一虚假消息，于是向最高法、最高检及公安部写了举报信，要求严惩造谣者、传谣者，追究其法律责任。

2016年7月8日，郑州市公安局官方微博"平安郑州"发布消息称，根据当事人赵威的举报和初步调查掌握的情况，河南轨道律师事务所任全牛编造并在互联网上散布赵威人身受辱的虚假信息，相关信息被大量转发报道，造成恶劣社会影响，也给当事人赵威名誉造成严重损害，涉嫌犯罪，已于当日被依法刑拘。

任全牛被刑拘后，少数所谓的"维权律师""民主人士"以网上签名、"声援"的方式博取公众关注，要求警方放人。对此，2016年7月9日，郑州市公安局官方微博"平安郑州"再次通报称，经审查，任全牛本人承认于2016年5月27日在新浪微博编造、发布了所谓"赵威女士在天津看守所遭遇人身侮辱"的虚假信息，并在网上广泛传播。郑州市公安局通过政务微博对此事进行及时、连续的回应，充分保障了公众的知情权，在一定程度上影响了相关舆情的走势和网络言论倾向，让更多网民认清了一些所谓的"维权律师""死磕派律师"的真相，引导公众要在遵守法制的前提下理性表达意见和诉求。

五 社会治理舆情应对对策建议

（一）进一步提升舆情回应效果，强化政府公信力

2016年，虽然河南各级政府部门社会治理舆情响应速度较之前有明显提升，但也有不少舆情事件的处置未能让公众感到满意，产生了"舆情烂

尾"现象。尤其是在一些涉及公权力部门的社会治理舆情事件中，相关部门发布的通报避重就轻、一味推脱责任，或对舆论关注的焦点问题避而不谈，这种舆情回应的态度不仅不利于舆情的平息，同时也对自身的公信力造成了一定程度的损害。

因此，对于河南各级政府部门而言，未来仍应把提高舆情回应实效作为舆情工作的重中之重。回应内容应围绕舆论关注的焦点、热点和关键问题，实事求是、言之有据、有的放矢，避免自说自话，力求表达准确、亲切、自然。一般而言，首次发布由于时间比较仓促，能够发布的信息量相对较少，在这种情况下，除了对有限的事件进展予以通报外，应更多地呈现涉事方对处置整个事件"定调"的作用，需要明确立场与态度，以及对该事件的大体处置框架，让网民有一个明确的预期。后续发布的意义在于，一方面根据事件的进展通报最新情况，另一方面和首次发布的"定调"形成回应，强化政府公信力。相关部门在后续发布过程中除了对事件进展的通报，还要有针对性地回应网民关切，对于已经查明的部分也应及时向公众通报。

（二）强化社会治理舆情风险预警，提升舆情危机管理水平

人民网舆情监测室相关研究显示，有效的舆情危机管理有助于凝聚民心，将互联网舆论势能转移到改革发展主旋律中，这也要求各级部门要增强主动意识，积极提升舆情危机管理水平和社会治理创新能力。移动互联网时代，还需要政府部门做好自媒体的舆论引导，及时监测舆情苗头，准确回应网民关切要点，培育舆论场的公共理性。

在舆情风险处置中，舆情预警是关键环节，及时、准确地识别预警信息是提高舆情精度与效率的前提。一般而言，舆情风险等级主要由舆情事件发生的频率与严重性两个维度决定。河南各级政府部门在总结以往的舆情经验教训，提前编制社会治理舆情危机风险图时，不妨考量好各种风险类型、危害程度、风险等级、薄弱环节以及响应层级、传播渠道等，这些有利于从大局上预防、控制舆情热点，减少负面舆论对社会正常运行的干扰。

（三）线上发布联动线下处置，为优化社会治理提供支持

社会治理舆情是现实问题在互联网上的反映，互联网舆情有时也会直接作用于现实社会本身。推动社会现实问题的解决，既是舆情的内在目标，也是疏导舆情压力、缓和网络摩擦的关键所在。社会治理舆情事件的解决，从根本上说在于线下问题的解决。① 然而，线上处置不当，将对线下处置造成极大地干扰。

做好线上发布的工作，最重要的是政府部门要转变观念，以"服务性政府"的心态去回应舆论关切。对于政府机关领导干部来说，不仅要会用网，还要懂网。线上发布不能着眼于临时应急，而要注重平时预防，认真学习其他地区、部门处置舆情事件的经验和教训，从而提高自身媒介素养，进而提高线上发布的能力和水平。

反过来，线下处置能力的提升，将为线上发布的效果提供最有力的保障。因此，对于河南各级政府部门来说，在舆情处置过程中，要把线上发布与线下处置联动起来，为现实的改革提供助力。此外，除了舆情处置之需，政府部门在日常的公共治理与服务中，更要积极立足于本区域，着眼于本地民众的所需所求，通过线上互动和线下处置的方式为市民提供深度服务，真正服务于居民的日常生活，彰显自身的良好形象和公信力。

（四）发挥政府主流媒体作用，加强对舆情的正确引导

从2016年河南社会治理热点舆情事件可以看出，主流媒体在设置议程、舆论引导、澄清谣言等方面发挥的作用依然不容小觑，此外，主流媒体在协助政府化解舆情危机、安抚公众情绪方面的表现也较为突出。因此，河南各地政府要继续加大对本地主流媒体网站的扶持力度，使其影响力不断提升，真正成为能对本地网络舆论起主导作用的权威网站。如此一来，一旦涉及本地的社会治理负面舆情事件发生，相关部门可联合主流媒体，第一时间将官

---

① 喻国明：《网络舆情治理的基本逻辑与规制构建》，《探索与争鸣》2016年第10期。

方权威信息扩散出去，充分保障公众的知情权，避免谣言的大肆传播，掌握舆情处置的主动权。

在平时，主流媒体要坚持正确舆论导向，营造积极、健康、向上的主流舆论，通过准确、客观、全面的报道，向社会提供全方位信息，满足不同社会群体不同层次的信息需求，用正面声音消解各种错误、反动观点的不良影响，从而为当地社会治理打造一个良好的网络舆论环境。

（五）加强政务新媒体建设，进一步推动社会治理能力提升

当前，社会舆论环境的治理，已经由传统媒体主导的舆论向互联网空间的网络舆论全面转移和纵深发展。进入"互联网+政务"时代，政务新媒体成为政府部门提高社会治理效率的有力抓手。随着政务新媒体矩阵的规模化及运营能力的提升，其履职已经开始跨部门和跨平台，在信息流转、政民互动、部门联动、舆情应对、在线服务等功能上发挥着重要作用，"线上线下"双管齐下实现社会治理微循环。

以政务微博为例，微博矩阵的搭建能够提高政府行政效率，增加政务的透明度与公正性，同时可与民众进行广泛的互动，协调化解社会矛盾。虽然2016年河南政务微博数量全国第一[①]，但全省政务微博矩阵建设水平较低，在社会治理上发挥出的作用很有限。因此，对于河南省政府而言，应继续加强全省政务新媒体矩阵建设，不妨把北京、江苏、广东等政务新媒体矩阵发展较为成熟的地区作为参考，从中汲取好的经验，运用到河南政务新媒体矩阵建设之中，通过政务微博矩阵开展社会化的网络政务协同响应。此外，政务新媒体可参与到日常社会治理中，将举报、宣传、执法、转办、督办等政府线下工作转移到政务微博、微信等平台上进行，使工作流程更具有公开化、透明化的特点。这不仅是转变政府职能的切实选择，也是推进社会治理智能化、精细化、高效化的重要途径。

---

① 《2016政务指数·微博影响力报告》，人民网舆情监测室，2017年1月。

河南省城市居民获得感调查分析*

樊红敏　王艺　杜鹏辉**

摘　要： 基于社会治理河南省协同创新中心的"2016年河南省城市居民获得感调查"数据，本文从居民需求的角度出发，从安全感、尊严感以及满足感三个维度来测量居民获得感，调查发现，河南省居民获得感评价居中，相对不高，仍有很大的提升空间；居民尊严感低于安全感和满足感，表明政府应着力营造民主、公平的社会氛围，提升居民的尊严感；居民的社会参与度最低，说明在提倡治理主体多元化的背景下，居民的参与意识不强、参与渠道不畅通。与2015年数据相比，河南省居民对社会治安的满意度以及居民的幸福感、信心感均有所上升，但经济安全指数下降，因此提高居民收入，激发经济发展活力仍是当前亟须解决之问题。群体比较发现，高收入群体的获得感最低；30~45岁群体的尊严感指数最低，要重视中年群体的生活和精神需要；个体工商户和普通工人的获得感指数排名后两位，亟须采取有针对性的措施，完善社会保障，优化经济环境，提高个体工商户和普通工人群体的获得感。进一步对比发现，河南省居民社会参与意愿高，但实际参与主动性低，应进一步采取积极措施，调动居民参与的积极性。

---

*　本文系国家社会科学基金一般项目"县域'压力型维稳'的运行逻辑与维稳制度化研究"（13BZZ030）和河南省高校科技创新团队"县域社会治理评价研究"（编号：15IRTSTHN007）的阶段性成果。

**　樊红敏，郑州大学公共管理学院教授、博士生导师；王艺，郑州大学公共管理学院2015级硕士研究生；杜鹏辉，郑州大学公共管理学院2016级硕士研究生。

关键词： 河南　居民获得感　安全感　尊严感　满足感

2015年2月，习近平同志在中央全面深化改革领导小组第十次会议上首次提出让人民群众有更多"获得感"，"获得感"迅速成为凝聚社会共识、深化改革开放的年度热词。"获得感"的提出使人民福祉的增益有了进行指标衡量的可能。社会治理河南省协同创新中心于2014年末首次开展了河南省18个地市"城市居民获得感调查"，探索构建了居民获得感评价指标体系，并进行了2015年对获得感评价；2016年进一步完善了评价指标体系，开展了第二次获得感评价，本报告基于2016年末"河南省城市居民获得感调查"数据，对河南省及18个地市居民2017年获得感状况进行年度评价。

一　获得感评价指标体系

"获得感"是指在经济社会发展过程中，居民在个人收入、社会安全、公共服务、权利保护以及社会参与等方面，通过实实在在的"得到"，而产生的安全感、尊严感和满足感。从本质来看，获得感是指"居民对美好生活的向往"。获得感主要包含三个层次：第一个层次，居民收入增加，医疗、教育、养老有保障，社会治安稳定，生活环境安全，居民有安全感；第二个层次，居民通过社会参与，体验社会公平，享受司法公正，过上体面的生活，居民有尊严感；第三个层次，居民对目前的生活感到幸福满意，对于未来充满信心，居民有满足感。

2015年，获得感评价指标体系从居民安全保障、政府质量、居民生活质量三个维度来测量。居民安全保障指数选取经济安全、生活安全和社会安全三个评价指标；政府质量指数选取公共服务供给、居民权利保护两个评价指标；居民生活质量指数选取参与感、认同感、公平感、信心感四个评价指标。2016年，获得感评价指标体系从居民安全感与尊严感两个维度来测量居民的获得感，在安全感方面，选取了人身安全、经济安全、社会保障安全和环境安全四个评价指标；尊严感方面，选取了社会参与、就业服务、社会公平、司法公正四个评价指标。参考 2015 年度和 2016 年度居民获得感评价指标体系，2017 年对获得感评价指标体系进行部分修正和完善，获得感评价指标体系由安全感、尊严感与满足感三个二级指标构成。在安全感方面，选取了经济安全、社会保障安全、社会治安和环境安全四个评价指标，分别用个人收入满意度，本地教育、医疗、养老满意度，本地社会治安状况评价和本地城市生态环境满意度来观测；尊严感方面，选取了社会参与、依法行政、司法公正、社会公平四个评价指标，分别用参与本地公共事务的状况、本地政府在执行公务时遵守法律的情况、本地法院判决的公正程度和本地的社会公平状况来观测；满足感方面，选取了幸福感和信心感两个评价指标，分别用生活现状的满意程度和对未来的信心程度来观测（见表 1）。

表 1　城市居民获得感评价指标体系

一级指标	二级指标	三级指标	观测点
城市居民获得感	安全感	经济安全	个人收入满意度
		社会保障安全	本地教育、医疗、养老满意度
		社会治安	本地社会治安状况评价
		环境安全	本地城市生态环境满意度
	尊严感	社会参与	参与本地公共事务的状况
		依法行政	本地政府在执行公务时遵守法律的情况
		司法公正	本地法院判决的公正程度
		社会公平	本地的社会公平状况
	满足感	幸福感	生活现状的满意程度
		信心感	对未来的信心程度

二　数据选取与评价方法

（一）数据选取

本报告以社会治理河南省协同创新中心于 2016 年 12 月 20 日至 25 日开

展的"2016年河南省城市居民获得感调查"为数据来源。此次调查累计发放问卷4100份，为了更准确地了解居民收入状况，本报告剔除了学生受访者问卷，有效问卷为4014份。

调查样本中，男女比例分布较为均衡，分别占样本总量的42.5%和57.5%；在文化程度上，中专以上占少数，其中初中及以下、高中或中专、大专、本科及以上分别占样本总量的33.1%、38.4%、18.4%、10.0%；在年龄方面，调查对象大多为30岁以上，其中30岁以下、30~45岁、45岁以上分别占样本总量的22.4%、38.1%、39.40%；在职业分布上，根据工作性质的不同，分为专业技术或高级管理人员、私营企业主、机关事业单位人员、个体工商户、普通工人、农民工或农民以及其他（如打工者等）7种，分别占总样本量的4.5%、4.3%、10.5%、26.7%、27.9%、10.6%、15.5%（见表2）。

表2 调查样本描述分析

单位：人，%

变量	指标	人数	比例	变量	指标	人数	比例
性别	男	1703	42.50	年龄	30岁以下	898	22.40
	女	2304	57.50		30~45岁	1529	38.10
职业状况	专业技术或高级管理人员	179	4.50		45岁以上	1581	39.40
	私营企业主	172	4.30	文化程度	初中及以下	1328	33.10
	机关事业单位人员	420	10.50		高中或中专	1540	38.40
	个体工商户	1071	26.70		大专	738	18.40
	普通工人	1121	27.90		本科及以上	401	10.0
	农民工或农民	425	10.60				
	其他(如打工者等)	621	15.50				

注：性别变量中有效样本数为4007个，年龄变量中有效样本数为4008个，职业状况变量中有效样本数为4009个，文化程度变量中有效样本数为4007个。

（二）评价方法

本报告对全省及18个地市安全感指数、尊严感指数、满足感指数按5级量表进行分类，划分为"非常满意、比较满意、一般、比较不满意、非常不满意"5个等级。获得感感知度按照5级量表的形式进行赋值，1分表明非常不满意，5分表明非常满意，分数越高意味着满意度越高。据此得出全省及18个地市的各项三级指标得分，通过加权计算，得出二级指标安全感指数、尊严感指数及获得感指数。

依据层次分析和专家打分法，确定各级指标的权重。其中二级指标安全感、尊严感和满足感的权重分别为50%、40%和10%；安全感指标下三级指标经济安全、社会保障安全、社会治安和环境安全的权重分别为30%、30%、20%和20%；尊严感指标下三级指标社会参与、依法行政、司法公正和社会公平的权重均为25%；满足感指标下三级指标幸福感和信心感的权重分别为80%和20%；依次得出河南省城市居民获得感指数。将指数转换为百分制后，居民获得感指数、安全感指数、尊严感指数和满足感指数评定标准为：20~40分为"低"，40.01~60分为"比较低"，60.01~70分为"中"，70.01~80分为"比较高"，80.01~100分为"高"。

三 河南省居民获得感状况分析

（一）河南省居民获得感仍处于中等水平

通过对全省安全感指数、尊严感指数及满足感指数加权计算，转换得分后，全省获得感指数得分为65.7分，仍处于中等水平，居民获得感指数不高。在18个地市中，许昌、济源得分最高，为71.3分和70.4分，安阳得分为60.8分，居民获得感指数最低，其余15个地市得分在62.6~69.7分，获得感指数为"中"（见表3）。可见，河南省居民的获得感指数不高。

表3 河南省及其18个地市的居民获得感指数

单位：分

序号	城市	获得感二级指标			获得感指数
		安全感指数	尊严感指数	满足感指数	
1	许昌	72.3	67.4	82.6	71.3
2	济源	69.8	68.4	81.5	70.4

续表

序号	城市	获得感二级指标			获得感指数
		安全感指数	尊严感指数	满足感指数	
3	漯河	69.6	67.3	80.1	69.7
4	南阳	69.1	66.1	79.2	68.9
5	三门峡	68.9	64.4	76.3	67.8
6	信阳	68.8	62.1	82.7	67.5
7	驻马店	67.7	63.4	82.8	67.5
8	濮阳	66.3	65.0	78.1	67.0
9	焦作	66.3	65.1	75.3	66.7
10	商丘	63.7	63.0	75.4	64.6
11	洛阳	63.8	61.9	76.5	64.3
12	郑州	63.3	61.3	78.7	64.0
13	周口	63.3	60.3	76.7	63.4
14	新乡	62.7	61.3	72.8	63.1
15	开封	63.5	59.2	75.4	63.0
16	鹤壁	62.5	61.2	70.9	62.8
17	平顶山	61.9	60.6	74.2	62.6
18	安阳	59.4	60.0	71.0	60.8
全省平均		65.5	63.0	77.3	65.7

（二）河南省居民对未来比较乐观，幸福感、信心感较上年均有所上升

居民的幸福感代表对生活现状的满意程度，居民的信心感反映了居民对未来的态度。在幸福感方面，我们选取了"你感觉自己幸福吗"来测量；河南省城市居民幸福感指数得分为77.4分，指数为"比较高"，说明河南省居民相对于安全感和尊严感，满足感较高，幸福感和对未来的信心感的主观评价均属于最高。从18个地市幸福感对比来看，驻马店、信阳、许昌、济源、漯河5市的幸福感指数均在80分以上，属于"非常高"。从2015年、2016年幸福感对比来看，14个地市的幸福感指数均有增长，其中驻马店、

濮阳、三门峡、商丘、信阳、许昌6个地市的增幅在10%以上（见表4）。说明河南省城市居民对生活现状比较满意。

表4 2015年、2016年幸福感指数对比

单位：分，%

地市	2016年幸福感指数	2015年幸福感指数	增幅
驻马店	83.5	66.8	25.0
信阳	83.4	74.8	11.5
许昌	82.9	75.2	10.2
济源	82.1	75.1	9.3
漯河	80.4	73.9	8.8
南阳	79.2	79.1	0.1
郑州	79.0	75.4	4.8
濮阳	78.1	67.2	16.2
全省平均	77.4	72.8	6.3
周口	76.8	70.1	9.6
洛阳	76.7	74.5	3.0
三门峡	76.0	66.3	14.6
商丘	75.4	66.5	13.4
开封	75.2	72.4	3.9
焦作	74.9	74.9	0.0
平顶山	74.0	77.8	-4.9
新乡	72.6	75.1	-3.3
鹤壁	70.6	69.0	2.3
安阳	70.4	73.0	-3.6

在信心感方面，我们选取了"您对未来的信心如何"来测量，河南省城市居民的信心感指数为77.0分，属于"比较高"。从18个地市信心感对比来看，许昌、驻马店两个地市的信心感指数均在80分以上，属于"非常高"。从2015年、2016年信心感对比来看，14个地市的信心感指数均有增长，其中驻马店、商丘两个地市的增幅在10%以上（见表5）。表明河南省城市居民对未来比较乐观。

表5 2015年、2016年信心感指数对比

单位：分，%

地市	2016年信心感指数	2015年信心感指数	增幅
全省平均	77.0	73.9	4.2
驻马店	80.1	69.3	15.6
商　丘	75.5	67.9	11.2
周　口	76.1	69.5	9.5
信　阳	79.5	72.7	9.4
三门峡	77.5	71.1	9.0
漯　河	78.9	72.4	9.0
濮　阳	78.2	72.4	8.0
济　源	79.1	73.5	7.6
许　昌	81.4	78.0	4.4
焦　作	76.8	75.0	2.4
安　阳	73.3	71.6	2.4
郑　州	77.7	76.3	1.8
鹤　壁	71.9	71.0	1.3
开　封	76.1	75.7	0.5

分析城市居民幸福感的影响因素，对安全感和尊严感的各个三级指标与幸福感指标进行相关性分析。根据Pearson相关系数计算，相关系数在0.1~0.3为弱相关，0.3~0.5为中等相关，0.5~1.0为强相关。由此可得，经济安全、社会公平、环境安全与幸福感最相关（见表6），说明居民收入、社会公平、生态环境等对居民的幸福感影响显著，要从增加居民收入、保障社会公平、改善生态环境入手提升居民幸福感。

表6 各个三级指标与幸福感的相关性

三级指标	相关系数	相关性
经济安全	0.413	中等相关
社会公平	0.362	中等相关
环境安全	0.331	中等相关

（三）河南省城市社会治安状况稳中有升

河南省城市 2016 年度社会治安指数得分为 71.5 分，社会治安评价"比较高"，与 2015 年相比，社会治安指数提高 4.5%，从"中"上升为"比较高"，表明河南省城市总体社会治安状况稳中有升。从地市社会治安指数来看，济源、许昌和三门峡的社会治安指数在全省处于较高位置，其社会治安指数分别为 77.4 分、77.4 分和 77.3 分。从增幅来看，有 14 个城市社会治安评价有所提高，其中驻马店、商丘、信阳、济源有较大提升，社会治安指数增幅均在 10% 以上（见表 7）。

表 7　2015 年、2016 年社会治安指数对比

单位：分，%

地市	2016 年社会治安指数	2015 年社会治安指数	增幅
全省平均	71.5	68.4	4.5
驻马店	77.1	64.6	19.4
商丘	71.6	63.6	12.6
信阳	73.3	65.4	12.1
济源	77.4	69.8	10.9
濮阳	70.9	64.8	9.4
南阳	73.4	67.6	8.6
周口	69.1	64.6	7.0
三门峡	77.3	73.0	5.9
漯河	74.9	70.8	5.8
郑州	69.3	66.0	5.0
开封	70.0	67.6	3.6
洛阳	70.7	68.8	2.8
许昌	77.4	75.4	2.7
焦作	71.4	69.6	2.6

（四）城市居民经济安全指数较低，与上年相比城市居民对个人收入满意度下降

在经济安全指数方面，我们选取了"您对自己收入的满意度"来测量。2016 年全省经济安全指数为 58.4 分，相较 2015 年的 60.0 分，2016 年的经

济安全指数降低了 2.7%。总体来看,居民经济安全指数偏低,在 10 个三级指标中,经济安全指数倒数第二(见表 8),说明居民对自己的收入满意度不高。

表 8 河南省居民获得感三级指标指数

单位:分

三级指标	得分	三级指标	得分
幸福感	77.4	环境安全	66.6
信心感	77.0	依法行政	66.5
社会治安	71.5	社会公平	64.5
司法公正	68.5	经济安全	58.4
社会保障安全	67.8	社会参与	52.6

从 18 个地市对比来看,其中许昌、濮阳、三门峡、信阳、安阳等 6 个城市的经济安全指数有所上升,鹤壁、新乡、平顶山、洛阳、漯河、开封等 12 个地市经济安全指数有所下降(见表 9)。

表 9 2015 年、2016 年经济安全指数对比

单位:分,%

地市	2016 年经济安全指数	2015 年经济安全指数	下降幅度
全省平均	58.4	60.0	2.7
鹤 壁	55.5	63.0	11.9
新 乡	55.6	63.0	11.8
平 顶 山	57.3	63.8	10.2
洛 阳	54.6	60.2	9.3
漯 河	61.7	68.0	9.3
开 封	56.2	61.8	9.1
焦 作	59.1	63.6	7.1
郑 州	58.4	62.2	6.1
南 阳	62.6	65.4	4.3
商 丘	57.5	59.8	3.9
周 口	59.7	61.0	2.1
济 源	60.7	62.0	2.1

（五）群体评价差异不大，高收入群体获得感最低，30岁～45岁群体尊严感最低，农民或农民工群体获得感有所上升

首先，高收入群体获得感最低。结合河南省城镇居民收入实际，本报告将个人年收入在3万元以下界定为低收入群体，3万～8万元为中等收入群体，8万元以上为高收入群体。调查数据显示，低收入群体获得感指数为65.4分；中等收入群体获得感指数为66.4分；高收入群体获得感指数为64.6分（见表10）。从收入群体看，中等收入人群获得感最高，高收入群体的尊严感指数很低导致该群体获得感指数最低。中等收入群体安全感指数和满足感指数以及获得感指数在三个群体中均为最高。高收入群体对于社会保障、社会治安、权利维护、法治建设等要求更高，对社会公平、环境安全等问题更加关注。因此，要不断提高公共服务供给水平，满足各阶层居民的需求。

表10　河南省不同收入群体居民获得感评价得分

单位：分

收入群体	二级指标			获得感指数
	安全感指数	尊严感指数	满足感指数	
低收入群体（年收入0～30000元）	65.0	63.3	76.2	65.4
中等收入群体（年收入30000～80000元）	66.7	63.0	78.8	66.4
高收入群体（年收入80000元以上）	65.4	60.4	77.8	64.6

其次，30～45岁群体尊严感指数最低。按照受访者年龄，本报告将社会群体划分为30岁以下、30～45岁和45岁以上三个群体。调查数据显示，30岁以下群体的获得感指数为65.0分，30～45岁群体的获得感指数为64.6分，45岁以上群体的获得感指数为67.1分。从年龄分组来看，30～45岁群体的获得感最低。在三个二级指标中，30～45岁群体的尊严感和满足感均为最低，其中尊严感指数为62.3分，属于"中"（见表11）。因此，河南省30～45岁的城市居民在社会参与、法治建设和社会公平方面满意度较低。

表11　河南省不同年龄组居民获得感评价得分

单位：分

年龄群体	二级指标			获得感指数
	安全感指数	尊严感指数	满足感指数	
30岁以下	64.1	62.8	77.7	65.0
30~45岁	64.3	62.3	75.1	64.6
45岁以上	67.4	63.8	78.4	67.1

最后，农民工及农民群体获得感有所上升。按照受访者职业的不同，将社会群体划分为机关事业单位人员、个体工商户、私营企业主、专业技术或高级管理人员、普通工人、农民或农民工6类。群体比较发现，机关事业单位人员获得感指数最高，为69.2分；其他依次为私营企业主、农民工或农民、专业技术人员或高级管理人员、普通工人、个体工商户；个体工商户和普通工人获得感指数最低，分别为64.7分和64.8分。二级指标对比，机关事业单位人员尊严感、安全感和满足感指数均为最高，说明公职人员仍然是社会优势阶层，反映了其社会地位仍处于较高层次（见表12）。农民工或农民群体的获得感指数高于上年，且群体排名较上年也有大幅提高，说明农民工或农民群体的获得感有所上升。

表12　河南省不同职业群体对获得感的评价得分

单位：分

职业	二级指标			获得感指数
	安全感指数	尊严感指数	满足感指数	
机关事业单位人员	68.4	67.8	78.6	69.2
私营企业主	66.6	62.6	75.8	65.9
农民工或农民	65.2	63.6	77.3	65.8
专业技术人员或高级管理人员	66.5	61.5	75.6	65.4
普通工人	64.5	62.4	76.1	64.8
个体工商户	64.9	61.6	76.4	64.7

（六）城市居民尊严感低，社会参与不足

安全感指数反映的是居民对日常生活和对安全的基本需求，加权计算河南省居民安全感指数得分为65.5分。尊严感指数反映居民对于社会公平公正的渴望与信任程度，加权计算河南省居民尊严感指数得分为63.0分。满足感指数由幸福感和信心感两项三级指标算出，河南省居民满足感指数为77.3分。对比安全感指数、尊严感指数和满足感指数，河南省居民尊严感指数最低。这表明，河南省居民虽然对收入、社会保障、环境等满意度评价不高，但更关注精神需求的满足和价值实现。

河南省城市居民的社会参与不足。从尊严感指标体系来看，社会参与、法治建设和社会公平分别得分为52.6分、67.5分、64.5分（见表13），其中，在社会参与方面，我们选取了"您参与本地公共事务的状况（如居委会选举、当地政策意见征集等）"这道题来测量，社会参与评价得分仅为52.6分，属于"比较低"，说明居民参与本地公共事务的积极性和实际参与的情况很差。在获得感指数的三级指标里，社会参与指数远低于其他三级指标，拉低了河南省居民的尊严感指数和获得感指数。政府应当注重社会公平氛围的营造，积极鼓励提倡居民参与社区事务，群策群力，在社会治理中发挥群众作用，提升居民的尊严感。

表13 尊严感三级指标得分对比

单位：分

二级指标	三级指标	得分
尊严感	社会参与	52.6
	法治建设	67.5
	社会公平	64.5

河南省城市居民社会参与意愿高，但实际主动性低。调查数据显示，第一，居民政治参与意愿较高。在问及居民"是否愿意参与本地基层公共事务（社区或所在单位）"时，有38.90%的受访者"比较愿意"参与，有21.60%的受访者表示"非常愿意"参与，"非常愿意"和"比较愿意"参与政治事务共占受访者的60.50%。第二，河南省居民参与本地公共事务的实际状况一般。在问及居民"您参与本地公共事务的状况（如居委会选举、

当地政策意见征集等)"时,有31.90%的受访者表示"一般",有6.10%的受访者"非常多","非常多"和"比较多"参与本地公共事务的共占受访者的23.10%。第三,河南省居民的参与渠道较畅通,但居民评价有所下降。在"您认为本地民间组织(社区舞蹈队、志愿服务队等)发展情况如何"时,有39.2%的受访者认为"比较好",认为"非常好"的受访者比例为12.30%,"非常好"和"比较好"的百分比为51.50%。民间组织的发展状况意味着居民的参与渠道状况,河南省居民的参与渠道相对畅通,但与上年社会组织发展状况满意度(54.10%)相比,居民评价有所下降。第四,河南省居民实际参与本地事务的可能性较低。在问及"如果发生危害公共利益(如环境污染等)的情况,您认为本地居民主动反映问题(投诉、举报、向媒体反映等)的可能性"时,有35.50%的受访者认为"比较大",认为"非常大"的受访者为13.20%,即有48.70%的居民认为本地居民会主动参与本地事务。

对比发现,河南省居民的参与意愿较高,但实际主动性相对较低,实际的公共事务参与更少。同时可以看出,居民参与渠道有所改善,组织化参与渠道比预期要好,近年来,社区组织发育层面有较大提升,这一数据印证了这一点(见图1)。

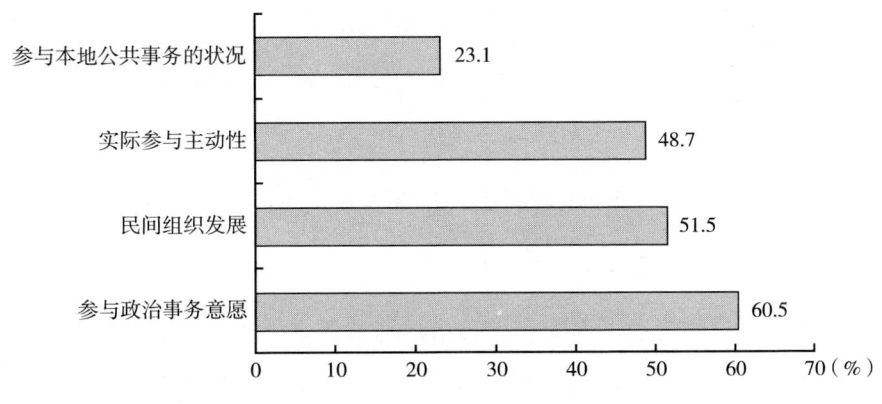

图1 居民参与意愿和参与主动性

四 对策建议

河南省居民获得感总体评价不高，评价指数仅为"中"，说明河南省居民获得感仍有很大的提升空间。基于以上调查发现应从以下几个方面着力，提升居民获得感。

（一）增加居民收入，提高居民经济安全感

经济安全是影响居民安全感和获得感的重要因素。调查发现，全省居民经济安全指数在所有三级指标中排名靠后，说明居民的收入水平直接拉低了居民的获得感。根据短板效应，经济安全、收入水平制约了居民安全感和获得感的提升，要提高河南省居民的获得感，关键要从增加居民收入着手，通过提升劳动力市场供求匹配能力和流动能力，促进居民实现就业；通过探索创业成果利益分配机制，加强政策支持，提供良好的创业环境，切实提高居民的收入水平，稳定物价楼价，保障居民的经济安全。调查发现，30~45岁的中年群体获得感指数最低，说明中年群体生活压力相对较大，要特别重视中年群体的生活需求和精神需要，在改善政府就业服务、增加就业培训、共享就业信息、提高基础工资、完善失业保障等方面采取措施，增加30~45岁中年群体的工资收入，进而提高中年群体的获得感。

（二）进一步加强社会保障，提升个体工商户和普通工人获得感指数

个体工商户和普通工人的获得感指数在被调查人员各职业对比中排名后两位，普通工人的安全感指数最低，个体工商户的尊严感指数排名倒数第二。针对普通工人安全感指数低的问题，应该进一步加强完善对普通工人的社会保障，包括社会保险、失业保障和医疗救助等，同时切实发挥工会的作

用，解决普通工人的后顾之忧；个体工商户缺乏尊严感，应当积极鼓励促进个体工商户的社会参与，重视对个体工商户权益的维护，营造公平的市场竞争氛围，为个体经营户提供良好的经营环境。

（三）创新参与机制，提高居民社会参与度

调查显示，居民参与意愿较高，沟通渠道较上年进一步畅通，但是实际参与度情况很差，说明居民参与社会活动需要畅通渠道，创新参与机制。首先，创新居民参与的表达、回应与反馈机制。拓宽参与渠道，利用多种媒介和活动丰富参与形式，注重互联网的媒介传播作用，贯彻好"互联网+政务服务"，为居民提供一个制度化的参与平台。在此基础上，创建参与的回应与反馈机制，使居民与政府形成良好互动。其次，创新居民参与的保障机制。一是要保障社区基层组织建设，二是保障民间组织发展，使社区与民间组织成为推动居民参与的助推器。最后，创新居民参与的文化机制。通过加强对居民的培训和引导，有针对性地增加居民参与的实践锻炼，有目的性地培育居民参与文化，培养居民社会责任感和公民意识，使居民能够将较为高涨的参与意愿转化为实际的公共事务参与。

（四）提升政府依法行政能力，切实做好居民权益维护

数据显示，河南省居民的尊严感指数最低，其中依法行政在所有三级指标中排名靠后，直接拉低了居民的尊严感指数。因此，应提升政府依法行政能力，让人民过得更有尊严。加快建设法治政府，突出重点领域立法，坚持依法决策、公正文明执法、依法化解社会矛盾，培育政府工作人员法治思维和提高依法行政能力，强化深化改革的法治保障；推行服务型行政执法，编制权力清单、责任清单、负面清单，全面梳理和公开基层公共服务事项，不断改进和完善基层行政服务体系；注重总结宣传，通过多种渠道向社会公众宣传本地、本系统服务型行政执法的举措和效果，及时了解群众需求，征求群众意见，不断加强和改进工作。

（五）强化社会公平，提升居民尊严感

调查显示，河南省居民的社会公平指数不高，说明在经济社会发展过程中，社会不公平现象比较突出，居民对社会公平满意度低。应通过制度性改革缩小贫富差距，建立有利于促进收入公正分配的调节机制和公民工资的正常增长制度，切实提高居民收入；树立法律权威，重视司法队伍的建设，强化司法人员公平正义的法治思维，提高司法人员的依法执法能力，通过全面依法治国战略捍卫司法公正；完善社会保障法治建设，扩大社会保障覆盖面，落实弱势群体的保障政策，实施精准扶贫，合理配置公共服务资源，使居民享有公平的社会保障；增加全民教育支出，深化教育体制改革，通过实施教育资源配置均等化促进教育公平，打破阶层固化的现状，推进阶层和代际公平，从而提高居民的尊严感。

河南省居民价值观调查分析

郑永扣　俞靖　郝涵*

摘　要：　本文以社会治理河南省协同创新中心和郑州大学意识形态安全研究中心共同开展的2016年河南省居民价值观调查问卷为数据来源，对全省18个地市的居民价值观进行测评。测评结果显示，总体来看，河南省居民价值观的整体状况良好，在主流价值领域没有出现明显的偏差。本文从居民对主流价值观的认知、认同和践行三个层面，对影响居民价值观的因素进行分析，找出与价值观相关程度较高的影响因素。从价值观内容来看，当前价值观内容可以分为三个大的方面，中国传统价值观、中国特色社会主义的主流价值观和西方价值观。其中，中国传统文化对河南省居民的价值观影响力依然巨大，超过了后两者。从社会群体来说，居民对于主流价值观的理解和实践能力与居民的受教育水平和职业息息相关。其中，受教育水平的影响最为明显，被访人员的受教育水平越高，其对主流价值观了解度和接受度也就越高。从职业来看，党政机关及事业单位的工作人员对主流价值观的认知程度明显高于商业或服务业人员、个体经营和农民或农民工。根据调查结果，建议通过改善民生、提高受教育水平、拓宽灌输渠道和提高政府公信力等多个方面来提升居民

---

* 郑永扣，郑州大学马克思主义学院教授，博士生导师，意识形态与社会治理特色学科学术带头人；俞靖，郑州大学马克思主义学院讲师，郑州大学意识形态安全研究中心研究员；郝涵，郑州大学马克思主义学院2014级马克思主义基本原理专业博士研究生。

对主流价值观的认知程度,确保老百姓对建设小康社会、实现中国梦的凝聚力和向心力。

关键词: 河南 价值观调查 主流价值观

价值观是人们基于一定的感性体验而做出的理性的认知、理解、判断和选择,是人们认定事物对自身有无价值、判定是非的一种思维和价值取向,从而体现出某一人、事、物的一定价值或作用。价值观对于人的行为选择具有导向作用,人们在社会活动中的任何行为都是根据自身的价值判断进行的。影响价值观的因素是多样的,受教育水平、收入水平、职业、年龄、社会环境等都会影响其价值观标准。对于国家和社会来说,居民的普遍价值观是国家意识形态的重要组成部分,老百姓对于主流价值观的认同和实践程度直接关系着国家意识形态的安全,关系着国家和民族的凝聚力和向心力。本文以2016年8月社会治理河南省协同创新中心和郑州大学意识形态安全研究中心共同开展的河南省居民价值观调查结果为依据,对河南省18个地市800余名居民的价值观状况进行分析评价,并在此基础上就如何提升居民对主流价值观的认同提出对策建议。

一 居民价值观评价指标体系

价值观问题的研究在世界范围内是由来已久的。早在20世纪20~30年代,西方学者就从社会心理学的角度对价值观问题开展了研究,经过30年左右的时间,形成了较为统一的价值观概念,他们把价值观定义为"以人(主体)为中心的"与"值得的"有关的东西,但在如何进行价值观的实证研究方面,却一直未达成共识。由于社会学在中国起步较晚,我国的价值观研究始于改革开放以后。一直以来,我国的价值观研究基本遵循西方模式,对价值观的衡量标准也大多按照西方业已形成的价值观量表来测定,其中比较著名的是由瑞典的

"世界价值观调查协会"发起的"世界价值观调查",该调查主张从"传统""世俗理性""生存""自我表达"四个维度考察人们的价值观状况。但是,对价值观的研究一般都是基于一定的历史文化背景的,照搬照抄的借用模式未必一定适合中国的文化背景和时代特征。只有充分考虑中国社会的历史文化背景和现实国情制定出适合中国社会的价值观评价标准,才能更加有真实地反映中国民众的价值观情况,更加有效地运用于社会治理的过程中。

根据马克思主义唯物史观的基本观点,价值观作为思想上层建筑,是由一定的经济和社会状况决定的。习近平总书记也曾经指出:"中华文明绵延数千年,有其独特的价值体系。中国优秀传统文化已经成为中华民族的基因,植根在中国人内心,潜移默化地影响着中国人的思想方式和行为方式。"[①] 可见,价值观对人们的影响是从感性的了解到理性的分析,再到内化为一种默认的行为规范,自觉践行的过程。因此,对价值观的分析不单单要清楚该项观念老百姓是否了解或熟悉,更重要的是要弄清楚这一观点对老百姓的日常行为规范是否有影响、有多大影响的问题。基于以上理解,本文认为,对居民价值观的调查应该主要包括三个层次:第一层次为感性层面,即认知,是人们在认识事物过程中通过感觉器官对外界事物进行的信息搜集,是认识基础层面,它主要弄清楚老百姓对于我们经常提到的价值观念是否知道以及了解的程度如何;第二层次进入人的理性分析层面,即认同,是人们对外部事物的基本特征进行感知的基础上,内心对其进行的判断,或者心理倾向,或者说,什么样的价值观能够得到老百姓的认可;只有能够被广大民众认同的价值观才可能走到第三步,也就是第三个层次,内化或践行,被认同的价值观最终会成为居民日常生活中默认的行为规范,对其日常行为起到指导和规范作用。认知—认同—践行,是人们对于价值观标准的认识过程,属于层层递进的关系,在这三个层次中,我们需要重点弄清楚每一个层次中的影响因子有哪些,每一种印象因子对其影响程度和影响方式如何,才能在今后的理论研究和工作实践中有的放矢,针对性地解决居民价值观中存在的问题。具体指标体系如表1所示。

---

① 习近平:《习近平谈治国理政》,外文出版社,2014,第170页。

表1 河南居民价值观调查指标体系

一级指标	二级指标	三级指标
价值观	认知	信仰
		价值标准
		态度
	认同	主流价值观认同
		西方价值观
		传统价值观
	践行	行为规范
		行为准则

二 数据来源与样本统计

（一）数据选取

本文以社会治理河南省协同创新中心2016年暑期开始的"河南省居民价值观调查"为数据支撑。本次调查团队由500名郑州大学各个专业的学生志愿者组成，利用他们暑假的空余时间，调查范围涵盖了河南省13个地市，问卷发放地点包括农村和城市的多个地方（见图1），累计发放问卷815份。该项调查以影响居民价值取向的因素为中心，将其规划为传统文化

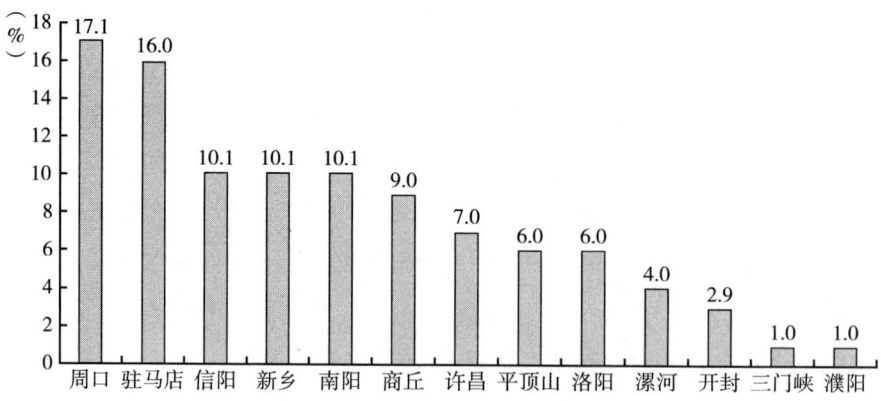

图1 河南省13个地市问卷数量分布示意

因素、西方思潮因素、主流价值观因素三个大的方向，从认知、认同和践行三个层次对居民的价值观念进行了问卷调查。

（二）样本分析

调查样本中，男性390人，占比50.3%，女性385人，占比49.7%，男女样本较为平均；在年龄阶段上，30岁以下的共291人，30~45岁的100人，45岁以上的382人，分别占总人数的37.7%、12.9%、49.4%；在文化程度上，初中及以下占33.2%，高中或中专占23%，大专占13.3%，本科及以上占30.6%；在政治面貌上，党员、民主党派、共青团员、群众分别占样本总量的18.1%、1.2%、28.5%、52.3%；在职业分布上，党政机关及事业单位147人，企业管理或技术人员60人，企业一般工作人员、商业和服务业人员、个体经营、农民或农民工、无工作、其他（学生、兼职等）分别占比8.6%、7.6%、11.1%、21.3%、13.3%、11.4%；在年收入上，1万元以下、1万~3万元、3万~5万元、5万~10万元、10万元以上分别占比34.7%、27.6%、13.2%、13.5%、11%（见表2）。

表2 调查样本描述分析

单位：人，%

变量	指标	人数	比例	变量	指标	人数	比例
性别	男	390	50.3	文化程度	初中及以下	257	33.2
	女	385	49.7		高中或中专	178	23.0
年龄	30岁以下	291	37.6		大专	103	13.3
	30~45岁	100	12.9		本科及以上	237	30.6
	45岁以上	382	49.4	职业	党政机关及事业单位	147	19.0
政治面貌	党员	140	18.1		企业管理或技术人员	60	7.7
	民主党派	9	1.2		企业一般工作人员	67	8.6
	共青团员	221	28.5		商业或服务业人员	59	7.6
	群众	405	52.3		个体经营	86	11.1
年收入	1万元以下	269	34.7		农民或农民工	165	21.3
	1万~3万元	214	27.6		无工作	103	13.3
	3万~5万元	102	13.2		其他（学生、兼职）	88	11.4
	5万~10万元	105	13.5				
	10万元以上	85	11.0				

三 河南省居民价值观状况分析

(一)河南省居民对主流价值观认知程度较高

根据表1对河南省居民价值观认知状况的分析标准,居民价值观认知包括信仰、价值标准和态度三个方面,但是三者对居民价值观的影响不是单一体现的,居民对一定的价值观认知既体现出他的信仰和他对这种价值观的态度,又同时表现出他的判断标准。本次调查中,在对于信仰问题的选择上,共设置9个选项,被访居民的选择情况如图2所示。从选择情况可知,接近60%的被访者选择了信仰共产主义和科学、无神论,选择各种宗教的人员占总人数的18.1%。

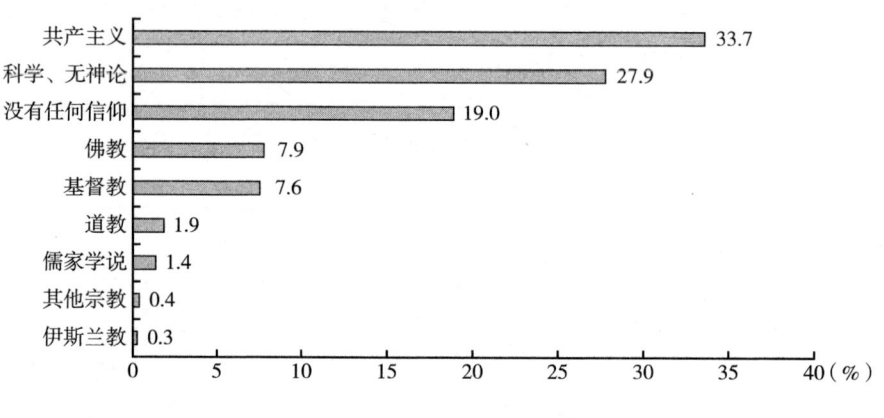

图2 受访居民信仰情况统计

在问及"您对社会主义核心价值观的了解程度"时,选择非常了解的占14.7%,了解的占36.5%,选择一般了解和不太了解的占45.1%,而选择完全不了解的只有3.7%;从政治面貌看,共产党员和共青团员这两类人群对核心价值观完全不了解和不太了解的仅占9%,其余91%的被访者都对核心价值观有一定程度的了解,一般群众选择不太了解和完全不了解的占

28.6%，其余约七成对核心价值观都有一定程度的了解；从受教育水平来看，受过高等教育（包括大专及以上文化水平）的受访者中，只有13.4%的人选择了不太了解或者完全不了解核心价值观，86.6%的受过高等教育的受访者对核心价值观一般了解、了解和比较了解，没有受过高等教育的受访者对这两种选项分别是29.6%和70.4%。从以上结果可以看出，通过一段时间的宣传和教育，主流价值观在河南省居民中的普及程度良好，绝大多数民众对核心价值观的基本要求和基本内容有一定的了解；并且核心价值观在共产党和共青团内部的普及程度明显高于一般群众；居民的主流价值观认知程度与受教育程度呈明显的正相关。

（二）河南省居民对中国传统价值观认同度高于主流价值观，西方价值观认同度最低

想要形成文明和谐、万众一心的社会氛围，关键在于宣传能够得到老百姓广泛认同的价值观思想。一种价值观得到广泛认同，说明它与老百姓的切身利益是一致的。根据价值观评价体系，价值观认同主要包括三种：主流价值观、传统价值观和西方价值观三个方面的认同状况。在主流价值观认同方面，"您认为下列哪些价值观应该成为当代中国的价值观"（见表3），选择

表3　居民价值导向分布情况

单位：次，%

价值观	频数	百分比
创新、协调、绿色、开放、共享	234	30.2
仁义礼智信	164	21.2
自由平等人权的西方价值观	162	20.9
人的自由全面发展的马克思主义的价值观	160	20.6
善恶有报、因果轮回	52	6.7
其他请注明	3	0.4
合计	775	100

最多的是五大发展理念价值观，其次是儒家传统价值观、西方价值观。由表3各个选项的分布比例来看，除了以五大发展理念为代表的主流价值观占30.2%（位居第一）之外，中国传统价值理念、西方价值观和马克思主义价值观的比例差别并不特别明显，说明老百姓认为当代价值观除了应该包含以先进发展理念为代表的主流价值观外，中国传统文化、西方先进思想和马克思主义理论都是当代中国价值观中不可或缺的重要组成部分。

在被问到"您认为什么是爱国"（多项选择）时，选项排名依次为"做好本职工作"（78.8%）、"爱国就要爱党"（71.7%）、"拥护党的方针政策"（57.4%）、"抨击社会黑暗面"（42.2%）、"宣扬民族主义，抵制不友好国家"（23.6%）。被问到"您认为人生最大的幸福"（多选）时，选择依次是"拥有美满家庭"（73.3%）、"获得社会的承认"（55.3%）和"从事自己喜欢的职业"（51.5%）、"生活安逸内心平静"（42.5%）、"为一种崇高的理想奋斗"（24.5%）、"拥有权力和金钱"（16.6%）、"吃饱喝足"（11.7%）。由以上题目可以看出，主流价值观在河南省老百姓心目中的被认可程度高于传统价值观和西方价值观，老百姓比较广泛认同的是将日常生活同国家和集体的感情联系在一起的价值观标准，他们对国家的感情更多地体现在日常生活的过程中。然而，西方价值观的影响也是不容小觑的，自由、平等、人权的西方所谓"普世价值"的渗透也需要引起我们的重视。

（三）河南省居民普遍受传统价值观影响较深，对主流价值观的践行程度一般

对社会主义核心价值观宣传的最终目的，是希望它能内化为整个社会的行为规范，成为普通老百姓自觉遵守的行为准则和价值判断标准，因此，对价值观践行和内化的调查主要涉及某种价值观在民众生活中的重要程度和成为老百姓自觉的行为规范等问题。在"您最重视的节日"调查中，比较典型的题目如"您比较看重的节日的前三位"，80.3%的受访者把春节排在首位，其余节日占比均非常少；第二位选择最多的节日为国庆节，占总人数的45.5%，其次是元宵节，占22.6%，春节在此项中排名第三，占6.7%；第

三位的选择则相对分散一些，清明节（25.1%）、元宵节（20.3%）和端午节（18.2%）依次为选项的前三名。根据选择情况可知，在河南省老百姓心目中重视度高的节日的前三名选项中，排名靠前的大多为传统节日，说明中国传统价值观在老百姓心中的内化程度更深。被问到"公交车是否会让座"的问题时，48.6%的受访者表示只要见到老弱群体就会让座，41.7%的群众则有时会让座，其余9.7%很少让座和基本不让座，为弱势群体让座虽然事情很小，并且宣传已久，但真正能够完全做的群众却不到一半，说明一些宣传已久的主流价值观的践行状况仍不容乐观。

四 影响河南省居民价值观的因素分析

（一）家庭和生活因素对居民价值取向的影响高于国家因素

通过对调查问卷的整理发现，居民关注度较高的领域一般都是涉及自身工作和生活的方面，因此，对于与自身生活息息相关的价值观念的关注程度高于抽象程度较高的国家和集体的荣誉感。例如，在"您最感兴趣的话题"所列出的13个选项中，选择最多的前三项是《今日说法》栏目、春节晚会和南海争端，其余选项依次是感动中国人物评选、社会公平正义、《舌尖上的中国》、好莱坞大片、红旗渠精神、辽宁舰试水、美国大选、焦裕禄精神、孔子学院、伊斯兰恐怖袭击；在"您认为人生最大的幸福是什么"的调查中，有2/3的受访者选择了拥有一个美满和谐的家庭，而"为一种信仰和理想而奋斗"仅排名第六（共七项）。从调查结果分析来看，一方面，家庭、法律、节日等话题与百姓的日常生活息息相关，对百姓的影响无处不在，对居民价值观的影响也会潜移默化的加深，而国家、社会问题对百姓的生活影响是间接的，所以对居民价值观培养的影响不如生活类话题明显；另一方面，国家、社会、理想等话题一般较为抽象，没有生活类话题通俗易懂，加上受教育程度、生活和工作环境的因素的影响，这类话题在传播的过程中对受众和媒介的要求也都相对较高，不容易被接受。

（二）中国传统文化对老百姓价值观影响根深蒂固

根据调查问卷设计的指标，问卷内容中涉及居民对于中国传统价值观、西方价值观和主流价值观的认知和认同。调查结果显示，居民对中国传统文化的认知程度最深，甚至超过了对中国特色社会主义主流价值观的了解。在"您认为最伟大的思想家"题目中，选择最多的是孔子，其数量明显高于马克思和毛泽东等；在"您认为最应该成为当代中国的价值观"选择上，排名前三名的有两个都是关于传统文化的。从这些典型的题目可以分析出，居民的价值观受中国传统文化的影响是非常深刻的，特别是中国传统文化中的儒家思想，对于居民的价值观的影响程度巨大。相对于传统文化和主流文化来说，西方外来思潮对居民日常生活的影响要小得多。

（三）教育因素对居民对于价值观的理解和践行影响明显

调查结果显示，受访者的受教育程度越高，对主流价值观的认知程度也就越高，初中及以下文化程度的受访居民对社会主义核心价值观非常了解和了解的比例为18.9%，本科以上文化程度的受访者对社会主义核心价值观了解和比较了解的比例达到75.1%。究其原因，一方面，受教育程度越高，对外界事物的理解能力和学习能力也就更强，越容易接受主流价值观的宣传；另一方面，受教育程度越高，社会实践的范围相对广泛，与外界的交往和互动就更高，相对来说接受信息的渠道也就越广泛，更有机会接触到主流价值观的宣传。

此外，从对主流价值观的践行程度来看，受教育程度越高，在日常生活和工作中越能够更加自觉的践行社会主义核心价值观的基本要求，他们的家国观念也越强。在受访的群众中，本科及以上学历的居民对主流价值观宣扬的人的自由全面发展、创新协调等价值导向的认可度高于高中以下文化程度者，并且他们对于西方所谓"普世价值"的辨别能力也更强。

（四）职业与社会阶层不同，对主流价值观的认知度不同

调查结果显示，不同职业的民众对主流价值观的认知程度有明显差异。其中，对主流价值观了解最多的是党政机关及事业单位的公职人员和学生群体，在被访的这两类人群中，对社会主义核心价值观了解和比较了解的比例占这类群体总人数的72%，而对主流价值观了解较少的群体是农民群体，接近38.8%的受访农民群体不太了解甚至完全不了解社会主义核心价值观，抛去受教育水平因素来说，公职人员和学生群体在日常的生活、学习和工作中，接触到社会主义核心价值观教育和宣传的机会比较多，这说明无论是学生的思政课教育还是党员的先进性教育活动，都能对传播和灌输主流价值观起到很好的推动作用。当然，也必须看到在农民、农民工这些社会较为底层的群体中，主流价值观的教育和传播还相对欠缺。其中很多人从事繁重的体力劳动，收入水平不高，物质生活资料相对缺乏，使他们对文化生活的关注度较低。提升这部分人对主流价值观的认同度，必须在提高物质生活条件的基础上，拓宽宣传渠道，改进教育方式。

（五）政府机关的行政能力对居民价值观有一定程度的影响

根据问卷中居民对各级政府（包括中央、省、县、乡镇）的满意度调查，居民对于中央政府的满意度高于基层机关，对于中央目前提出的反腐、党员教育活动较为认可。49.3%的受访者认为权力与腐败相连，19.5%的受访者认为有特权情况存在，这表明腐败问题影响到老百姓对于国家和社会的认可程度，影响到党的声誉和威望。毋庸置疑的是，与老百姓日常生活联系最紧密的是基层政府，基层政府机关、事业单位的办事作风和运行效率、公职人员的工作态度和职业操守等，都会向民众传递其价值取向和道德选择，基层公职人员的一举一动会直接影响到老百姓的价值判断标准。习近平说："要把权力关进制度的笼子"，之所以有许多受访者把权力和腐败联系在一起，是因为制度管理上存在漏洞和不足，要提高行政事业单位的行政能力和

公信力，其根源还在于完善管理制度。只有健全权力运行制约和监督体系，让人民监督权力，让权力在阳光下运行，才能真正提升政府在人民心中的威信度和公信力，引导民众提高对主流价值观的认可度和践行度。

（六）新媒体对居民生活的影响程度超过了传统媒体

在对价值观传播媒介的调查中，有65.4%的受访者表示几乎每天都会上网，几乎不上网的占13.2%，其余21.4%为偶尔上网；53%的受访者表示几乎每天都会看电视，每周偶尔看几次的占30.3%，一个月看两三次的占4.2%，一年也不看几次的占12.5%。这一数据表明，在传统媒体中，电视依然是老百姓获取外界信息的主要渠道，但是网络已经超越了电视这种传统的媒体，成为老百姓获取信息的最重要渠道；并且使用手机上网的人群超过了使用电脑上网的人群，手机在居民获取信息途径中的重要性已日渐显露。不可否认的是，相对于电脑来说，手机更为轻巧便捷，它的网络覆盖更为广泛，使用范围打破了以往的时空界限，极大地扩展和延伸了信息获取的渠道，手机独有的各种优势使其成为老百姓生活和工作中不可或缺的重要工具。同时，在调查中也发现，有近八成的受访者表示，自己了解主流价值观的渠道是电视、报纸等传统媒体，而使用网络、手机等新媒体了解主流价值观的受访者占比约五成。诚然，网络在主流价值观传播中的影响力已经不可小觑，但相比电视等传统媒体而言尚处于劣势，今后仍有较大的发展空间。

五 对策建议

（一）改善民生，提升居民价值认同

研究表明，收入高低与居民的主流价值认同有着直接的关系，总体来说，收入较高的人群对社会的满意度也相对较高，他们对于主流价值观的认同感较高。因此，提高居民收入水平，改善居民生活，是灌输主流价值观的基础。具体来说，要注意以下几点：第一，在适应"经济新常态"的框架

下，稳定居民收入。现阶段，我国经济的整体增长率有所降低，经济发展速度较之前有所回落，科技化水平更加先进，经济社会进入新常态，这对普通居民的最直接影响就是工作机会较之前有所减少，用工量也随之减少，尤其是对于农民工群体来说，普遍反映大城市打工机会减少，这就需要政府建立和完善社保政策，避免经济放缓带来的剧烈波动，特别是稳定对低收入家庭的社保补贴力度。第二，调整产业布局，改变人员流向。改变以往人群大部分流向大城市的格局，努力发展县域和乡镇经济，调整产业布局，方便居民就近解决就业和安置问题，减少大城市人口压力，便于居民兼顾工作和家庭，提升居民整体生活水准，避免大范围出现"空巢老人""留守儿童"等社会现象，同时也可以降低人员流动率，维护社会稳定。第三，拓宽居民收入渠道，鼓励创新创业，政府为居民双创提供政策性扶持，如提供小额贷款、减免税收、提供信息咨询等。对于农民来说，鼓励土地流转，培育新型农民，加强监管，保证政策落实。

（二）多管齐下，创新价值观传播渠道

当前，对河南省居民价值观影响最大的两个因素是社会风气（占比49.5%）和家庭（占比45.9%），在核心价值观传播的过程中，应从河南省居民价值观实际出发，综合运用意识形态和非意识形态手段，通过多种途径，不断创新价值观传播渠道。一是要构建和谐公正的社会环境。人们价值观念的形成过程本质上是一个社会化的过程，是在社会中完成的，整个社会是价值观教育的大课堂。应加速推进各项改革举措，建立有利于培育和践行社会主义核心价值观的制度环境，形成不良行为难以取得预期收益的公正社会氛围。要通过深化改革，完善社会治理机制，提高社会治理水平；要在制度创新与设计过程中，强化公众参与机制，拓宽表达渠道，扩大参与范围，增强公众的参与感，提高心理接受度；要加快收入分配制度改革，营造公平的分配调节机制；要加强法制建设，依法从严治党，注重加强预防和惩治腐败体制机制建设，营造风清气正的社会环境。二是要重视良好的家庭教育。家庭教育是价值观教育的"第一课堂""第一阵

地",家长的文化素养、道德情操、行为习惯等都会在潜移默化中影响孩子价值观的建立。要引导青少年树立正确的世界观、人生观、价值观、道德观、荣辱观,必须从提升家长的综合素质、端正家长的教育理念做起。在价值观教育中,家长不但要言传,要身教,也要为孩子率先垂范,从自身做起、从小事做起,促使孩子在积极健康的家庭氛围中形成正确的价值观。三是要加强正面的舆论引导。要确保媒体正确的价值导向,坚持党对舆论宣传的领导,坚持马克思主义在意识形态领域的指导地位,在强化传统媒体"主阵地"的同时,利用现代信息技术开拓新媒体阵地。引导公众正确看待社会转型期的价值迷失、道德滑坡现象,减少心理不平衡感,着力营造和谐友好的文化环境。

(三)将中华优秀传统文化融入核心价值观教育

中华优秀传统文化是中华民族经历各种磨难而屹立不倒的精神支撑,是社会主义核心价值观的文化根基和思想源泉。调查结果显示,21.2%的被访者认为应将"仁义礼智信"传统价值观作为当今社会主流价值观,这说明流传千年的儒家传统思想对人们影响很大,已经深深地烙印在人们的思想与行为之中,融入人们的价值观念、思维方式、风俗习惯、道德礼仪等各个方面。孔子说:"仁者,爱人","克己复礼为仁"。"仁"的本质就是"仁爱""仁政",孟子认为"民贵君轻",这些都构成"民主"思想的文化渊源。儒家主张的"和而不同"正是人与自然、人与社会、国家与国家之间和谐相处的精髓。此外,"天下兴亡、匹夫有责""苟利国家生死以,岂因祸福避趋之"这些思想都浸透了浓厚的爱国主义情怀。"民无信不立""身致其诚信"更是中华民族一脉相承的立人之本。应该说,社会主义核心价值观的24个字都能在中华优秀传统文化中找到来源,"民主""文明""和谐""公正""诚信""友善"等既是我国优秀传统文化的价值理念,也是我国社会主义的本质属性。因而,要有效地开展价值观教育,必须将民族优秀传统文化融入其中,才能构建起适合河南实际、反映人们共识、引导河南人民积极向上的价值观体系。

(四)注重居民价值观培育中的实践养成

在价值观培育中,实践是价值规范内化与外化的中介。人们的价值情感、价值意志、价值信念都是在践行价值规范的实践过程中得到强化的,价值观教育的最终落脚点就在于人们能够按照社会主导的价值观念去行动,并在实践中反复训练巩固,最终实现知行统一。第一,应大力宣传先进典型和道德模范。通过"感动中原"人物、"五一劳动奖章"获得者等先进典型的树立,影响和感染全体社会成员,引导人们学习他们乐于助人、踏实勤奋的高贵品质,学习他们立足平凡、无私奉献的职业操守,向整个社会传递有形的正能量。第二,应深入持久地开展各种主题实践活动。针对青少年、共产党员和各级干部、企事业单位职工、农村干部群众等不同人群,围绕他们的不同需求,开展形式多样、内容丰富的主题实践活动,从细节抓起,从小事做起,使核心价值观成为人们内在的价值追求和行为自觉。第三,应坚持不懈地抓好规范养成活动。在实践过程中,通过将社会主义核心价值观贯穿于各行各业的规章制度,贯穿于市民公约、乡规村约、学生守则等行为准则中,使社会主义核心价值观成为人们日常生活的遵循。同时,利用一些礼仪制度、重大节日传播主流价值观念,增强人们的心理认同感,将个体内在的价值自律和外在的价值他律有机统一,使个体自发的为善行为上升为群体自觉的为善行为,使社会主义核心价值观真正落实到每个人的日常生活和行为习惯中。

(五)加强政府建设,转变政府职能,提高政府公信力

根据问卷调查可知,政府公信力与居民对主流价值观的认同呈正相关关系。研究发现,居民对于基层政府的信任度低于中央政府,总体来说,居民对于中央政府提出的政策还是比较认同的,但是对于基层政府的信任度却不是很高。在实际生活中,与居民日常生活关系密切的是基层政府和事业单位,而居民对基层政府认同感低,说明基层政府在与老百姓打交道的过程中,人民满意度不够高,导致对政府公信力产生影响。这就需要加强政府建

设,特别是提升基层政府和党组织的行政能力,转变其管理方式。具体说来,可以从以下几个方面着手:第一,提高政府及事业单位工作人员的整体素养,明确其作为国家公职人员的身份,彻底改变"门难进""脸难看""事难办"的工作态度,定期进行岗位技能培训,特别是抓好党员干部的理性信念教育,提高国家公职人员的职业素养,提高政府行政能力。第二,加大监管力度。根据问卷调查,老百姓对于目前中央大力整顿腐败现象比较支持,相当一部分人认为取得了良好的社会效果,"把权力关在制度的笼子里"才能从根源上杜绝腐败,树立良好的政府形象,让老百姓得到切实的利益,才能提高他们对于主流价值的认同度。第三,利用新媒体,提高政府的透明度。随着移动互联网的飞速发展,微信、微博等自媒体深入居民的日常生活,政府及事业单位运用自媒体,一方面可以及时公布政务信息,另一方面可以拉近与居民的心理距离,提高居民对政府工作的知情权和认同度。

河南省经济发展环境调查分析*

樊红敏　郭志会　李琳**

摘　要： 基于社会治理河南省协同创新中心的"2016年河南省经济发展环境满意度调查"数据，本文从行政环境、法治环境、税费环境、金融环境、社会环境、硬件环境六个维度，分析了河南省经济发展环境状况。调查发现，河南省经济发展环境总体状况评价一般，还有待于进一步改善和优化；通过行政环境、法治环境、税费环境、金融环境、社会环境、硬件环境对比发现，居民对河南省税费环境、硬件环境评价最高，对金融环境评价最低；群体比较发现，私营企业主对经济发展环境最不满意，表明亟须优化企业经营环境的经济发展配套环境；从16个三级指标对比来看，居民对社会物流发展情况指标的评价最高，表明河南省近几年来物流服务发展较快，得到公众认可，经济发展环境的借贷成本、银行服务指标评价最低，表明经济发展的配套金融环境与居民的要求差距较大，有待于通过提高银行金融服务水平、降低金融成本来改善金融环境；2017年经济发展环境三级指标与2016年对比发现，河南省经济发展的企业资金状况与社会治安状况得到较大改善。

关键词： 河南　经济发展环境　金融环境　税费环境

---

* 本文系国家社会科学基金一般项目"县域'压力型维稳'的运行逻辑与维稳制度化研究"（13BZZ030）、河南省高校科技创新团队"县域社会治理评价研究"（编号：15IRTSTHN007）阶段性成果。

** 樊红敏，郑州大学公共管理学院教授，博士生导师；郭志会，郑州大学公共管理学院2016级硕士研究生；李琳，郑州大学公共管理学院2013级本科生。

一 背景

习近平总书记以"经济新常态"高度概括了当前经济发展的新特征、新趋势。在经济新常态下，河南省投资和要素驱动力有所减弱、结构优化升级更加紧迫、资源环境约束加剧、各类潜在风险累积叠加，但产业梯度转移蕴藏的投资需求潜力不断释放，区位交通、人力资源、产业集群、载体平台等综合优势日益凸显。2016年河南省政府提出了促进中部地区崛起十年规划，要求提高供给体系质量和效率，为经济发展环境优化指明了方向。行政环境、金融环境、社会环境等作为经济发展供给体系的一部分，对促进中部崛起、确保河南"十三五"良好开局具有重要意义。为此，2016年12月，社会治理河南省协同创新中心启动了"河南省经济发展环境调查"。

二 数据来源与评价方法

（一）数据选取

本文以社会治理河南省协同创新中心于2016年12月17日至22日开展的"河南省经济发展环境调查"为数据支撑。调查围绕居民对经济发展的行政环境、法治环境、金融环境、社会环境、税费环境、硬件环境六个方面开展了问卷调研。调查团队由94名郑州大学公共管理学院的研究生和本科生组成，调查范围涵盖了河南省的18个地市，调查采用社区抽样调查的方式，累计发放问卷4700份，回收有效问卷4552份，其中郑州563份，开封、安阳各222份，洛阳348份，平顶山242份，鹤壁、新乡、焦作、许昌、三门峡、济源各220份，濮阳241份，漯河242份，商丘231份，周口228份，驻马店223份，南阳245份，信阳225份，有效回收率96.85%。

（二）经济发展环境评价指标体系的构建和权重确定

经济发展环境是包含经济发展所依赖的相关的各个外部环境的总称。为了系统地考察河南省经济发展环境的动态变迁过程，本文对《河南社会治理发展报告（2016）》中的经济发展环境评价指标体系进行修正。从行政环境、法治环境、硬件环境、社会环境、金融环境、税费环境六个维度评价河南省18个地市经济发展环境状况。行政环境选取服务效率、干部作风、政府回应三个二级指标进行评价；法治环境选取司法公正、权益维护两个二级指标进行评价；硬件环境选取基础设施、物流服务两个二级指标进行评价；社会环境选取人力资源、社会诚信、社会治安、社会就业四个二级指标进行评价；金融环境选取资金状况、银行服务、借贷成本三个二级指标进行评价；税费环境选取收费负担、税收负担两个二级指标进行评价。河南省经济发展环境评价指标体系如表1所示。

表1 河南省经济发展环境指标体系

一级指标	权重	二级指标	三级指标
行政环境	0.2	服务效率	服务效率、服务态度满意度
		干部作风	干部作风满意度
		政府回应	民意反映渠道满意度
法治环境	0.2	司法公正	纠纷处理满意度
		权益维护	群众权益维护满意度
税费环境	0.15	收费负担	"乱收费""乱罚款"情况
		税收负担	企业税收负担情况
金融环境	0.15	银行服务	银行贷款情况
		资金状况	资金短缺情况
		借贷成本	借贷成本情况
社会环境	0.2	社会治安	社会势力干扰情况
		社会诚信	社会诚信状况
		社会就业	就业机会情况
		人力资源	招工难易程度
硬件环境	0.1	物流服务	物流服务发展情况
		基础设施	水、电、气保障情况

本文依据二级指标对于经济发展环境的影响程度，根据专家打分的方法，确定各个二级指标的权重。其中，行政环境属于影响城市经济发展环境的重要外部环境，其在经济发展环境中占20%的权重；法治环境对城市经济发展起着重要的维护、保障、促进、规范和巩固的作用，其在经济发展环境中占20%的权重；税费环境是行政管理主体直接影响经济发展的重要外部环境，其在经济发展环境指标中占15%的权重；金融环境是影响经济生产活动的重要外部环境，其在经济发展环境中占15%的权重；社会环境是经济发展环境的社会基础，直接影响着城市经济发展环境，其在经济发展环境中占20%的权重；硬件环境是城市经济发展的物质条件保障，直接决定着城市经济发展的质量与水平，其在经济发展环境指标中占10%的权重。

本次调查通过了解全省居民在政府服务质量、社会法治状况、融资难易、基础设施等16个方面的感知度来判定河南省及18市的经济发展环境状况。把全省及18市行政环境、法治环境、金融环境、社会环境等经济发展环境各项指标按照按百分制进行计算，其中调查问卷五分量表得到的数据以非常好100分、比较好80分、一般60分、不太好40分、非常差20分的标准进行赋值计算，三级指标均取同等权重，得出二级指标行政环境指数、法治环境指数、税费环境指数、金融环境指数、社会环境指数、硬件环境指数的各项得分，根据各二级指标的权重加权计算进而得出最终的经济发展环境指数。经济发展环境各指数的评定标准为：40分以下为"低"，40~60分为"比较低"，60~70分为"中"，70~80分为"比较高"，80分以上为"高"。

三　河南省经济发展环境总体评价

（一）河南省经济发展环境总体评价为"中"

通过对行政环境、法治环境、税费环境、金融环境、社会环境、硬件环境这六个二级指标进行加权计算，得出河南省及18市经济发展环境指数，具体如表2所示。河南省经济发展环境总体指数得分为65.5分，经济发展环境指数总体评价为"中"，表明河南省经济发展环境居民满意度一般，还有待于进一步改善和优化。

表2 河南省及18市经济发展环境指数

单位：分

序号	城市	二级指标						经济发展环境
		行政环境	法治环境	税费环境	金融环境	社会环境	硬件环境	
1	济源市	70.9	72.9	79.2	65.2	73.6	79.0	73.0
2	三门峡市	66.5	67.7	77.0	62.3	71.5	78.9	69.9
3	驻马店市	67.9	68.8	74.0	61.5	69.8	78.7	69.5
4	许昌市	68.8	70.1	67.0	62.8	69.3	76.8	68.8
5	漯河市	68.2	69.9	68.0	61.8	67.8	74.8	68.2
6	信阳市	65.0	66.6	69.4	61.6	69.6	79.4	67.8
7	焦作市	68.1	68.4	68.4	62.9	66.8	74.2	67.8
8	南阳市	64.7	67.4	71.4	60.9	69.5	75.3	67.7
9	濮阳市	66.6	66.3	64.0	59.1	66.1	75.6	65.8
10	商丘市	63.3	66.2	66.8	60.2	66.2	74.5	65.6
11	洛阳市	65.6	66.1	67.2	59.1	64.5	74.3	65.6
12	郑州市	61.3	64.2	64.8	58.3	67.6	75.2	64.6
13	新乡市	64.1	63.0	65.8	59.3	64.0	72.9	64.3
14	周口市	62.7	65.3	64.8	57.7	64.8	72.1	64.2
15	平顶山市	62.3	63.8	63.2	58.5	65.3	75.0	64.0
16	开封市	60.2	64.3	64.2	59.0	65.0	74.2	63.8
17	鹤壁市	63.4	64.4	65.8	56.7	62.9	72.1	63.7
18	安阳市	63.0	64.0	61.2	57.4	62.6	71.5	62.9
	平均分	64.9	66.5	67.6	60.0	67.0	67.0	65.5

（二）济源、三门峡、驻马店经济发展环境评价位居前三

从地市比较来看，济源市经济发展指数为"比较高"，其余城市经济发展指数为"中"。从城市排名来看，经济发展环境指数排名前三位的地市分别为济源市、三门峡市和驻马店市，分别为73.0分、69.9分和69.5分，经济发展环境指数得分相对较低的三个城市为安阳、鹤壁、开封，得分依次

为62.9分、63.7分和63.8分。从一级指标排名来看，济源市行政环境指数、法治环境指数、税费环境指数、金融环境指数和社会环境指数均为最高，指数得分分别为70.9分、72.9分、79.2分、65.2分、73.6分；信阳市硬件环境指数为最高，为79.4分，表明信阳市居民对城市经济发展硬件环境满意度较高。

（三）河南省税费环境、硬件环境指数评价较高，金融环境评价最低

河南省行政环境、法治环境、税费环境、金融环境、社会环境、硬件环境指数分别为64.8分、66.5分、67.6分、60.0分、67.0分、67.6分，指数评价均为"中"。比较来看，河南省税费环境指数最高，为67.6分，表明居民对河南省税费环境满意度较高，其余依次为硬件环境、社会环境、法治环境、行政环境及金融环境。其中，金融环境指数最低，为60.0分，说明居民对河南省经济发展环境中的金融环境满意度最低（见表3）。

表3 河南省经济发展环境一级指标比较

单位：分

序号	一级指标	平均得分	序号	一级指标	平均得分
1	税费环境	67.6	4	法治环境	66.5
2	硬件环境	67.3	5	行政环境	64.8
3	社会环境	67.0	6	金融环境	60.0

（四）私营企业主和个体工商户对河南省经济发展环境评价最低

从河南省经济发展环境指数看，机关事业单位人员经济发展环境指数最高，为71.1分。其余依次为其他、专业技术人员或高级管理人员、普通工人、个体工商户、农民工或农民和私营企业主。其中，私营企业主河南省经

济发展环境指数评价最低，为64.1分，表明私营企业主对于河南省经济发展环境最不满意。从不同职业群体来看，机关事业单位人员对行政环境、法治环境、金融环境、社会环境、硬件环境评价均为最高；农民工或农民群体对于行政环境最不满意；私营企业主对于河南省法治环境、税费环境、金融环境及法治环境最不满意；说明不同职业群体对河南省经济发展环境的关注点不同，政府应根据不同职业群体的需求，进一步优化经济发展环境，为不同行业创造良好的发展空间与环境（见表4）。

表4 不同职业群体对经济发展环境评价

单位：分

职业群体	行政环境	法治环境	税费环境	金融环境	社会环境	硬件环境	经济发展环境
机关事业单位人员	72.2	72.4	69.4	65.2	69.6	80.8	71.1
其他	66.8	67.0	65.8	61.8	67.0	76.0	66.9
专业技术人员或高级管理人员	64.3	67.6	64.2	62.9	65.5	75.8	66.1
普通工人	65.5	66.2	65.4	59.0	66.5	76.6	66.0
个体工商户	63.7	65.9	69.8	57.4	67.4	73.4	65.8
农民工或农民	63.3	66.2	67.0	59.1	65.3	75.6	65.4
私营企业主	63.9	64.3	64.0	56.7	64.7	73.6	64.1

（五）物流服务、基础设施、社会治安评价得分最高

公共服务、治安环境、司法公正、社会诚信、借贷成本等16个三级指标比较发现，物流服务、基础设施、收费负担、社会治安四个二级指标得分在70~80分；社会诚信、服务效率等十个二级指标得分在60~70分；银行服务、借贷成本两个二级指标得分在50~60分。其中，物流服务得分最高，为77分，表明河南省近几年来大力改善物流业发展环境，物流服务发展较快，居民相对最满意，得到公众的认可；社会治安得分为71分，表明河南省治安环境状况较好；基础设施得分为73.4分，表明经济发展配套环境中

相关的交通运输、信息服务等基础设施建设基本能够满足居民的要求；银行服务、借贷成本得分最低，为59.2分和53.6分，指数评价为"比较低"，表明河南省在未来的发展中，在银行服务和借贷成本方面仍有很大的发展空间（见表5）。

表5 二级指标河南省平均得分

单位：分

序号	二级指标	全省平均	序号	二级指标	全省平均
1	物流服务	77.0	9	权益维护	66.4
2	基础设施	73.4	10	政府回应	64.2
3	收费负担	73.2	11	干部作风	63.0
4	社会治安	71.0	12	社会就业	62.8
5	社会诚信	68.2	13	企业用工	62.4
6	服务效率	67.4	14	企业税负	62.0
7	资金状况	67.2	15	银行服务	59.2
8	司法公正	66.6	16	借贷成本	53.6

（六）河南省居民对银行服务和借贷成本评价不高，存在中小企业贷款难与借贷成本较高的情况

在河南省经济发展环境的二级指标对比发现，银行服务指数和借贷成本指数最低，分别为59.2分和53.6分，低于其他二级指标评价指数。银行服务指数得分低说明居民对银行服务满意度不高，河南省存在中小企业银行贷款难的情况；而借贷成本指数得分低则反映出居民对借贷成本满意度偏低，河南省存在中小企业借贷成本偏高的情况。

（七）资金状况、社会治安评价相比于2016年明显提升

2017年经济发展环境二级指标与2016年对比发现，资金状况及社会治安评价相比于2016年提升明显，资金状况指数得分从2016年的61.0分提升到67.2分，社会治安指数从2016年68.2分提升到71.0分，表明居民对

2017年河南省企业资金状况与社会治安状况的满意度有明显提升,河南省经济发展的企业资金状况与社会治安状况得到比较大改善。其余9个二级指标指数变化程度不高,说明亟须重视改善影响河南省经济的其他发展要素,经济发展环境改善仍有很大的发展空间(见表6)。

表6 2016年与2017年二级指标河南省平均得分对比

单位:分

2016年		2017年	
二级指标	全省平均	二级指标	全省平均
社会诚信	69.2	社会诚信	68.2
社会治安	68.2	社会治安	71.0
服务效率	67.8	服务效率	67.4
群众权益维护	66.6	权益维护	66.4
人力资源环境	65.8	企业用工	62.4
司法公正	65.6	司法公正	66.6
就业环境	64.2	社会就业	62.8
干部作风	63.6	干部作风	63.0
银行服务	61.6	银行服务	59.2
资金状况	61.0	资金状况	67.2
借贷成本	51.2	借贷成本	53.6

四 对策建议

河南省经济发展环境总体评价不高,评价指数仅为"中",说明河南省经济发展环境仍有很大的提升空间。基于以上调查发现宜从以下几个方面着力。

(一)加强干部作风建设,改善行政环境

行政环境是经济有效运行的保障。调查表明,河南省行政环境指数评价为"中",虽然服务效率评价最高,但尚未达到"比较好",说明虽然全省行政人员的服务效率改善很多,但仍有很大提升空间。二级指标对比发现,

行政环境中居民对干部作风评价最低，说明优化行政环境需要从加强干部作风建设做起。从制度、观念和职业道德方面统筹推进，改善行政环境。农民工或农民群体对行政环境满意度最低，表明改善行政环境要加强对农民工群体的针对性，要针对农民工群体加强行政服务，在解决事关农民工群体切身利益的问题上出台具体的政策或办法，如落实劳动合同、解决农民工欠薪、农民和农民工法律援助、社会救助等。

（二）大力推进依法行政，改善法治环境

法治环境是经济有序运行的基础。调查表明，全省政府法治环境指数评价为"中"，表明河南省居民对政府法治环境的满意度不高，还没达到期望的水平，行政和司法规范化、法治化有待进一步加强。权益维护和司法公正指数评价均为"中"，居民对其满意度一般，表明应进一步培养政府公务人员和行政执法人员的责任意识与法律意识，要进一步加强司法机关的权威性，规范法院、检察院等司法机关的行为，在居民权利维护、司法救助、纠纷解决等方面，深化司法改革，切实维护群众权益。调查表明，私营企业主对法治环境的评价最低，说明法治环境改善应针对私营企业主群体采取行之有效的措施，建议尽早出台相关的法律法规，明确对私营企业财产和经营行为进行保护的程序和渠道，法律援助机构应为私营企业给予必要的法律援助和法律服务，创建一个保护私营企业合法权益的法治环境。

（三）多措并举，改善金融环境

金融环境是指在一定的金融体制和制度下，金融活动影响市场主体和经济运行的各要素的集合，是经济平稳运行的支撑。调查表明，一级指标中金融环境评价指数得分最低，与其他指标相比差异明显。说明居民对金融环境最不满意，要多措并举，从改善银行服务、降低融资成本等方面着力，大力改善金融环境。群体比较发现，私营企业主对金融环境最不满意，说明金融环境对企业运行的影响最直接，本次调查的主要对象是个体工商户和私营企业经营管理者，要针对私营企业和个体工商户中小微企业，采取有针对性的

措施提高金融服务质量，如通过畅通中小微企业和银行之间的融资渠道、加快建设中小微企业诚信体系和信用担保体系、提高中小微企业金融服务水平等举措优化中小微企业融资环境。调查表明，借贷成本是金融环境二级指标中得分最低的。表明在企业经营过程中，金融成本过高，居民最不满意。要通过降低金融成本来改善金融环境，如通过金融信息化降低金融信息成本、完善居民和企业信用担保体系、丰富贷款产品类型等举措降低借贷成本。

（四）精准施策，缓解就业压力

社会环境是经济持续发展的动力。调查表明，全省社会环境评价指数为"较高"，说明居民对社会环境的满意度较高，可继续精准施策，通过增加居民就业机会、满足企业招工需求、优化就业环境等，优化社会环境。调查表明，社会就业和企业用工的评价得分较低，说明当前河南省"就业难"和"用工荒"问题并存。"就业难"和"用工荒"现象并存说明产业升级和结构调整对人才需求增强以及对劳动者专业和素质要求发生变化，造成就业市场结构性失衡。在解决"就业难"方面，要在人才培养结构和办学模式调整、统筹学历教育和职业教育、改善政府就业服务、校企合作等方面采取措施，促进就业。在解决"用工荒"方面，要通过引进人才政策、培训升级、人才升级以及人力资源环境的改善，吸引人才，培养人才，优化人力资源环境。私营企业主对社会环境评价最低，表明应该针对私营企业主改善目前的社会环境评价较低的状况。

河南省地方政府门户网站评价[*]

马 闯 王高松 王兆君[**]

摘 要： 本文综合运用层次分析法和专家德尔菲法构建河南省地方政府门户网站评价指标体系，对18个省辖市和10个直管县（市）政府门户网站运行情况进行评价。结果表明：信息公开透明度尚需提高；在线服务实现度逐步提升；公众参与满意度表现一般；网站设计友好度有待提高；网站安全防护度达中高等级。比较而言，省辖市政府门户网站中，南阳市表现较好，周口市表现较差；省直管县政府门户网站中，巩义市表现较好，新蔡县表现较差。总体来看，目前河南省28个地方政府门户网站建设尚处于建设阶段，向好发展。加强和改进河南省地方政府门户网站建设的根本路径在于从信息公开转向数据应用、从现场办理转向线上服务、从定向传播转向双向沟通、从橱窗展示转向实用友好、从编辑维护转向专业安全。

关键词： 河南 电子政务 政府门户网站 信息公开

2015年，国务院总理李克强在政府工作报告中首次提出了"制定

---

[*] 本文系河南省高等学校重点科研项目"河南省地方政府门户网站评价研究"（16B630010）阶段性成果。

[**] 马闯，博士，郑州大学公共管理学院教师，社会治理河南省协同创新中心研究员，研究方向为电子政务与地方治理；王高松，郑州大学公共管理学院2015级硕士研究生；王兆君，郑州大学公共管理学院2013级本科生。

'互联网+'行动计划"。2016年，政府工作报告进一步提出，要大力推行"互联网+政务服务"，实现部门间数据共享，让居民和企业少跑腿、好办事、不添堵。"互联网+政务服务"的结合就是要以解决群众办事过程中"办证多、办事难"等问题为核心，运用大数据等现代信息技术，加快推进部门间信息共享和业务协同，简化群众办事环节。中国互联网络信息中心（CNNIC）发布的第39次《中国互联网络发展状况统计报告》显示，截至2016年12月，我国网民规模达7.31亿，普及率达53.2%，超过全球平均水平3.1个百分点，超过亚洲平均水平7.6个百分点。全年共计新增网民4299万人，增长率为6.2%。作为电子政务最直接和最现实的表现形式的政府门户网站，政府门户网站的建设呈现井喷式增长。2014~2016年，社会治理河南省协同创新中心连续三年对河南省政府门户网站进行评估。

一 评价指标与评价对象

（一）评价指标体系

本文从信息公开、在线办事、公众参与、网站设计四个层面提出指标，并结合《河南省政府系统网站绩效评估指标体系》和《河南省政府门户网站内容保障方案》，立足"互联网+政务服务"的内在要求，综合运用层次分析法（AHP）和德尔菲法构建河南省地方政府门户网站的评价指标体系，包括5个一级指标13个二级指标（见表1），定量定性相结合地评价河南省地方政府门户网站。

一级指标的设置涵盖了"信息公开透明度""在线服务实现度"[①]"公众参与满意度""网站设计友好度""网站安全防护度"，加权权重按照

---

① 目前，河南各地政府门户网站中的互联网政务服务平台正在大规模升级再造，因此，"在线服务实现度"本次不做计分评价。

表1 河南省地方政府门户网站发展评价指标体系

一级指标	二级指标	三级指标				
信息公开透明度	规范性	信息公开指南	信息公开制度	依申请公开	信息公开目录	信息公开年报
		政策解读	机构信息	财政预决算	应急管理	政务动态
		法规公文	政府公报	政府采购	社会公益	行政许可
		统计信息	监督检查	收费管理	重大建设项目	重点领域
		规划计划	人事任免	权力清单		
	完整性	内容准确	条理清楚	数据说话	随机抽检	
	及时性	更新时效	反馈效果			
在线服务实现度	实用性	事项覆盖	步骤指南	查询反馈	上传下载	
	回应性	线上咨询	监督投诉	处理时效	反馈效果	
	互通性	在线协同	证照共享			
公众参与满意度	互动性	电子邮箱	在线访谈	微博微信	政务论坛	网络调查
	智能性	智能答疑	问题归类			
	便捷性	渠道通畅	人气活跃	回应处置	反馈效果	
网站设计友好度	简明性	首页设计	页面层级	国际化	栏目设置	域名规范
		无障碍阅读	正常访问	网站标识	站内检索	导航链接
	适应性	用户体验	内容订制	手机阅读		
网站安全防护度	安全性	安全漏洞				
	专业性	故障维护	组织机构			

德尔菲法确定（见图1）。三级指标通过制定一些具体的方法，进行主观打分或客观指标，得出量化分值，从而完成对二级指标的评价，最终完成整个体系的评价。

（二）评价对象

本次评价选择的样本数量共计28个，包括河南省18个省辖市和10个省直管县（市）（见表2）。28个地方政府门户网站创建时间有先后，平均为12.6年，最早的始于1998年，如开封市和鹤壁市，最迟的建于2008年，如长垣县和鹿邑县。2014年曾经对28个样本做过评价比较，但是截至2016年底，所有样本都做了改版升级。因此，有必要对28个样本进行重新评价，以评促改。

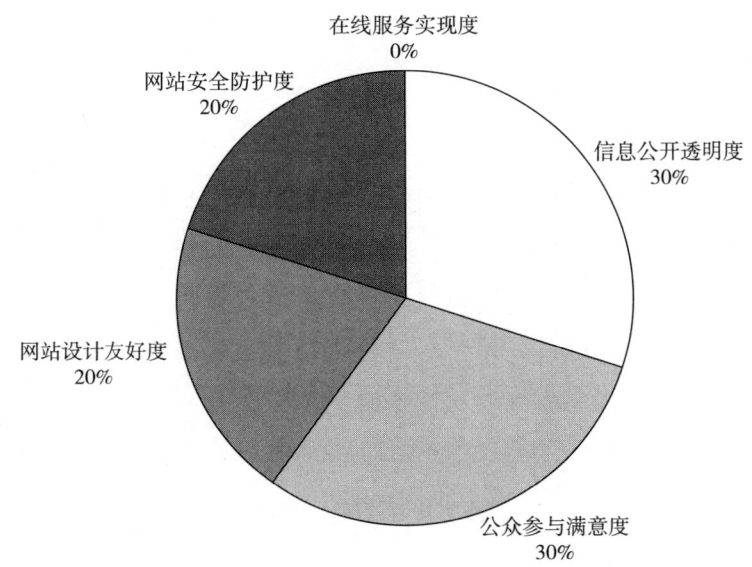

图1 河南省地方政府门户网站一级指标权重

表2 河南省地方政府门户网站评价名单

省直辖市（18个）	郑州市、开封市、平顶山市、洛阳市、商丘市、安阳市、新乡市、许昌市、鹤壁市、焦作市、濮阳市、漯河市、三门峡市、周口市、驻马店市、南阳市、信阳市、济源市
省直管县（10个）	巩义市、兰考县、汝州市、滑县、长垣县、邓州市、永城市、固始县、鹿邑县、新蔡县

二 分析与评价

本次使用网络爬虫软件和站长工具等方式收集有关数据，数据采集时间节点为2017年1月15日至2017年1月25日，数据修正时间为4月12日至4月18日。[①]评价结果表明：河南省地方政府门户网站整体发展向好，正处于建设阶段；信息公开透明度尚需提高；在线服务实现度逐步提升；公众参与满意度表现一般；网站设计友好度有待提高；网站安全防护度达中高等级。从横向比较来看，18个省辖市政府门户网站中，南阳市表现较好，周口市表现较差；10个省直管县（市）政府门户网站中，巩义市表现较好，新蔡县表现较差（见图2）。

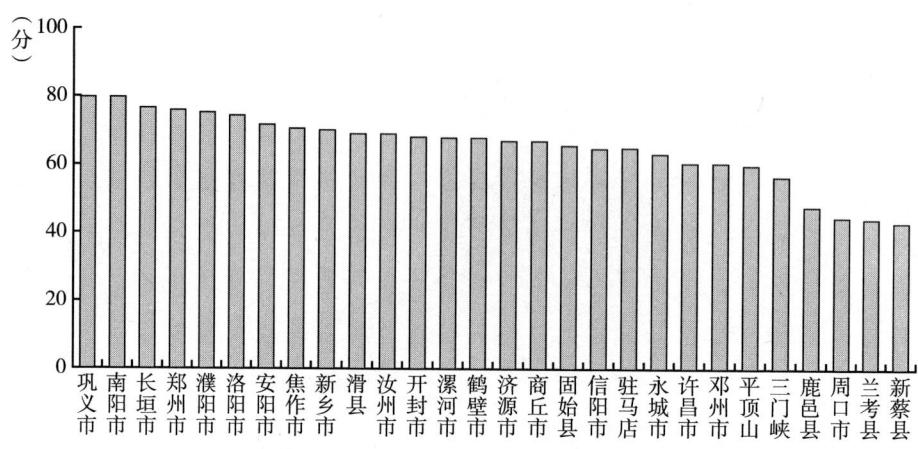

图2　河南省地方政府门户网站评价

网站平均得分65.4分，最高分80.1分，最低分43分，61%的政府网站在平均值以上。结果表明：信息公开透明度平均得分19.6分，最高分25.6分，最低分10.8分，60.7%的网站在平均值以上；公众参与满意度平均得分16分，最高分22.5分，最低分5分，57.1%的网站在平均值以上；网站设计友好度平均得分11.4分，最高分17.6分，最低分3.5分，42.9%的网站在平均值以上；网站安全防护度平均分值为18.6分，最高分20分，最低分11.8分，67.9%的政府网站在平均值以上。

（一）信息公开透明度尚需提高

政府信息公开是实施"依法治省"的内在要求，是打造"阳光政府"的重要措施，是开发"智慧政府"的前提条件。调查发现，尽管政府信息公开更加透明，但是对于公众来说，有效信息的获取和应用才是信息公开的关键要义。

首先，从规范性来说，根据《中华人民共和国政府信息公开条例》（第十、十一条）和《当前政府信息公开重点工作安排》（国办发〔2013〕73号）两个文件，各政府门户网站的信息公开事项大体包括政府信息公开目录、依申请公开、政府信息公开年度报告制度的实施情况，以及机构信息、政务动态、法规公文、政府公报、规划计划、人事任免、财政预决算、政府采购、收费管理、行政许可、统计信息、重大建设项目、重点领域、监督检查等方面，其中，固始县、鹿邑县缺漏事项比较严重；并且按规定，仅64.3%的政府网站实行了信息公开目录索引号编码①。

其次，从完整性来说，各政府门户网站的情况是"有量无质""有形无实"。其中，"政策解读"栏目内容普遍存在"照抄照搬"、敷衍了事的情况；大量空洞无效的垃圾信息充斥网站，无任何信息质量和信息价值可言，纯粹应付上级信息量考核排名；安阳市、周口市、焦作市、濮阳市的部分专题信息未加整合或无内容②。

最后，从及时性来说，各政府门户网站信息公开的更新频度基本适中。其中，平顶山市信息更新的时间顺序有误、三门峡市"政策解读"最近一次更新在2014年5月30日。

总的来说，各政府门户网站发生了信息大爆炸，正疲于"信息公开透明度"的规范性和及时性方面的工作，而在完整性上有待深化。"透而不明"是各地方政府门户网站信息公开方面的共同问题。

（二）在线服务实现度逐步提升

根据2016年《国务院关于加快推进"互联网+政务服务"工作的指导意见》的要求，在线服务已成为政府网站发展的硬性目标要求。目前河南各地政府门户网站和互联网政务服务平台正处于整合的过渡期，因此，本次暂不做计分评价。

在线服务栏目的名称来看，有61%的政府网站确定为"公共服务"，而新

---

① 以下是没有按照规定制作目录索引的政府网站名单：开封市、安阳市、许昌市、周口市、兰考县、汝州市、邓州市、固始县、鹿邑县、新蔡县。
② 安阳市政府门户网站在"就业""医疗卫生""农村土地承包经营权流转""国民经济和社会发展统计信息"等直接跳转至其他网站，而且"财政资金管理""环境保护""教育""食品药品安全"上无法访问。周口市政府门户网站在"食药安全""环保信息"濮阳市在"统计信息"，焦作市在"救灾捐助""城乡建设""社会公益""社会保障""区域规划""安全监督"等直接跳转至其他网站。

乡市为"政务服务",平顶山市为"在线服务",许昌市、兰考县为"网上办事",南阳市、商丘市、信阳市为"办事服务",济源市、永城市为"办事大厅",固始县、鹿邑县为"公众服务"。

从内容来看,在线服务基本覆盖包括生育收养、文化教育、考试就业、土地房屋、交通道路、户籍身份、婚姻家庭、医疗卫生、租房住房、城乡低保、社会保障、兵役服务、消费维权、出境入境、护照驾照、法律援助、离休退休、殡葬服务等个人服务事项和法人服务事项,但是普遍缺少纳税服务事项。其中,鹿邑县、新蔡县没有开发在线服务内容。

从功能来看,大多数政府网站设置了网上预约、网上申报、在线审批、查询咨询、表格下载、流程指南等功能。但是,在线服务具体运行状况最终取决于线下行政流程再造和地方政府管理改革进程。

此外,有的政府网站还增加了特色服务,如气象服务、三农服务、本地生活服务、便民查询服务、旅游资讯服务。开封市、洛阳市、鹤壁市、濮阳市、南阳市、济源市、巩义市、滑县、固始县等提供了场景式服务,但是其功能的实用性还有待改善。以郑州市为例,大多数办事服务无法在线完成,仍然还需要现场办理,并提供系列盖章证明、原件和纸质复印件,表明回应性和互通性较低。

总之,在线服务已经"落地开花",重要的是在具体服务事项的实用性上加强"深耕细作";大多数政府网站都在积极建设中,仅鹿邑县和新蔡县的表现最差。

(三)公众参与满意度表现一般

"去中心化"是互联网的基本属性之一,网络空间给广大网民提供了平等表达自己意见的"新公共领域"。CNNIC调查显示,有43.8%的网民表示喜欢在互联网上发表评论,其中非常喜欢的占6.7%,比较喜欢的占37.1%。[①] 网络空间

---

① 《第35次中国互联网络发展状况统计报告》,http://www.cac.gov.cn/2015-02/03/c_1114222357.htm。

已经成为人们发表言论的重要场所。近年来，通过互联网通道评论时事、反映民生、建言献策，公众参政议政的热情日渐高涨，地方政府门户网站正在成为政府与民众交流互动的桥梁和窗口。

从栏目名称看，所有地方政府门户网站都专门开设了带有公众参与性质的栏目，46.4%的政府网站以"互动交流"为栏目名称，而济源市、巩义市、兰考县、滑县、鹿邑县、驻马店市以"政民互动"为名称，信阳市、漯河市、许昌市、濮阳市、郑州市以"交流互动"为名称，洛阳市、商丘市以"网络问政"为名称，新乡市以"公众参与"为名称，南阳市以"问政回应"为名称。

从渠道看，公众参与渠道一般包括"领导信箱""在线访谈""网上调查""政务论坛""建言献策""网上信访""网上举报""网上咨询"等子栏目以及政务微博、政务微信。其中，"领导信箱"的活跃度最高、回复及时，"网上调查""建言献策"基本上形同虚设、流于形式，而政务微博和政务微信异军突起。

所有的政府门户网站都开设了电子邮箱。17.9%的网站开设了政务BBS，如洛阳市"连线政府"、焦作市的"政府在线"、郑州市的"心通桥"、安阳市的"连线政府"、漯河市的"漯河网"等。71.4%的网站开设了"在线访谈"栏目，其中三门峡市、信阳市、兰考县的访谈内容已经停止更新一年以上，焦作市的《政风行风热线》直播访谈节目表现优秀。

75%的地方政府门户网站开辟了官方政务微博或政务微信，分别是郑州市门户网站微博、开封市政务微信、微博洛阳、安阳政府网和政务微信、新乡发布和政务微信、鹤壁微信、焦作政府网微博、濮阳微博、许昌政府网微博和政务微信、商丘发布、南阳市政府微博和微信、济源发布和微信、巩义发布微博和精彩巩义微信、兰考县焦裕禄民心热线微博、滑县发布和微信、长垣县微博和微信、邓州市微博和微信、永城发布微博和微信、汝州微博和微信、固始发布微博和微信；平顶山市的政务微博微信正在建设中（见图3）。

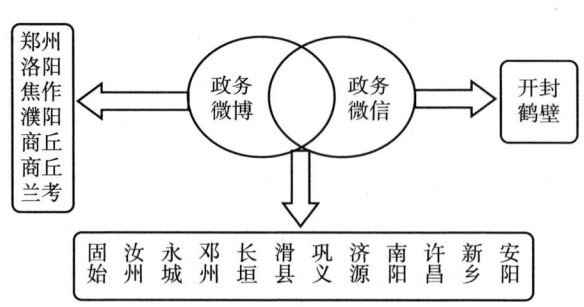

图3　河南省地方政务微博和政务微信情况

随着人工智能的发展，网站智能化趋势和效能日渐凸显。目前，仅信阳市的政府门户网站试水了智能答疑系统。在便捷性上，公众不能对网站内容直接进行"点赞"等方式沟通评价或者对感兴趣的内容做一键转发分享。

总之，在公众参与满意度上，互动性指标较好，智能性指标和便捷性指标有待提升。兰考县、新蔡县表现最差。

（四）网站设计友好度有待提高

网站设计友好度关系用户访问网站的直接感受，决定了网站对用户的吸引力。门户网站是地方政府在互联网领域的"地标性建筑物"，在网址与网站名称的应该更加严谨；一般来说，网址应采用"www.行政区简称汉语全拼.gov.cn"，网站名称应确定为"×××人民政府门户网站"。通过调查发现，规范性较好的政府门户网站（郑州市、漯河市、许昌市、南阳市、信阳市）仅占17.9%，规范性一般的占64.3%，规范性较差的（洛阳市、安阳市、滑县、永城市、固始县）占17.9%。进一步调查发现，39.3%的政府门户网站网址规范性较差；60.7%政府门户网站中文名称规范性较差。

所有地方政府门户网站都按照要求登记了"党政机关网站统一标识"。除了济源市、开封市、鹤壁市、永城市，85.7%的地方政府网站以国徽作为门户网站首页LOGO。所有地方政府门户网站都设置了搜索功能，驻马店市的站内搜索以导航栏而不是以搜索条的常见形式显示。

河南在六大国家战略叠加效应影响下，作为对外开放的重要窗口的政府门户网站，网站国际化在一定程度上决定了其对外开放的能力。46.4%的政府网站只可使用简体，如信阳市、商丘市、焦作市、三门峡市、周口市、济源市、驻马店市、长垣县、邓州市、永城市、固始县、鹿邑县、新蔡县。39.3%的政府网站可以使用繁简体，如郑州市、洛阳市、许昌市、巩义市、平顶山市、安阳市、濮阳市、漯河市、兰考县、汝州市、滑县。14.3%的政府网站可以使用中英文及其他语种，如开封市、南阳市、鹤壁市、新乡市（见图4）。政府网站国际化程度最高是开封市，可以使用简体、繁体、英文、日本语、韩语。

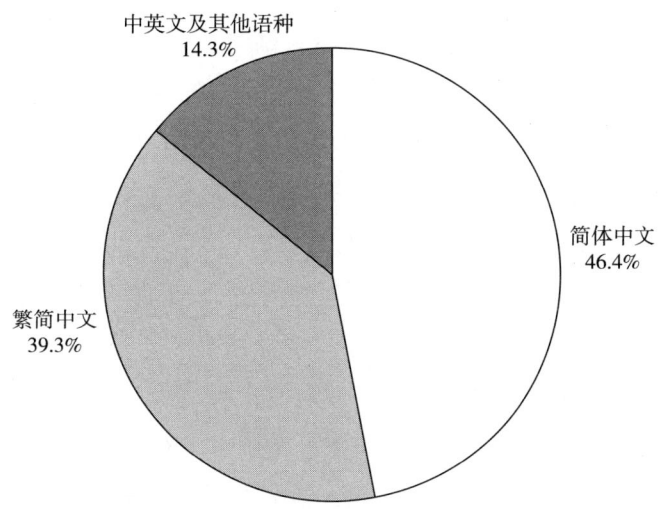

图4　河南省地方政府门户网站国际化程度

无障碍阅读被认为是以人为本和信息公平的基本体现。但是，有46.4%的政府网站没有设置无障碍阅读，如平顶山市、商丘市、焦作市、三门峡市、周口市、驻马店市、济源市、兰考县、长垣县、邓州市、固始县、鹿邑县、新蔡县。

面对"信息爆炸"和"信息孤岛"的矛盾，公众能根据自身的兴趣来自助选择某些栏目内容；或订阅个性化的信息推送服务；或常用服务或热点服务开辟一目了然的绿色通道，网站设计会更加友好。平顶山市、巩义市、鹤壁市设置了快速通道或绿色通道。而济源市的服务定制 功能纯属虚设无用。开封市的"公共服务"和"统计公报"不能访问,焦作市的导航栏"公共服务"也不能访问。兰考县、新蔡县存在"开天窗"现象。永城市导航栏设置不合理。商丘市的悬浮窗信息影响阅读。

总之,在网站设计友好度上,简明性指标表现较好,适应性指标表现较差。濮阳市、开封市、巩义市、信阳市表现较好,新蔡县、周口市表现最差。

(五)网站安全防护度达中高等级

面对"互联网+"的迅猛发展,地方政府也加快了信息化步伐,智慧城市和数字城市提上日程,地方政府也日渐意识到专业化队伍建设的重要性,纷纷成立电子政务办公室、信息中心、数字办等。

2016年4月19日,习近平在网络安全和信息化工作座谈会上提出,"网络安全和信息化是相辅相成的。安全是发展的前提,发展是安全的保障,安全和发展要同步推进。"因此,政府门户网站建设和电子政务的发展,必须要同时加强网站安全。本次对河南省28个样本网站进行360网站安全检测(http://webscan.360.cn/)的结果显示,虽然网站安全防护度的均值较高,但是仅5个河南省地方政府门户网站暂无安全漏洞,82.1%的网站都存在不同程度的安全风险。其中,洛阳市政府门户网站的安全漏洞最为严重,商丘市、新蔡县政府门户网站在数据修正期间发生"应用程序中的服务器错误"专业性问题,无法访问。

总之,在网站安全防护度上,各政府网站的平均分值为18.6分,最高分20分,最低分11.8分,67.9%的政府网站在平均值以上,整体处于中高安全防护等级。

三 对策建议

依据河南省地方政府门户网站评价指标体系对28个样本网站进行评价,总体来看,目前河南省28个地方政府门户网站建设尚处于建设阶段,在内容准确性、资源关联性、服务实用性、页面易用性、网站安全性和用户交互性等方面还存在不足,"看不懂、不好找、不准确、不实用、不亲民"等现象还比较普遍。立足"互联网+政务服务",加强和改进河南省地方政府门户网站建设,积极推进地方政府治理能力现代化,具体从以下方面入手。

(1)进一步加大政府信息公开力度,支持培育市场力量和社会组织参与信息公开的社会应用价值挖掘;加强政策解读的信息公开,加强民生热点的信息公开,加大经济服务的信息公开力度,加快数据可视化的信息公开。

(2)充分发挥地方政府门户网站的平台作用,再造政府业务流程,打破政府部门内部传统的职责分工与层级界限,实现由计划性、串联性、部门分散性、文件式工作方式向动态化、并联化、部门集成化、电子化工作方式的转变,打造地方政务O2O服务新模式,提升公共服务质量。

(3)利用互联网的即时性和互动性特点,尤其是通过政府门户网站及其微博微信加强政民双向沟通、畅通社情民意、引导网络舆情、化解矛盾冲突,重点加强重大决策社会稳定风险在线调查评估、热点政策宣传解读、民生咨询与智能回应等方面的建设。

(4)重视首因效应,定期对政府门户网站升级,努力建设布局合理、权威实用、简洁流畅、可操作性强的网站,吸引公众、方便公众,塑造服务型政府的网络形象,提高地方政府公信力。

(5)加强网站安全监测、测评和检查,查找网站安全隐患并及时整改,落实网站防攻击、防篡改、防挂马等关键技术防范措施,组织开展应急演练,提高网站抵御攻击破坏的能力。

案 例 篇
Cases

郑州市精准扶贫"N+2"模式的经验及启示[*]

杨曦 李晨煜[**]

摘　要： 郑州市加快推进脱贫攻坚各项工作，针对贫困户制定具体帮扶措施，探索形成了"N+2"精准扶贫模式。在脱贫攻坚进程中，郑州市各县市进行了行之有效的组织动员，成立了由市委领导班子牵头的脱贫攻坚领导小组，统筹部署脱贫工作，协调落实脱贫政策，并通过创新产业支撑方式、开展特色易地搬迁扶贫、旅游扶贫、结对帮扶、动员社会资源等具体措施开展脱贫攻坚工作。下一步精准扶贫实践中，仍需通过增强帮扶措施与社会保障政策的衔接性、完善贫困识别和退出

---

[*] 本文系国家社会科学基金一般项目"县域'压力型维稳'的运行逻辑与维稳制度化研究"（13BZZ030）和河南省高校科技创新团队"县域社会治理评价研究"（编号：15IRTSTHN007）的阶段性成果。

[**] 杨曦，郑州大学公共管理学院讲师，社会学博士；李晨煜，郑州大学公共管理学院2015级硕士研究生。

机制，提高精准扶贫程度、鼓励多主体参与，加强扶贫主体间协调沟通、理顺政策间关系，克服政策滞后和政策打架现象、重视能力扶贫和精神扶贫进一步增强扶贫工作的成效。

关键词： 郑州　精准扶贫　脱贫攻坚　扶贫模式

一　郑州市扶贫概况

郑州，河南省省会，中国中部地区重要的中心城市，下辖6个市辖区、1个县，代管5个县级市。郑州市出台了《郑州市扶贫攻坚三年行动计划（2015－2017年）》，制定了精准脱贫总规划、路线图，明确了2017年基本实现脱贫，2018年率先在全省基本实现全面小康的目标。

截至2014年底，郑州市共有建档立卡贫困村248个、贫困人口9.2万人，其中省级贫困村139个、贫困人口1.2万户4.2万人。这些贫困村主要分布在郑州市登封、新密、新郑、荥阳、中牟、上街和航空港区7个县（市）区45个乡（镇）办，贫困村面上贫困人口1.5万人。2014年以来，郑州市加快推进脱贫攻坚各项工作，开展了大规模贫困人口识别、帮扶计划编制、脱贫措施落实等阶段性工作，探索形成了"N+2"精准扶贫模式。各县（市）区按照主要致贫原因，创新扶贫机制，精准施策，整合行业部门和条块力量，形成政策合力，积累了扶贫攻坚的创新经验。

2015～2016年，郑州市共完成脱贫8.9万人，退出贫困村225个，其中139个省级贫困村、4.2万省级贫困人口全部脱贫退出。具体包括：2015年脱贫5.6万人、退出贫困村106个；2016年脱贫3.4万人，退出贫困村119个。截至2016年底，上街区、航空港区、荥阳市、新郑市、中牟县已完成全部脱贫任务。目前，郑州市还剩余贫困村23个、贫困人口2400人，全部为市级贫困村和贫困人口。主要分布在登封、新密两市。其中登封市涉及4个乡（镇）13个贫困村，贫困人口1786人、新密市涉及3个乡（镇）10个贫困村，贫困人口614人。

二 郑州市"N+2"脱贫模式

郑州市以"N+2"脱贫计划为主线,以"1+19"政策体系为支撑,以"五对"(对人、对事、对责、对时、对账)为主要举措,以"转扶搬保救"为重点路径探索实践出"N+2"精准扶贫模式。其中"N"代表根据家庭人口数一人一策制定的 N 条措施,"2"指的是从易地扶贫搬迁、发展产业、转移就业、低保兜底、危房改造、小额信用贷款、劳动力技能培训、医疗救助、子女助学补贴、参与村庄基础设施建设和激发内生动力自主脱贫中选择 2 项以上作为对户措施,按照大于或等于"N+2"标准,为每个贫困户量身定制脱贫计划并抓好督查落实工作。

(一)识别精准,明确"N+2"帮扶对象,解决好"扶持谁"的问题

一是确立识别标准。按照扶贫对象精准识别及管理办法,严格执行识别标准,统筹考虑农民人均纯收入标准和"两不愁三保障"因素。二是突出重点人群。对全市贫困村及贫困人口进行拉网式摸底调查,重点对建档立卡之外确属贫困的贫困村、贫困人口,尚未脱贫的建档立卡贫困村、贫困人口,已脱贫的建档立卡贫困村、贫困人口三类群体进行再识别。三是规范工作流程。按照"应进则进、应退则退"的原则,对农村贫困人口进行重新核对,公开公正合理确定贫困对象。特别是对建档立卡的贫困人员进行再回访、再筛查,对部分确实不符合扶贫标准的人员,按照省制定的脱贫退出标准和程序进行认定,逐级报告登记,逐户逐人销号。在重新核实的过程中,郑州市共复核退出贫困户 1539 户 5529 人、重新识别进入贫苦户 577 户 2011 人。

(二)内容精准,编制"N+2"帮扶计划,解决好"扶什么"问题

编制计划是精准扶贫的关键环节。郑州市先后印发了《关于编制贫困

村贫困户脱贫帮扶计划的通知》《贫困村贫困户脱贫计划编制工作实施方案》等文件，明确了计划编制工作的总体要求、主要任务、方法步骤和时间要求，强化了各地、各有关部门、各有关责任人的主要职责。同时进行试点先行，打造样本。郑州市扶贫办在全市选择了5个典型村作为试点村，先行编制贫困村贫困户脱贫帮扶计划。在先行试点的基础上，全市以县（市）区为单位组织召开培训会，将精准脱贫帮扶计划编制政策和试点经验原原本本宣讲到县、到乡、到村、到驻村工作队长和第一书记，培训相关人员熟练掌握了计划编制流程和相关政策。

（三）施策精准，落实"N+2"帮扶措施，解决好"怎么扶"问题

郑州市在编制贫困村贫困户脱贫帮扶计划的基础上，把想方设法帮助扶贫对象摆脱贫困作为精准扶贫的出发点和落脚点。首先是掌握致贫原因，准确诊断贫困根源。在编制贫困村贫困户脱贫计划过程中，各村第一书记、工作队长、帮扶责任人，通过入户调查、群众走访、问卷调查等形式，反复对贫困村贫困户进行调查和解剖，分清致贫原因，摸清帮扶需求。按照因病、因残、因学、缺技能、缺劳动力、缺就业门路、缺水、缺土地、缺资金、缺发展致富动力十个方面致贫原因，对现有贫困人口进行了分类。其次是明确帮扶措施。按照"N+2"标准逐村逐户研究脱贫具体办法，坚持因人施策、一人一策的原则，特别注重对有劳动能力的贫困户采取产业扶贫，帮助他们精准选择产业帮扶路径。同时注重发挥市场主体帮带作用，通过吸纳就业、股份合作等有效方式帮助贫困户脱贫致富。

（四）管理精准，确保"N+2"帮扶成效，解决好"责任落实"问题

管理精准是落实精准扶贫的有效途径，能够确保贫困户脱贫计划"N+2"各项措施落地见效。做到管理精准，首先是严格对象管理。在脱贫帮扶计划编制工作完成后，根据贫困户致贫原因，对脱贫计划进行了分类并装订成册，

为每个贫困户建立了脱贫档案,并将档案信息一律录入系统,实现动态管理。其次是严格责任管理。郑州各县(市)区先后召开常委会议、农村工作暨扶贫开发工作会议,对深入推进精准扶贫、打赢脱贫攻坚战进行专题动员部署。在具体落实过程中,每个贫困户都被指派了一名帮扶责任人,实现了"一对一"帮扶。最后是严格督查管理。建立健全监测评估体系,引入第三方评估机制。加大精准扶贫工作督查督办力度,通过跟踪督查、随机抽查、定期检查、暗访等方式,及时动态掌握工作进度,对工作不力、不作为、乱作为的单位和个人坚决问责处理。建立完善精准扶贫考核管理办法,对各级帮扶单位、精准扶贫工作队和结对帮扶责任干部进行定期考核。

三 "N+2"精准扶贫经验与成效

(一)中牟县高效农业带动脱贫

中牟县位于平原地区,是农业大县,在扶贫攻坚过程中积极推动土地流转,发展高效农业,从土地流转费用和增加就业机会两个方面带动农民脱贫致富。中牟县万滩镇德谷元生态农业示范园,占地500亩,北邻黄河大堤,三面绿树环绕,万滩镇关家村流转土地500亩供德谷元使用,大力开展生态农业和体验式农业。流转农户每年可以得到2000元/亩的流转金;同时,德谷元优先提供的就业岗位给贫困户,月工资收入达到2000~3000元。另一个典型是中牟县刁家乡的万邦现代都市生态农业,采用独有的"万邦模式",建设现代都市生态农业观光示范园。通过流转中牟县刁家乡8000多亩土地,农民每年可以得到1000元/亩的流转金,项目吸纳周边农民就业3000人,基本解决区域贫困人口的就业难问题。

(二)登封市高新技术产业带动扶贫

登封市地处山区,海拔高日照强,具备光伏发电所需的先天优势。凭借特殊的地理资源,光伏发电成为登封市扶贫的一项重点工程,登封市将扶贫资金投入建设光伏电站，将电站的盈利作为增加村集体收入、增加农民持续稳定收益的来源。目前，登封市光伏发电主要有集中式光伏发电和家庭分布式光伏发电两种。就家庭分布式光伏发电项目而言，仅发电一项每年就可为每户贫困户增收3000元以上，可以帮助贫困农户实现稳定脱贫。登封市大金店镇梅村与汉能控股集团、河南创美农实业有限公司签订合作协议，采用"扶贫资金+银行贷款"的方式，发展光伏农业扶贫项目。2016年6月，郑州市首个光伏扶贫项目在登封市大金店镇梅村启动。该项目规模680千瓦，每年约发电92万千瓦时。随后，大金店乡的毕家村等贫困户较多的村庄，也为贫困户安装上光伏发电设备。光伏产业为登封市的扶贫工作做出了非常大的贡献。

（三）新密市特色易地搬迁扶贫

易地扶贫搬迁成为新密市从根本上解决贫困人口脱贫致富的一条重要途径，并与新型城镇化建设、旅游产业发展等紧密结合。新密市的易地搬迁扶贫主要有以下三种类型：①县域内统一协调跨乡镇集中安置模式。对山区分散居住的贫困群众进行全面摸底调查、登记造册，在全县范围内按照水土资源承载力平衡分析，划定安置区进行跨乡镇集中安置。②依托工业园区安置模式。将当地贫困群众搬迁至临近工业园区，通过培训，提高搬迁贫困户的生产技能和个人素质，依托工业园区的有利资源，引导贫困群众以劳务输转、发展服务业等多种形式实现就业，增加收入。③依托旅游景区开发安置模式。在旅游资源开发过程中，通过在旅游景区内或景区附近建移民安置点，利用以工代赈资金新建移民住房，农户迁入后，通过开设"农家乐"餐饮酒店和旅游服务摊点、开展民族风情旅游体验活动、开发旅游服务产品等逐步走上脱贫致富之路。

（四）新郑市易地搬迁与新型城镇化的结合

新郑市将山区扶贫搬迁与新型城镇化综合试点工作有机结合，收到了良好效果。新郑市采用BT（Build-Transfer，即"建设-移交"）模式融资10

亿元用于社区建设，引进林州九建等企业参与扶贫搬迁社区建设。

1. 资金保障

实施易地搬迁时，除上级扶贫资金给予搬迁补助外，将宅基地作价，合理补偿房屋附属物，对特困户，政府免费提供安置住房，对于大龄独居老人等弱势群体，按照有关社会保障政策在敬老院安置，对选择自主安置的搬迁群众，可获得与集中安置同等标准的住房补助资金。

2. 鼓励搬迁地区加快土地流转，实行动态补偿机制

市、县财政对土地流转给规模经营主体、流转期限在5年以上、流转面积在50亩以上的，每亩每年分别补助小麦100公斤，兑现形式按当年市价折合现金支付，连续补助5年。设立易地扶贫搬迁产业发展扶持基金，重点用于搬迁群众自主创业、集体规模经营、辐射带动力强的科技产业化扶贫项目，补助标准为每人每年2000元，连续补助5年。同时，以产业带动就业，增加搬迁群众的收入。依托农民合作创业工程，引导15~30岁人群中受教育程度较高的人员自主创业，创造就业岗位；依托"双免工程""雨露计划"等城乡劳动力转移工程，引导中青年贫困农民就近就业。

（五）荥阳市结对帮扶精准扶贫

荥阳市积极创新结对帮扶工作制度，探索出"千名干部帮千户"以及"基层党员双驱动"两种新的帮扶模式。"千名干部帮千户"派驻近千名副科级以上领导干部与851户贫困户结成"一对一"帮扶对子，结合帮扶对象不同的致贫原因，采取针对性的帮扶措施，帮助贫困户树立信心、早日脱贫。"基层党员双驱动"提出并实施"二对一"双驱动工作机制，在原来下派帮扶队员的"一对一"帮扶基础上，号召动员农村"双强"干部、优秀党员参与到帮扶工作中，编入帮扶序列，由"一对一"模式变为"党员+帮扶责任人"的"二对一"帮扶模式，增强脱贫攻坚的驱动力。

荥阳市在扶贫工作中发展出"一进二看三算四比五议六定"工作法。一进，包村干部、村级组织和驻村工作队（第一书记）对全村农户逐家进户调查走访，摸清底数；二看，看房子、家具等基本生活设施状况；三算，按照标准逐户测算收入和支出，算出人均纯收入数，算支出大账，找致贫原因，对贫富情况有本明白账；四比，和全村左邻右舍比较生活质量；五议，对照标准，综合考量，逐户评议，拟正式椎荐为扶贫对象的，必须向村民公示公告，获得绝大多数村民认可；六定，正式确定为扶贫对象的，由村"两委"推荐确定，乡镇党委、政府核定。

四 启示与建议

（一）增强河南省帮扶措施与社会保障政策的衔接性，提高帮扶成效

河南省作为中原人口大省，应根据本省的致贫原因和脱贫需求，对贫困人口实行分类扶持，根据不同的贫困人口实施有针对性的扶贫措施。目前，河南省各地的帮扶措施与社会保障的衔接不够，部分贫困因病、因残贫困人口难以享受最低生活保障或其他必要的政府救助，仅仅通过现有扶贫措施难以惠及他们，短期的资金救助难以长期脱贫。因此，对于完全或部分丧失劳动能力因病、因残贫困人口，由民政部门、残联等相关部门进行认定，实行社保政策兜底，保证这部分贫困人口的基本生活。同时，加快完善城乡居民基本养老保险制度，适时提高基础养老金标准，引导农村贫困人口积极参保续保，逐步提高保障水平。

（二）鼓励多主体参与，加强扶贫主体间协调沟通

精准扶贫的重要特点是多主体参与贫困治理，投入的部门多，资金来源多。但通过调查发现，只有极少数贫困户认为企业和社会爱心组织对他们家脱贫起到重要作用。应鼓励市场主体，特别是非营利社会组织参与到扶贫工作中，充分发挥他们的专业优势，更加有针对性地对贫困户进行能力和精神层面的干预。

在当前扶贫实践中，主要扶贫主体除专职扶贫部门扶贫办外，地方民

政、财政、金融等部门应协调合作，共同解决在扶贫过程中出现的各种问题。各单位在实际工作过程中，应加强合作，把贫困户的需求放在第一位，做到权责明确、有效沟通、互补协调，既要防止各个单位为了避免承担责任推卸自己的责任，又要防止互相推诿、无部门负责的问题出现。在此，可以增强驻村工作队的上传下达作用，发现贫困户需要解决的问题，识别需要协调的部门，由扶贫办进行具体沟通协调。

（三）理顺政策间关系，克服政策滞后和政策打架现象

政策缺失时开展扶贫工作，会使扶贫工作各个地方的理解和执行结果相差很大，也具有较大的政治风险。因此，政策适时和政策协调是扶贫工作依法开展的重要依据，同时也关系扶贫工作的积极性和激励问题。首先，针对政出多门、朝令夕改的现象，在不同部门或者同一部门在出台新的政策前，应经过充分公开讨论，确保政策制定的合理性和合法性，防止与现有政策间的冲突。如果在政策执行过程中出现政策不适应实际情况的问题，要及时进行政策纠偏，防止持续执行带来更多的损失。其次，对于各类扶贫主体特别是扶贫办，要在实施具体扶贫措施之前进行充分授权，杜绝先布置于工作后出台相关政策的现象。

（四）重视能力扶贫和精神扶贫，增强扶贫效果稳定性

首先，针对能力扶贫问题，在实际工作中，必须尽可能地提高贫困户的劳动能力。针对无技术而导致缺乏就业门路的贫困户，应该集中进行职业技能培训，提高他们的劳动技能，增强在就业市场中的竞争力。因地制宜，组织村民积极学习种植业或者饲养业的经验知识，发展特色农业，使得农民在以前农业收入的基础上尽可能增收。

其次，在精神扶贫方面，帮助一些贫困户克服懒惰、"等、靠、要"的思想。要使贫困户对贫困有一个新的认识，认识到贫困是可以被消灭的，应该尽可能地提高自身的能力，争取早日消灭贫困。针对"懒汉型"贫困户，应思想上使他们认识到贫困不是一件光荣的事，政府的资金支持不是长久的脱贫办法，要永远的脱离贫困只有依靠自己的劳动。

汝州市以党建为统领创新基层社会治理的经验与启示

王江 王怡宁*

摘　要： 创新基层党建，推进基层社会治理现代化是执政党建设的崭新命题，汝州市找准党建统领这个创新点，强化基层党组织的功能调试和角色定位，突出制度化、规范化方向，压实市乡村三级主体责任，在不断解决自身问题的同时也为破解河南省社会治理难题做出有益探索。

关键词： 汝州　党建　社会治理　基层社会治理

一　案例概述

党的十八大做出了创新基层党建工作，加强基层服务型党组织建设的重大部署。习近平总书记在全国组织工作会议上强调："当前和今后一个时期，要以此来指导党的基层组织建设。"党的十八届三中全会再次强调充分发挥基层党组织的战斗堡垒作用，为全面深化改革做出积极贡献。汝州作为典型的资源型城市，改革开放初期，依托"百里煤海、工业重地"的资源优势，曾经跻身全省县域经济发展前列。新时期以来，随着资源枯竭和环境约束加剧，汝州进入了发展的阵痛期，经济增速不断放缓，2013年下行至全省末位；相伴而行的是长期积累的社会矛盾凸显，信访总量位居全省各县

---

* 王江，中原工学院讲师，研究方向为基层社会治理；王怡宁，对外经贸大学2014级本科生。

（市）首位。2014年省全面直管以来，围绕如何破解发展难题、走好转型发展之路，汝州市紧密结合实际，提出了以党的建设全面过硬推动经济社会全面发展的工作理念，经过三年来的探索和实践，初步走出了一条推进全面从严治党向纵深发展的新路子。全市生产总值增速从2014年的7%提升到2016年的9.5%，居十个直管县（市）第一位；2015年、2016年连续两年被评为全省信访工作先进县（市），成功实现了从全省信访大市到信访工作先进市的转变。

（一）"三级党组织"——责任压实，责权对等

1. 压实市委主体责任

出台关于调整完善市级领导班子责任明确、分工负责、科学推进工作的意见，将全市各项工作纳入9个领导小组管理，每个领导小组由市委常委任第一组长或组长，人大、政府、政协分管领导任副组长，代表市委对分管工作行使决策权、拍板权、考核权以及分管领域干部的任免建议权，把四大班子的力量捆绑在一起，有职有权有责地开展工作。

2. 压实乡镇党委和市直单位党组织主体责任

制定各级党组织落实主体责任考核评价机制，在乡镇，确立"六项底线工作、重大项目建设、经济社会发展指标""三大主体工作"；在市直委局，确立"六项底线工作、服务重大项目建设、主要职能指标""三大主体工作"。同时，围绕"主体""底线"工作，开展考评，考核结果与乡镇党委和市直单位党组织业绩评定、干部职务晋升等相挂钩，实行奖优罚劣。

3. 压实村级党支部主体责任

出台关于进一步加强村（社区）支部书记队伍建设的意见，按照有理想信念、有责任担当、有优良品德、有创新思维、有服务意识、有廉洁正气"六有"标准选优配强村党支部书记。2014年以来，全市共整治软弱涣散村级党组织46个，选拔优秀村党支部书记429人。同时，进一步完善村党支部书记岗位目标责任制，明确维护中央权威、加强组织建设、联系服务群

众、维护社会稳定等十项职责,以乡镇为单位每月对村党支部书记进行绩效考核。

(二)"带头人"——忠诚干净,选优配强

1. 重实绩、数字化,选配乡镇党委书记

出台干部选拔任用优先条件管理办法,坚持看党性修养、看责任担当、看工作实绩、看群众公认、看任职资历、看岗位需要"六看"标准,聚焦重大项目、重大事项、重大任务、重大改革"四重一线"主战场,充分运用考核结果,实行优先条件数字化管理。选任乡镇党委书记首要考虑优先条件积分排名靠前的乡镇长、市直委局主要负责同志。目前,20个乡镇党委书记全部是本科以上学历,平均年龄由过去的46.7岁优化到现在的43.5岁。

2. 多渠道、梯次化,选配村支部书记

围绕优秀村干部、机关中层干部、道德模范等"十大群体",采取"两推一选"、"公推直选"、面向社会公开考选、乡镇党委委派等方式,选拔群众威信高、工作能力强、奉献劲头足的党员任村支部书记。对软弱涣散、选不出支部书记的乱村,探索实行异地挂职制度。2014年以来,共整治软弱涣散村级党组织46个。建立村级组织后备干部人才库,解决了村级组织"青黄不接""后继无人"的问题。目前,全市442名村支部书记平均年龄由过去的54.6岁降低到现在的48.4岁,大专以上学历占28.5%。

3. 建立容错纠错机制,调动和保护干部的积极性

出台关于充分调动干部积极性激励改革创新干事创业的意见,坚持"三个区分开来",建立容错纠错机制,梳理15项免责清单,旗帜鲜明地为敢于担当的干部担当,为敢于负责的干部负责,激励各级干部改革创新、干事创业。同时,针对一些职能委局干部"为官不为"问题,实行市直委局中层干部竞争上岗和轮岗交流制度,按照在同一职位任职满5年有计划交流、任职满8年必须交流的原则,一次性轮岗调整了221名中层干部,根除了机关干部的"肠梗阻",打破了"科长经济"的潜规则。

（三）"基层组织"——打牢夯实，全面帮扶

1. 建立第一书记选派制度

从全市各单位选派120名优秀年轻干部，任村党支部"第一书记"，负责引导所在村创建成为文明村，并培养推选出有战斗力、有凝聚力的村"两委"班子。抽调60名优秀副科级干部，下派到"软、散、乱、穷"的村任第一书记，负责完善党建工作制度、发展农村党员、宣传法规政策等工作。从全市重点委局选派55名副科级干部任贫困村"第一书记"，并成立帮扶工作队，做到不脱贫不脱钩，以党的政治优势汇聚脱贫攻坚的强大合力。

2. 建立联系分包机制

实行市级领导联系乡镇制度，每个乡镇由2~3名市级领导联系，指导乡镇理清发展思路，协调解决突出问题，帮助化解疑难信访案件；实行市直单位联乡包村制度，选派40个重点委局联系20个乡镇办事处，并分包2~3个村，明确加强"两委"班子建设、党员干部教育、社会治安稳定、推动经济发展等工作职责和任务；实行机关干部分包贫困户制度，共分包5543户贫困户，定期走访、看望、慰问，帮助解决发展生产、增加收入等方面的实际问题和困难。

3. 建立"一村一警"工作机制

从市政法机关选派459名优秀干警分包全市459个行政村，明确化解矛盾纠纷、社会治安防范等六项职责，强化督查考核，对表现突出、成绩明显、群众公认的包村干警，是党员的任命为村支部第一副书记，不是党员的任命为村委会第一副主任，强化村级班子建设。

（四）"作风建设"——强化学习，提升能力

1. 强化理论武装

以"三严三实"专题教育、"两学一做"学习教育等为契机，开设"新风汝州"干部大讲堂，围绕中国特色社会主义理论体系和习近平总书记系列重要讲话精神，分期分批对乡镇党委书记和村支部书记进行培训。同时，定期组织乡镇党委书记到井冈山干部学院、焦裕禄干部学院、省委党校进行学习，组织

村支部书记到红旗渠干部学院学习。

2. 开展能力教育

编印《应知应会手册》等读本,发放全市科级以上干部和村支部书记,强化中央省委重大决策部署、重大改革事项、重要会议精神、依法治国等专业知识学习,提升政策理论水平和业务能力。选派20个乡镇办事处党委书记,到郑州市金水区、中牟县等地任乡镇办事处党委副书记,进行挂职锻炼。在此基础上,实行干部任前考试制度,拟提拔干部在正式任命前,先参加应知应会知识考试,考试合格后方可下发任职文件。

3. 加强廉政教育

严格落实党风廉政建设"两个责任",制定汝州市党员干部"十不准",实行巡察机制,高规格成立了市委巡察办,下设五个巡察组,一年完成一次对20个乡镇办事处的巡察,加强对党员干部的日常管理和监督,坚决惩处违规经商办企业、参与违法建设、吃拿卡要等"小官大贪、小官大腐"行为。

(五)"考核奖励"——明晰有序,保障到位

1. 建立完善乡镇党委考核评价管理办法

出台乡镇街道经费拨付与底线工作挂钩管理办法,明确乡镇六项底线工作,并与重大项目建设、经济社会发展指标等作为"三大主体工作",把乡镇工作经费由每月10万元提高至50万元,其中50%作为底线工作挂钩经费。同时,明确乡镇党委书记对辖区各项工作负主要责任,并将考核结果与党委业绩评定、干部职务晋升等相挂钩。

2. 建立完善村支部书记考核评价管理办法

出台加强村(社区)党支部书记队伍建设的意见,围绕村支部书记"维护中央权威、加强组织建设、联系服务群众、维护社会稳定、开展文明创建"等十项工作职责,设立不同的考核项目、分值,按照标兵、优秀、先进、合格、不合格五个等次进行考核。

3. 注重考核结果运用

在乡镇层面,对措施不力、工作滞后、出现问题的乡镇,全市通报批

评,并直接扣减当月工作经费,问题严重的,严肃追究党委书记的责任;对先进单位给予经费奖励和党委书记记功奖励。在村级层面,对评选的标兵和优秀村支部书记,在市、乡、村三级干部大会上表彰奖励;对不合格等次的村支部书记进行约谈,对连续两年被评为不合格等次,且经约谈无明显效果、群众反映强烈的村支部书记,根据具体情况给予组织处理。

(1) 实施文明创建奖。对评选出的文明村给予村"两委"班子工作经费奖励、村庄建设资金奖励、村支部书记绩效工资奖励、70岁以上老人生活奖励、学生教师学习奖励、中招考试和事业单位人员招录加分奖励、进城购房补贴奖励等,激发和调动了全市上下的创建热情。目前,264个行政村被评为星级文明村,占全市总量的57.5%。

(2) 实施环境创建奖。投入3.6亿元,开展农村人居环境综合整治活动,分为达标村、示范村,由乡镇党委进行初审,市农业农村领导小组综合评定,创建为达标村的,市财政奖补20万元;创建为示范村的,奖补30万元。目前,全市195个村创建成为省定达标村和示范村。

(3) 实施星级组织奖。对于被评定一星级、二星级、三星级的党组织,分别给予2万元、4万元、6万元党建工作经费奖励。涉农项目资金优先向星级党组织倾斜,并作为村支部书记业绩评定加分依据,享受相应的养老金奖补待遇。

(4) 实施津贴补助奖。市财政每年列支2500万元专项资金,将村支部书记津贴补助由400元提高到1500元,村"两委"班子副职由300元提高到900元。对离任村支部书记,工作年限满9年的每月发放180元补助,工作年限满18年的每月发放200元补助。2017年又列支300万元专项经费,按照平均每人每月300元标准,对评为合格等次以上的村支部书记,分别给予市级表彰奖励;对连续三年考核优秀的村支部书记,落实城乡社会养老保险待遇。

(5) 实施政治荣誉奖。对年度考核达到先进等次以上的村支部书记,优先推荐为乡级人大代表、党代表等;对连续三年考核达到标兵或优秀等次的,优先推荐为市级以上优秀党务工作者、优秀共产党员及党代表、人大代表、政协委员等；对年度考核连续达到标兵或优秀等次的，根据有关规定和任职条件，优先招录为乡镇事业编制人员；对工作成绩特别突出的，优先选拔为乡镇领导干部。2014年以来，有8名优秀村支部书记被招录为乡镇公务员，41名大学生村干部被招录为事业单位工作人员。

二 成效

（一）信访形势持续好转

通过强化基础支撑，投资5900余万元，高标准建设了集行政审服务中心、群众来访接待中心于一体的"市民之家"，极大地改善了群众来访接待环境。集中化解了400余起重点信访积案，重点信访指标稳步下降，2016年全市赴京非访同比下降92.6%，赴京省集体访下降44%，整体信访形势持续好转，成功实现了从全省信访大市到信访工作先进市的转变，2015年、2016年连续两年被评为全省信访工作先进县（市）。

（二）社会治理水平进一步提高

通过选优配强村支部书记、乡镇党委书记，真正实现了群众诉求有人管、有人问、有人解决，做到了小事不出村、大事不出乡、难事不出市、矛盾不上交。2016年，全市信访总量同比下降89.8%，社会治安和刑事案件发案量同比下降13.3%，群众利益诉求量和反映基层干部问题量同比下降30.5%。开展"平安乡镇（街道）""平安村（社区）""平安单位"等创建活动，深化"一村一警"包村联系工作机制，加强了群防群治，社会治安防控整体效能和综合治理能力明显提高。

（三）人民群众的安全感和满意度明显上升

坚持专项治理与系统治理、源头治理，实行多管齐下、多策并举，把管理和服务力量放到基层，赋予基层党组织相应职权和资源，把基层组织做强做实，激发基层党组织的活力，引导基层党组织聚焦人民群众，使得人民群众安全感与满意度进一步提升。2016年底，汝州市公众安全感指数达到90.57%，比2015年提升了2.28个百分点，在县级排名中上升了28个位次；执法满意度87.66%，比2015年提升了2.56个百分点，在县级排名中上升了32个位次。

（四）投资环境得到进一步改善

在棚户区改造、城市道路、廊道绿化等征地拆迁过程中，坚持"征地拆迁到哪里，党建就延伸到哪里、征地拆迁到哪里，综治工作就延伸到哪里、征地拆迁到哪里，信访接待就延伸到哪里"的工作原则。通过"三个延伸"，汝州市在征地拆迁过程中，没有发生一起强拆事件，没有引发一起治安和刑事案件，没有一户群众赴省进京上访。通过抓基层党建，加强干部作风建设，汝州投资环境发生了根本性变化，碧桂园、五洲国际等135家上市公司和企业集团投资汝州，全市生产总值增速从2014年的7%上升到2015年的8.9%，2016年达到9.5%，居十个直管县（市）第一位。

三 启示

汝州市以党建为统领创新基层社会治理的实践，是因地制宜的地气之作，是解放思想、与时俱进、勇于改革的鲜活成果，基于实施效果，一定程度上破解了当代中国城市基层治理过程中"治什么""如何治"的问题，对河南省加强基层社会治理具有一定借鉴作用。

（一）加强基层社会治理，既要顺势，又要坚守实际

汝州市以党建为统领推进社会治理工作，是贯彻中央和省委关于创新和加强基层党建的改革精神和要求。同时，以压实市乡村三级主体责任为核心，以实施"选、扶、考、奖、培"五步工作法为抓手，抓住乡镇党委书记和村支部书记这两个乡村干部队伍的"关键少数"，有所为有所不为，抓

住"主要矛盾",解决"真问题",切实将党建工作落脚到为群众办好事、让群众好办事上,抓住了根本,凝聚了民心,得到广大党员和群众的认可、支持和参与。

(二)加强基层社会治理,应选优配强基层党组织领导班子

基层党组织是基层各种组织和各项工作的领导核心,这是由我们党的性质、地位和基层的实际情况所决定的。无论基层社会结构如何变化,经济社会组织如何发育成长,基层党组织的领导地位都不能动摇、战斗堡垒作用不能削弱。这是坚持党在基层领导地位的内在要求,也是实现基层有效社会治理的根本保证。基层党组织作用的发挥取决于以书记为班长的党组织成员,要坚持把选优配强乡镇党委书记和村支部书记作为加强基层党组织建设的基础工程,选拔政治意识、大局意识强,敢担当、能干事、又干净的优秀干部到社会治理工作中来。

(三)加强基层社会治理,须落实基层社会治理主体责任

当前,基层社会治理的问题普遍存在多样性和复杂性、历史性和多变性。依靠个别部门、单个主体的"单打独斗"俨然难以为继,需要统筹各方力量,齐抓共管,形成系统力量,才能有效解决好改革开放进程中出现的"沉疴顽疾",这就需要在社会治理工作中,明晰、压实各级主体责任,合理分配各级领导责任、保障责任和监督考核责任。

淮阳县内生性经济发展模式的探索与启示[*]

王 博 杜鹏辉[**]

摘 要： 当前在经济转型升级过程中，产业转型与可持续发展成为河南省面临的瓶颈和挑战。淮阳县文化积淀深厚，名胜古迹众多，旅游资源丰富。通过发展政府主导的旅游带动战略，推动文化资源优势转化为文化发展优势，推进文化旅游产业多元化发展，文化旅游产业带动作用显现，实现了经济结构的不断优化，人民生活水平得到了显著提高，新型城镇化步伐明显加快。淮阳县经过内生性经济发展，挖掘了县内优势资源、存量资源和增量资源，发挥了良好的积累效应、比较优势和带动效应，对河南省产业转型有着较大的启发意义。

关键词： 淮阳 内生性经济发展 文化旅游产业

当前，我国经济进入新常态，供给侧结构性改革深入推进，面对经济形势呈现"三期叠加"的阶段特征，培育地区发展的内生动力，实现

---

[*] 本文系国家社会科学基金一般项目"县域'压力型维稳'的运行逻辑与维稳制度化研究"（13BZZ030）和河南省高校科技创新团队"县域社会治理评价研究"（编号：15IRTSTHN007）的阶段性成果。
[**] 王博，河南省政府发展研究中心研究员；杜鹏辉，郑州大学公共管理学院2016级行政管理专业硕士研究生。

内生性发展，是促进经济发展的重要手段，也是深入推进供给侧结构性改革的重要表现。内生式发展是指以区域内的资源、技术、产业和文化为基础，以区域内企业创新为动力，以提高本地居民生活质量为目标，促进经济效益的最大化区域，促进区域经济发展的模式。淮阳县通过挖掘地区的传统资源，优化要素配置，发挥存量资源的积累效应和增量资源的带动效应，实现了内生性可持续性发展。本文力图以淮阳县为案例，探讨其内生性经济发展模式，在此基础上，提出河南省经济发展的对策建议。

一 案例概述

周口市淮阳县地处淮河平原地区，总面积1320平方公里，总人口129万人，辖18个乡镇465个行政村。淮阳县是农业大县，有"豫东大粮仓"之称。盛产小麦、大豆、花生、棉花、玉米等农作物，粮、棉、油产量和畜牧业均在河南省名列前茅，是全国油料生产五强县和黄花菜、花生、大蒜、淮山羊等农牧作物生产出口基地。2015年全县生产总值完成201亿元，人均生产总值1.5万元。

淮阳县文化积淀深厚，历史悠久，名胜古迹众多，是8000年前中华人文始祖太昊伏羲氏、5000年前炎帝神农氏的建都创业之地，是中华姓氏文化、农耕文化、八卦文化和中华古文化的主要发祥地之一。其中太昊陵被誉为"天下第一陵"，是全国重点文物保护单位、国家4A级景区，太昊伏羲祭典是国家非物质文化遗产。淮阳县旅游资源丰富，是"中国旅游强县"、河南省8个"文化改革发展试验区"之一。县城被国家旅游局定为"全国寻根朝祖旅游线""孔子周游列国旅游线"观光景点之一；淮阳太昊陵庙会久负盛名，庙会期间日均客流量在20万人次左右；淮阳荷花节与洛阳的牡丹花会、开封的菊花展成为河南省三大花卉旅游节会品牌。

二 具体做法

（一）实施旅游带动战略，完善体制机制

1. 成立领导小组

为了更好地实施旅游带动战略，淮阳县成立县政府主要领导担任组长的旅游发展领导小组，推行旅游产业一体化管理，实行"旅政合一"的大部门管理体制。在旅游发展领导小组的指导下，政府主导机制不断强化，对旅游产业的引导和扶持力度不断加大，专门设立了文化旅游产业发展专项资金并逐年递增。旅游领导小组成立后，致力于清理涉旅企业的行政事业性收费及经营服务性收费，明确公开收费项目、收费标准、收费依据，减轻了旅游企业负担；对符合文化旅游产业规划的企业，政府按规定给予政策扶持，营造出有利于旅游业快速发展的良好环境。

2. 完善体制机制

在领导小组的督促下，淮阳县政府整合相关政府部门的管理职能，加强伏羲文化改革发展试验区管委会的行政职能，破解条块管理、多头管理的问题，建立专门的文化旅游执法队伍，严打涉旅行业的违法违纪行为，营造出较为宽松的文化旅游发展环境。

淮阳县结合旅游产业发展经验，建立了独具特色的"集中化管理、市场化运作、产业化发展、规范化经营"的旅游开发、建设、经营、管理模式，逐步实现了旅游景区景点所有权、管理权、经营权分离。在淮阳县政府监督指导下，全县建立了引进高端专业人才和旅游从业人员的行业管理体制，促使当地旅游业步入快速健康发展的轨道。按照"政府引导、市场运作、社会参与"的原则，淮阳县旅游产业进一步健全了现代市场体系，培育了较为成熟市场主体，重点培育了一批具有创新能力和竞争实力的文化旅游企业和企业集团。

（二）制定发展规划，搭建产业发展平台

为了使发展更具科学性和可持续性，淮阳县政府专门聘请清华大学、同济大学等知名高校文化旅游建设专家，多次召开评审会，基于本地实际编制出了《淮阳县城市总体规划》《淮阳县文化改革发展试验区规划》等规划文本。淮阳县文化改革发展试验区定位为"河南一流、中原最佳、全国知名"，确立了"以羲皇文化为核心，将文化资源保护与龙湖水域开发相结合，打造全国知名的中华人祖文化旅游试验区、国内知名的文化产业示范区"的目标，在文化领域形成"一心两轴三环四区"的空间布局。发展规划的制定加快了文化体制改革步伐：淮阳县政府对县电影公司、县影剧院和县人民电影院3家县级经营性文化单位进行了转企改制；撤销了县豫剧团，进行了国有文艺院团改革，组建了县豫剧艺术中心；专门组建了42人的县文化市场综合执法队伍，负责规范整顿县内文化市场。围绕"旅游突破"战略，淮阳县从多角度整合旅游资源，深挖文化内涵，构建了较为完善的全县域文化旅游产业体系，使淮阳初步成为豫东游客集散中心、观光旅游中心、休闲度假中心。

（三）开发历史文化遗产，发展文化旅游业

为了推动文化与旅游融合发展，淮阳县创新工作方式，举办"中原古韵—中国·淮阳非物质文化遗产展演"，同时加快建设龙湖旅游区，致力于将其打造为省级旅游休闲度假区；提升太昊陵旅游区品质，创建国家5A级旅游景区，推动陈楚故城原貌复建工作，打造国家级历史文化名城。淮阳县通过积极培育寻根祭祖旅游、文化旅游、休闲度假旅游、商务会展旅游、节庆旅游、健身旅游、养老保健旅游等九大特色旅游产业，加快了旅游业与县内其他产业融合发展。

通过旅游推介、招商引资等举措，淮阳县不断推进旅游大型项目建设，拓展了文化旅游产业链条：一是推动标志性项目建设，投资建设游客综合体项目，建设游客服务中心、综合办公楼、综合服务楼、商业街、大型停车场

等，改进了游客的旅游体验，打造了良好的服务口碑；二是推进文化产业和文化事业相结合，建设了国际易经研究应用中心，打造了国际易经研究高层论坛基地；三是建设文化产业集聚区，延伸实施伏羲文化产业集聚区建设项目，出台优惠扶持政策，为文化产业项目建设提供了有效载体。

（四）注重传统民俗传承，打造特色庙会

1. 传承传统手工艺，发展传统产业

民俗文化是一种极为典型、罕见的民间艺术，真实地记录了人类文化发展的轨迹，并折射出民间艺术与原始艺术之间同构互渗的血缘关系。悠久的历史文化积淀为淮阳县保留了极为丰厚的传统工艺技术，传统手工艺制品如布老虎、泥泥狗等作为极佳的旅游纪念品，在淮阳旅游产业中占有十分重要的地位。布老虎起源于远古时代虎图腾崇拜，承载着后人对人祖伏羲、女娲的怀念与敬仰，是淮阳太昊陵古庙会上标志性的民间艺术品；泥泥狗则是淮阳著名特色传统手工艺品，因其深远历史和丰厚文化积淀被列入国家级非物质文化遗产代表性项目扩展项目名录。为更好地传承传统手工艺、保护传统文化，淮阳县政府采取措施多项措施，支持和鼓励有条件生产旅游纪念品的中小型企业、私营个体加入旅游纪念品的设计、生产行列，给予资金、技术支持，并为企业提供良好的信贷条件，以帮助企业在生产初期解决财务危机。

2. 传承传统民俗，打造区域影响力特色庙会

每年农历二月二到三月三，淮阳都会定期举办"朝祖进香"庙会，人称"人祖庙会"。淮阳庙会是融民间艺术、宗教信仰、物资交流、文化娱乐于一体的汉族传统民俗文化盛会，太昊陵祭奠大典被确定为国家级"非物质文化遗产"。庙会高峰时每天人流量达数十万人次，其会期之长、范围之广、人数之多，为中原地区庙会所独有。同时，为丰富庙会形式，太昊陵庙会组织了花样繁多的汉族民间娱乐活动，与其他庙会相比，太昊陵庙会的底蕴更丰厚，文化味道更浓。庙会期间，马戏、担经挑、舞龙狮、龙灯、旱船等各种各样的民间娱乐活动，都得到了重新演绎。庙会的朝拜礼仪很多，进

太昊陵烧香拜祖作为逛"二月会"永恒不变的主题，人们纷纷进香祈愿，以望求得心想事成。

（五）突出生态保护，实现自然人文和谐共荣

1. 环保先行，注重污染防治与生态保护

龙湖位于淮阳县城中心腹地，由柳湖、东湖、南坛湖、弦歌湖4个部分组成，目前是中国内陆最大的环城湖。2010年初，淮阳龙湖以其独特的生态、文化、美学和生物多样性价值被国家林业局正式命名为国家湿地公园4A景区。为避免龙湖开发过程中的环境污染与生态破坏，淮阳积极开展多项工作保护和改善龙湖水质：一是加强立法，根据有关法律法规出台了《淮阳龙湖保护工作实施方案》，确定了龙湖近期和中期工作目标和各职能部门的工作任务与职责，建立了龙湖保护的长效管理机制，使龙湖管理有章可循，有法可依。二是加强监管，严格环境准入，严禁在湖区内审批与龙湖保护无关的项目；抽调专业人员，成立监测小组和河道污染检查组，对沿湖排污口进行排查，防止污水进入龙湖；增加监测点位和频次，每周对龙湖全方位布点监测，及时提供监测数据，为龙湖管理提供科学依据。三是控源截污，常态化开展联合执法集中整治违法排污行动，清查规范环龙湖区居民、餐饮业排污，并将其并入城市管网，减轻龙湖污染负荷。四是实施龙湖生态修复工程，聘请武汉、北京、南京等水环境治理研究机构和专业治理公司对龙湖保护"把脉问诊"，及时引水补源，并采取生物修复、清理打捞、喷洒生物制剂等治理措施改善水质。五是强化宣传，充分发挥新闻媒体作用，树立全民爱湖、护湖、管湖的思想，对破坏龙湖水质的行为进行公开曝光，充分调动广大群众保护龙湖的主动性，营造保护水质的氛围。六是系统治理，在淮阳县政府的统一领导下，龙湖管理处、住建、环保、水利、宣传等部门各司其职、密切配合，严厉打击破坏龙湖生态的行为。

2. 内聚外联，打造环龙湖生态圈

在环保先行基础上，以打造国家湿地公园4A景区为契机，淮阳合理利用现有的龙湖环境资源，美化、绿化、亮化了龙湖风景区，打通了内环湖观

光大道，修建了外环湖路，使内湖相通、外湖相连，提升了龙湖风景区的整体品位。淮阳成立了由主要领导任组长、相关职能部门参与的湿地公园建设领导组，鼓励县林业局湿地办人员"走出去"，到优秀的湿地公园学习经验，并聘请国家林业局规划设计院、河南农业大学、河南林业调查规划设计院等专家现场指导湿地建设与保护。在征询多方意见基础上，形成了《河南省淮阳龙湖国家湿地公园总体规划》，在湿地保护与恢复、基础设施建设、科研监测、科普宣教、合理利用方面均做出了科学规划和合理安排，打造了科学、绿色的龙湖生态圈，为群众保护了一方绿水，为经济可持续发展奠定了坚持基础。

三 淮阳县内生性发展的成效

（一）经济结构不断优化

全县农业现代化水平进一步提升，夏粮生产实现十三连增，粮食年产量由"十二五"初的16.7亿斤增长到20.04亿斤，全国超级产粮大县地位更加巩固。畜牧产业化初步显现，猪、牛、羊存栏量、出栏量均居全市前列，连续8年被评为"全国生猪养殖调出大县"。"工业强县，旅游突破"的战略地位突出，"十二五"期间，全县产业结构不断优化，第二第三产业比重由59%提高到69%。生产总值由126亿元增长到201亿元，人均生产总值由1万元增长到1.5万元，规模以上工业增加值由26亿元增长到65.2亿元，旅游业综合收入常年占全县生产总值20%以上。

（二）文化旅游产业带动作用逐渐显现

全县按照旅游规划和旅游业"一心两轴三环六区"的总体布局，推动文化与旅游融合发展，举办了国家级文化活动第六届"中原古韵——中国淮阳非遗展演"暨2015年中国·淮阳羲皇故都朝祖会和龙湖旅游赏荷月活动，参展省份扩大到10多个。2015年全县接待游客1000多万人次，门票收入近9000万元，文化旅游年综合收入超40亿元。

通过旅游推介、项目带动，大力推进招商引资。东方神话游乐园一期、龙湖南北码头和航道建设、龙湖音乐喷泉等项目已经完成投用，包公祠、钓鱼岛等一批新景点已完成策划包装，正在对接招商。2015年全县新签约项目4个，总投资9亿元；全年累计实际到位省外资金33亿元，实际引进外资100万美元。新增外贸进出口企业2家，全年外贸进出口总额11953万美元，增长130.6%，完成目标任务的187.8%，总额及增速均居全市第一位；其中，出口额10550万美元，完成目标任务的206.8%。

（三）人民生活水平显著提高

民生投入逐步加大，每年连续实施"十项民生实事"，教育、医疗、文化、就业等突出民生问题明显改善，社会保障体系不断健全并覆盖城乡。教育事业快速发展，被评为河南省职业教育强县，连续三年被评为周口市教育工作先进县。公共文化服务体系示范区建设初见成效，配套完善近500处乡村文化设施。仅2015年就完成公益电影放映5760场次、各类文艺演出235场次。公共医疗卫生服务水平显著提高，4家县级公立医院完成综合改革，108个村级卫生室完成改扩建，新农合参合率达到99.5%，2015年累计报补医疗费用5.5亿元。"十二五"累计新增城镇就业37700人、农村劳动力转移就业59000人，完成14.4万农村贫困人口脱贫。农民人均纯收入由3800元增长到7644元，五年实现翻一番；城镇居民人均可支配收入由11700元增长到20744元，五年接近翻一番。

（四）新型城镇化步伐加快

总体规划城乡建设，完成风景名胜区规划、产业集聚区控规、特色商业街区控规、新农村建设规划的修编。拉大城市发展框架，实现了西三环全线贯通，环境综合整治持续推进，城区"脏乱差"得到缓解，农村人居环境有效改善，"县城－中心城镇－美丽乡村"发展格局显现。城区绿化覆盖率19.6%，绿地率13.7%，人均公共绿地面积10.3平方米。先后被住建部确定为"中国环境艺术示范城"、全国首批50个"最美小城"和18个"魅力小城"之一等。四通镇被命名为全国文明镇，白楼镇于庄、新站镇新站村、刘振屯乡刘振屯村被评为省级"美丽乡村"。白楼镇，冯塘乡龙虎村，豆门乡楚庄、贾营村被确定为省级"美丽宜居乡村"试点，淮阳县被评为"河南省改善农村人居环境工作先进县"。

四 经验启示

内生性发展模式告诉我们，要实现地方经济的长期可持续增长，应摆脱过去依赖资本、能源及劳动力大量投入的增长方式，把外生发展转向内生发展。以地域内的文化、环境、技术为基础，着重挖掘地区优势资源，开发具有地域特色的产业，创造高附加值关联产业，发挥社会文化、环境资源、基础设施等方面的积累效应，以及人力资本和先进技术的带动效应，通过经济、社会、文化、环境的综合发展，实现可持续的协调发展。

（一）挖掘优势资源，发挥比较优势

各个地区有着不同自然环境、地理位置和历史背景，要针对地方所具有的特色优势资源，坚持政府引导、市场主导的原则，科学规划发展战略，走可持续发展道路，建立健全制度环境、政策保障、配套服务等，利用市场化的手段，提高优势资源的利用率，优化资源配置，发挥比较优势。

需要注意的是，部分地区由于自然资源、地理环境等要素条件的类似，以及成功案例的示范作用，会出现部分地区产业规划雷同的现象，从而引发同质化竞争，比较优势难以体现。

（二）盘活存量资源，发挥积累效应

从注重经济增长的数量转向注重经济增长的质量和效益，实现内生性发展，是个积累迭代的过程，需要夯实的基础条件、良好的自然环境和人文环

境。所以应着重加强基础设施建设，规范和完善配套服务，提高基本公共服务均等化水平，推进现代公共服务体系建设，形成惠民便民格局；深化体制改革，削减行政改革，完善市场环境；加大环境保护力度，实现经济的绿色协调发展；注重文化习俗、社会风气等软实力的构建，形成并积累文化认同感和归属感，提高当地文化软实力；提升基层治理能力，构建民众参与治理，参与发展的体制，形成自下而上的发展力量。

（三）用好增量资源，发挥带动效应

人力资本和先进技术具有良好的带动效应，如何引进并培育人力资本和先进技术，是用好增量、实现内生发展的关键。着重推进"大众创业、万众创新"，改善创业环境，完善创业政策；实施人才战略，建立人才引进、管理机制，制定人才培养规划；完善鼓励扶持中小企业发展的体制机制，简政放权，发展符合条件的多层次资本市场，拓展企业融资渠道，创新融资模式；深化招商引资，改善投资环境，围绕地区经济特点，以优化产业链为目标，引进优质企业；以重点产业、主导产业为基础，推动产业多元化发展。

龙头企业的重点项目在县域经济发展中起着重要作用，但同时，由于企业、政府和民众作为不同的参与主体有着各自的利益诉求，当利益目标不一致时，政府需保护好"弱势"的民众，更要监管好"强势"的企业。

郑州市城市精细化治理的实践探索

谢海军 马昕蔓 刘 珍*

摘 要: 实施城市精细化治理以来,郑州市城市管理水平与繁华现代、畅通有序、生态宜居的城市形态相适应,实现中部领先、全国一流的城市管理目标。历经实践探索,郑州市城市精细化治理的组织结构、治理方式、治理成效等方面取得了阶段性成果,城市"四乱"问题大幅度减少、重点工作稳步推进、城市基础设施承载能力全面增强、城市市容环境全面改善、市民满意度逐步提高。同时,在城市精细化治理深层次推进过程中也存在一定问题。本文主要梳理郑州市精细化治理取得的成绩,分析其存在的不足,提出完善的措施,使郑州市城市精细化治理向着良性、可持续发展推进。

关键词: 郑州 城市管理 精细化治理

"精细化"的理念最早由日本企业在20世纪50年代提出,然后逐步推广到政府管理行为。精细化管理是通过规则的系统化和具体化,运用程序化、标准化和数据化的手段,使组织管理各单元精确、高效、协作和持续运行的管理方式。城市精细化管理是精细化管理的重要领域。城市精细化管理是指综合运用市场、法律、行政和社会自治等手段,通过城市管理目标量

---

* 谢海军,郑州大学公共管理学院教授;马昕蔓,郑州大学公共管理学院2016级硕士研究生;刘珍,郑州大学公共管理学院2015级硕士研究生。

化、管理标准细化、职责分工明晰化等，形成以"精致、细致、深入、规范"为内涵的城市管理模式。

2015年10月郑州市实施城市精细化治理以来，精细化治理的总体目标是，通过三年努力，使郑州市城市管理水平与繁华现代、畅通有序、生态宜居的城市形态相适应，实现中部领先、全国一流的城市管理目标。经过近两年的实践探索，郑州市城市精细化治理的组织结构、治理方式、治理成效等方面取得了阶段性成果，但同时，在城市精细化治理深层次推进过程中也存在一定问题。本文主要梳理了郑州市精细化治理取得的成绩，分析其存在的不足，提出完善的措施，使郑州市城市精细化治理向着良性、可持续发展推进。

一 郑州市城市精细化治理的主要措施

（一）厘清郑州市城市精细化治理的职能和边界

确立郑州市城市精细化治理的范围和边界为街道公共领域。其城市精细化治理的职责包括：①"四乱"治理，突出对车辆乱停乱放、占道经营及凸店经营、垃圾乱堆放、小广告乱贴乱发等"四乱"治理。②城市道路维修和相关公共设施的整治，包括高速与接驳道路亮化、道路大中小修、六类车治理、四环内绿化和路灯建设、立面楼顶整治、停车场建设、架空线缆入地、非机动车停放、大气污染防治。③城市精细化管理的其他工作，如环境卫生、水暖提升、园林绿化提升、城市亮化、河渠整治、建筑拆迁待建工地管理、建筑垃圾管理、户外广告门头牌匾、交通综合治理、充电桩建设、道路及附属设施整治等。

（二）搭建了郑州市城市精细化治理的组织机构

郑州市城市精细化管理组织原则是"属地管理、分级负责"。按照这种行政职责划分，郑州市城市精细化治理的组织结构分为三级负责制，即郑州市精细化管理办公室、区（县）城市精细化管理办公室和街道（乡、镇）城市精细化管理办公室，市、区、街道三级城市精细化管理办公室分属郑州市政府、区政府和街道办事处派出机构。郑州市三级城市精细化管理办公室，分别依托郑州市城市管理行政执法监察支队、郑州市区（县）城市管理行政执法中队和街道城市管理执法监察中队为精细化管理的实施主体。同时，设立郑州市数字城市管理监督中心，直属郑州市政府，负责对全市城市精细化管理的绩效考核。遇到城市精细化管理中的疑难问题，需要协同相关职能部门实施联动。图1为郑州市精细化治理的组织结构。

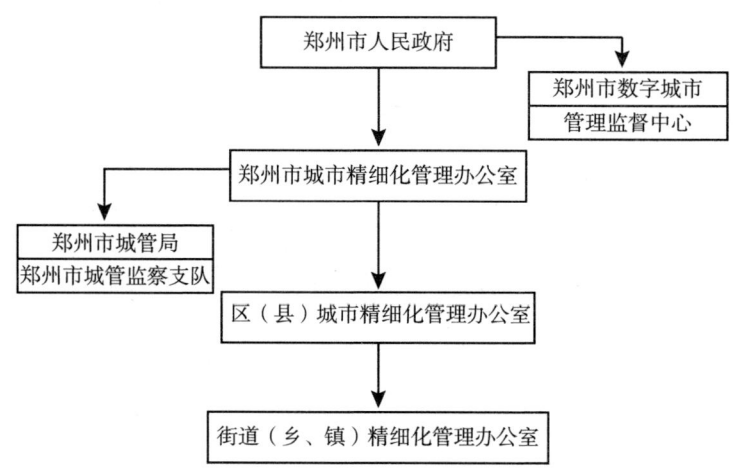

图1　郑州市精细化治理的组织结构

（三）建立了精准的数字化城市管理运行机制

依据住建部标准以及《郑州市数字化城市管理实施办法》《郑州市数字化城市管理信息采集、立案、处置与结案标准》等规章，实施数字化城市管理监督工作，通过数字城管系统"发现问题、受理立案、任务派遣、问题处置、现场核查、案件结案、考核评价"闭环的7个工作流程，初步形成了"一级监督、两级指挥、三级管理、四级网络"的数字化城市管理新模式，搭建了监督轴与指挥轴"相互独立、适度分离，高位监督、分级指挥"的数字化城市管理体系,建立了分工明确、责任到位、沟通快捷、运转高效的数字化城市管理新机制。

(四)构建城市精细化治理考评和奖惩机制

郑州市出台了《郑州市城市精细化管理督导考核方案》,郑州市精细办和各成员单位共同成立考核组,定期对全市74个重点街道办事处(乡、镇)城市精细化管理工作完成情况进行考核。考核成绩满分100分,其中,市数字化城市管理监督中心考核占50分,市精细办6个督查组占15分,市爱卫办抽查占10分,市城管监察支队占15分,"以克论净"抽查、务虚材料10分。考核成绩汇总至市精细办统一使用。

按照城市精细化管理考核成绩,对全市74个重点街道办事处(乡、镇)进行排名,成绩排在前十名的(乡、镇)进行表扬、奖励;对排在后十名的(乡、镇)进行处罚。处罚的方式主要有通报批评、黄牌警告、经济处罚、街道办事处党政一把手免职和所在区主管领导做检查。

二 郑州市城市精细化治理取得的成效

(一)城市"四乱"问题大幅度减少

"四乱"问题数量大幅下降。机动车乱停放方面,整治前日均169209辆次,2016年12月日均12829辆次,环比下降92.41%;非机动车乱停放方面,整治前日均107194辆次,2016年12月日均2269辆次,环比下降97.88%;占道经营方面,整治前日均107194件次,2016年12月日均2269件次,环比下降93.8%;市容环境方面,整治前日均12795件次,2016年12月日均795件次,环比下降66.79%;乱发乱贴小广告方面,整治前日均3392件次,2016年12月日均832件次,环比下降75.47%(见图2)。市容环境秩序得到了明显的改善,城市管理水平得到了全面提升。

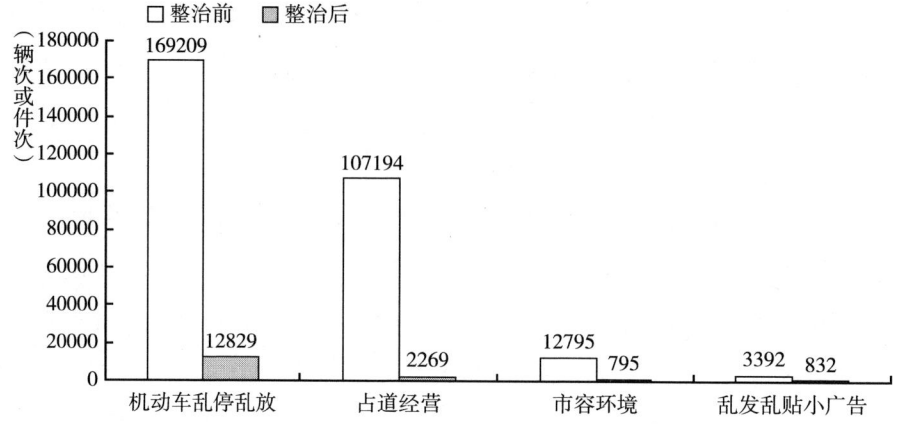

图 2 "四乱"整治前后数量对比

（二）城市治理重点工作稳步推进

抓住重点领域工作不放松，对脏、乱、差的重点区域、街道和路段，进行重点治理。目前，全市已经完成建设安装人非硬隔离设施的道路合计 125 条 179.11 公里，有效地遏制了车辆乱停乱放和占道经营现象；加大六类车的整治力度，2016 年以来，市区共查处机、电动三轮车、老年代步车 17812 起，四轮电瓶车 141 辆，摩托车 9795 起，电动自行车 187931 起，教育电动自行车违法 20286 起，签订责任书 17222 份，拘留"机动三轮车、老年代步车、电瓶观光车、摩的"及其他驾驶人 1253 人次；全面完成了 192 栋楼体亮化整治提升工作。在环境污染治理方面，安装油烟净化装置退路进店烧烤摊 1750 个，取缔露天烧烤 684 处，餐饮服务场所家装油烟净化装置 14572 家，目前建成区露天烧烤问题已经基本解决。

（三）城市市容环境全面改善

推进生活垃圾管理专业化、一体化，实行市级处理、区级收运，办事处二次转运和管理，社区、物业公司负责收集，垃圾中转占和垃圾处理厂实行垃圾无偿接受，逐步实现生活阿吉全收集、全覆盖，生活垃圾无害化处理达到95%。实行"以克论净、深度保洁"的考核标准，变过去的定性考核为定量考核，对市内五区四个管委会75个办事处所管辖区域以每10天为一个周期进行考核、排名，实现了清扫保洁提档升级。全市机械化清扫率达到85%以上，道路浮尘平均每平方米20克以下。图3是2016年5~12月每平方米粉尘的变化，截至2016年5~6月达到25克/立方米，7~8月达到20克/立方米，9~10月达到15克/立方米，11~12月达到10克/立方米。

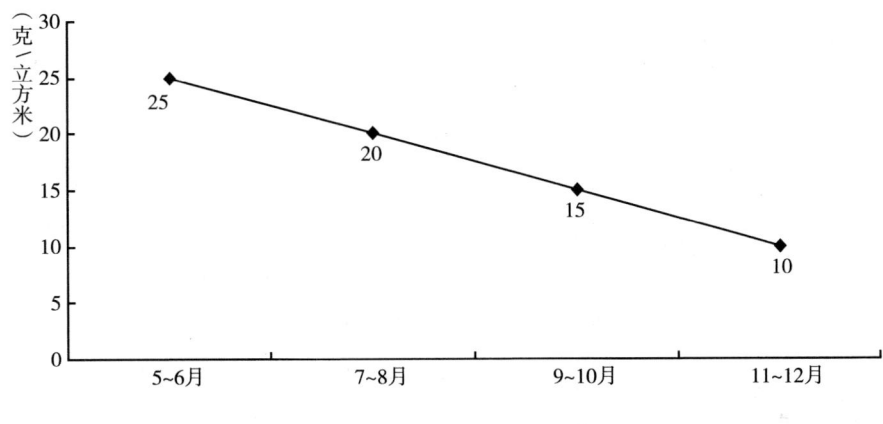

图3　2016年5~12月"以克论净"

（四）市民满意度逐步提高

自城市精细化管理工作开展以来，城市精细化管理服务办公室进一步深化"诚心服务一座城"的城市管理理念，通过"城管微博""城市管理应急协调处置中心""市民看市政""立刻办服务热线"等，搭建了与市民群众交流服务的平台。截至2016年底，中央、省、市媒体在城市精细化管理方面的正面报道1951篇，与2015年同期相比上升了237%，营造了关心、理解、支持、参与城市管理的良好氛围。在此期间，共接收城市管理各类信息5600余条，处理城市管理各类案件29.5万起，其他各项与城市管理有关的数据全部创下近年来的最低峰值，市民满意度大幅提升。

三 完善郑州城市精细化治理的对策

郑州市城市精细化治理作为社会治理新的探索和实践领域，在取得成绩的基础上，难免存在着一些不足和改进的地方。如管理体制上，郑州市城市精细化管理体制呈现条块分割状态；治理主体上，还存在政府单兵作战、其他主体参与度不高的问题，导致城市精细化治理主体单一化；治理方式和手段上，还存在着严防死守、重管理轻服务的倾向。

（一）构建责权统一的城市精细化管理体制

首先，打破郑州市精细化管理体制呈现条块分割的管理体制，健全完善市、区、街道和社区四级联动机制。针对城市管理中的重点、难点问题，构建一个部门牵头、多个部门配合的"1+N"执法和管理联动平台，联合执法、公安、交警、工商、食药、卫生等部门，建立长效机制，明确责任分工，形成"压力层层传递、动力层层提升"的良好局面。坚持责权统一、属地管理、综合执法的原则，进一步明确城市精细化管理的范畴，制定放管服相结合的方针，进一步下放城市共和管理事权，权力和资源向基层街道办事处下沉，调动办事处积极性，形成"决策以市为主，组织实施以区为主，日常检查以街道为主，市民动员以社区为主"的城市管理体制，实现城市管理问题发现在萌芽状态、解决在基层。

其次，健全完善各级精细化管理办公室与局（委）无缝对接的机制。发挥城市管理局牵头作用，相关部门积极配合，区、街道和职能部门之间加强信息沟通和工作衔接，形成条块结合、合理助推的工作格局。采取城管市直区直下沉、网格人员"三支队伍"下沉的工作方式，统筹调度相关部门和社会力量，解决了城管执法部门一家难以解决的疑难杂症。

（二）实现城市精细化治理多元主体共治

目前，郑州市城市精细化治理主体还是政府单一的管理主体，社区、社会组织和公民参与度还较低，如果要将郑州市城市精细化管理向深入推进，减少社会治理成本，发挥社区、社会组织和公民的参与热情，形成多元共治的格局，还需要加强治理理念和措施的更新和提升。

首先，要提升城市精细化治理理念。城市精细化治理不仅是治理方式的提升，也是治理理念的变革。传统的城市治理理念是管理型理念，政府是单一的控管主体。而现代治理理念，是管理型到服务型理念的重大转变，也是治理主体单一化向多元化的拓展。政府从全能型向有限型转变，城市精细化治理的主体既包括政府，也包括社区、社会组织和公民等不同主体，实施多元主体共治。

其次，要发挥政府在城市精细化治理中的主导地位。政府在城市精细化治理中扮演着管理者和服务者的双重角色和功能。政府的主导地位体现在政府在城市精细化治理中，提供治理规则、实施方案、惩处的措施，特别是在郑州市城市精细化治理的初期，面对长期存在的城市治理积重难返的多重弊端，政府治理措施以管理手段为主，随着阶段性成果的取得，需要从治标转向治本，政府在城市精细化治理中，更多采取经济、法律、行政等多重方式进行执法。

再次，要发挥社区在城市精细化治理的基层协同角色。社区是城市治理的重要组成部分，目前，郑州市城市精细化治理主要依靠城市管理执法局或大队，社区参与度不够。有很多街道门面房、餐馆等，既属于社区管理，也属于城市精细化管理范围，可以借助于社区的网格化管理，为城市精细化管理在萌芽状态发现问题提供网络化支撑，形成城市管理部门和社区的共治。

最后，要发挥社会组织参与郑州市城市精细化治理的作用。社会组织作为社会治理新型的主体，在城市精细化治理中发挥着不可替代的作用。社会组织中的志愿者团队、老年协会、文体志愿者等对属地街道较为熟悉，可以随时发现问题、反映问题，也可以借助其优势，通过劝阻等行为，进行城市柔性治理服务。

此外，公民自身参与也是城市精细化治理的基础。公民既是城市精细化治理的参与者，也可能是城市精细化治理的承担者。当前，郑州市城市精细化治理中民众还是被管理者的角色,其积极主动性没有发挥出来,特别是一些商铺、流动摊贩等更是消极对待,需要采取经济、教育等柔性措施,逐步改变其社会治理的被动角色,向积极参与城市精细化治理的角色蜕变。

(三)完善郑州市城市精细化治理的手段

郑州市城市精细化治理手段过于单一,侧重于强制性的管理方式,容易激起城管与商贩等主体的矛盾,需要完善城市精细化治理的手段,做到管理与服务并重,提升城市精细化治理的内涵。

首先,要完善服务型治理方式。当前,城市精细化管理中存在的若干问题,许多是公共服务不足引起的,例如停车位不足导致机动车乱停乱放等。单一的管理方式并不能消除矛盾,需要针对公共服务不足的问题,扩建公共服务设施。如针对流动商贩问题,需要完善菜市场的布局,通过建立菜市场、集贸市场,引导商贩到菜市场,从根本上解决这类矛盾。

其次,要柔性与刚性执法结合起来。对于普通、偶然的商贩占道经营等问题,需要通过劝阻、协商等手段进行文明执法,避免小矛盾激化为大矛盾。对于那些屡教不改、暴力抗法者,需要通过执法程序,依法依规进行处理。

郑州市"村改居"社区的治理困境及其对策研究[*]

徐京波[**]

摘　要： 随着城市化的快速推进，城市征地拆迁如火如荼，"村改居"社区数量大量增加，其集聚人口规模也越来越庞大，该类型社区将成为城市基层社会的重要组成部分。许多"村改居"社区更多的是被动城市化的产物，这使得该社区类型建成之后因为得不到有效的制度引导和可靠的政策保障而不同程度地陷入一种"无序"和"失序"状态。实证调查发现，目前"村改居"社区主要在回迁安置、经济状况、再就业、社会适应等方面存在问题。在"村改居"社区治理中，应该完善拆迁补偿安置制度和再就业制度；引导帮助"村改居"社区居民积累资产，提高家庭收入；构建"村改居"社区居民的社区融入路径和可持续生计模式。

关键词： "村改居"社区　治理困境　回迁安置　可持续生计

---

[*] 本文系国家社科基金项目"中部地区农村空心化的社会风险及其治理研究"（项目编号：15CSH027）的阶段性成果。

[**] 徐京波，社会学博士，郑州轻工业学院政法学院讲师。

随着城市化的快速推进,城市征地拆迁如火如荼,"村改居"社区数量大量增加,其集聚人口规模也越来越庞大,该社区类型将成为城市基层社会的重要组成部分。与自然形成的村落不同,"村改居"社区更多是被动城市化的产物,在这一过程中,政府往往通过刚性的"命令—管控"机制,自上而下地推动回迁安置工作。在一定程度上导致政府的"越位"规划和"错位"治理,从而使大多数"村改居"社区建成之后因为得不到有效的制度引导和可靠的政策保障而不同程度地陷入一种"无序"和"失序"状态。郑州已经进入城市化快速发展阶段,城中村、城郊村改造大步推进。因此,本研究对郑州市的"村改居"社区进行实地调查,在经验资料分析的基础上对"村改居"社区的回迁安置、经济状况、再就业状况和社会适应问题进行探究。从而重新审视城中村、城郊村改造转型发展的推进路径,促进以大拆大建为核心的城市化向拆建管并重的城市化转变,从政府主导型向需求型、自治型转变,从生存型社区向发展型社区转变。从而,深化"村改居"社区治理机制综合改革,促进其与城市社区对接并轨。

一 研究方法与样本情况

本研究主要采用问卷调查法,对郑州市"村改居"社区进行问卷调查。调查内容主要包括"村改居"社区回迁安置、经济状况、再就业、社会适应等问题。本次调查发放问卷300份,回收问卷273份,回收率91%。调查样本中,男性占47.6%,女性占52.4%;年龄构成中,30岁以下占9.1%,30~39岁占10.7%,40~49岁占16.9%,50~59岁占34.6%,60岁以上占28.7%;文化程度构成方面,小学及以下占30.8%,初中学历占33.7%,高中学历占20.1%,大专学历占11%,本科及以上占4.4%。家庭人数构成方面,1人的占2.2%,2人的占3.7%,3人的占11%,4人的占24.5%,5人及以上占58.6%。

二 "村改居"社区的回迁安置状况

(一)被动性拆迁安置为主,生活无保障和征地补偿低是其最担心的

土地被征用要尊重农民意愿,不能搞强迫命令。要纠正片面追求增加城镇建设用地、违背农民意愿强拆强建等侵害农民权益的行为。目前,强行拆迁、强迫农民上楼的事件时有发生,这是不尊重农民意愿的表现,从而招致公众舆论不断的批评和指责。调查中发现,与农民工进城务工主动城市化相比,"村改居"社区居民更多的是被动城市化。调查数据显示,30.9%的被访者愿意土地被征用,69.1%的被访者不愿意土地被征用。

为什么将近70%的被访者不愿意土地被征用?表1显示,33%的被访者认为征地补偿较低,33.1%的被访者担心将来生活无保障,18.9%被访者认为土地被征以后就业难,12.5%的被访者认为土地被征以后会增值,2.5%的被访者因为其他原因。由此可见,征地补偿低和担心将来无生活保障是村民不愿意土地被征用的主要原因。

表1 不愿意被征地的原因

单位:%

类别	有效百分比	类别	有效百分比
征地补偿低	33.0	土地会增值	12.5
将来生活无保障	33.1	其他原因	2.5
就业难	18.9	合计	100.0

拆迁对"村改居"社区居民的日常生活产生了一定的影响,9.1%的被访者认为产生了一些公共财物纠纷,24.4%被访者认为导致收入下降,23.3%被访者认为就业困难,10.7%的被访者认为家庭矛盾增加,7.1%的被访者认为会影响社会秩序,13.5%被访者认为没有太大变化,还有9.6%被访者认为生活质量提高,还有2.3%的被访者认为会带来其他影响。

（二）"村改居"社区居民安置过渡期以租房为主，租房补贴不高

针对房屋被拆迁之后、安置房分配之前过渡期的居住问题，政府并没有统一安置，而是村民自主安置。调查数据显示，77.9%的被访者自己租房居住，8.2%的被访者在周围亲戚家居住，1.1%的被访者在朋友家居住，4.2%的被访者在用工单位居住，还有8.6%的被访者在其他地方居住。

调查中发现，"村改居"社区居民的过渡期租房补贴包括两个方面：①过渡补助费，每人每月600元发放，每半年发放一次。②生活补贴，每人每月200元，每半年发放一次。在深度访谈中了解到，上述两类费用只能满足家庭日常开支，对于家人生病、子女结婚、生子、上大学等较大事件，难以应对。因此，在过渡期，许多村民都会外出打工。表2显示，0.8%的被访者认为补贴很高，3%的被访者认为补贴较高，36.9%的被访者认为补贴金额一般，43.8%的被访者认为补贴较少，15.5%的被访者认为补贴很少。

表2 拆迁过渡期提供租房补贴情况

单位：%

类别	有效百分比	类别	有效百分比
补贴很高	0.8	补贴较少	43.8
补贴较高	3.0	补贴很少	15.5
一般	36.9	合计	100.0

（三）"村改居"社区居民对拆迁安置的满意度不高

除了过渡补助费和生活补贴以外，还有按期拆迁奖，但不是每个家庭都会获得的。具体规定如下：①第一时间段签订协议，并腾空房屋验收合格的，给予20000元/宅的奖励；②第二时间段签订协议，并腾空房屋验收合格的，给予8000元/宅的奖励；③超过第二时间段搬迁的，不再奖励。另外还有搬迁补助费：将搬家费用全部打包，给予每宅5000元的搬迁补助。按照

三口之家，3年过渡期，以最高标准计算如下：20000元（拆迁奖）+5000元（拆迁补助费）+64800元过渡补助费（3年×600/月×12个月×3个人）+21600元（3年×200/月×12个月×3个人）=111400元，每年为37133元。3年过渡期，以最低标准计算如下：0元（拆迁奖）+5000元（拆迁补助费）+64800元过渡补助费（3年×600/月×12个月×3个人）+21600元（3年×200/月×12个月×3个人）=91400元，每年为30466元。最高安置费与最高安置费相差20000元。调查结果显示，12.2%的被访者对拆迁安置费满意，这一群体更多的是在规定第一时间段内完成拆迁的；33.2%的被访者对安置费数额满意度一般，这一群体更多的是在规定的第二时间段内完成的；51.6%的被访者对安置费数额不满意，这一群体更多的是在超出第二时间段完成的。

所调查地的大部分社区回迁时间规定为三年。能否在规定时间内完成回迁，与开发该村土地的开发商有较大关系。通过实地调查发现主要存在以下情况：①先安置后拆迁，在调查的所在区域只有1个社区是这种情况；②其中3个社区按期交房安置；③1个社区按期未按期交房，但是过渡费翻倍发放；④2个社区，未按期交房，也未翻倍发放过渡费。因此在安置周期的满意度方面存在差异，8.2%的被访者满意，34.6%的被访者满意度一般，而50.9%的被访者不满意，还有6.3%的被访者无所谓（见表3）。

表3 安置周期的满意度

单位：%

类别	有效百分比	类别	有效百分比
满意	8.2	无所谓	6.3
一般	34.6		
不满意	50.9	合计	100.0

在调查中发现最大的不公平，则是家庭两个年满18岁的男孩分配在每个宅基地400平方米安置基础上，再分400平方米的房子；家庭两个年满18周岁的女孩在每个宅基地400平方米安置基础上，再分配150平方米的房子，相差250平方米。街道工作人员解释说，家里两个男孩，到18周岁，

宅基地在4分地以下，另划宅基地，因此再分400平方米；两个女孩年满18周岁，不再划分宅基地，因此就不能再分400平方米，农村社区在划分宅基地方面，男孩和女孩还是有较大差别。根据城乡结合部的特殊情况，家里有两个女孩的，照顾一个，当男孩看待，再分配150平方米。许多村民，特别是没有男孩的家庭，认为房屋分配严重违背的男女平等的原则。调查数据显示，15.5%的被访者认为公平，31%的被访者认为一般，49.4%的被访者认为不公平，还有4.1%的被访者认为无所谓。

三 "村改居"社区居民家庭经济状况

（一）"村改居"社区居民家庭收入未明显增加，满意度下降

拆迁之前，大部分"村改居"社区居民都是农民，以种地为主，主要种植小麦、玉米等粮食作物，拆迁前59.9%的被访者家庭收入来源为种地。27.8%的被访者家庭来源为在本地和外地打工，4.5%的被访者家庭收入来源为做生意，4.5%的被访者依靠出租房屋，正式工资收入占2.2%，政府补偿占1.4%，其他来源占0.6%。拆迁安置以后，种地所占比例大幅下降，只占8.1%；而42.4%的被访者依靠打工收入，有所上升；出租房屋所占比例也有较大增加，占到14.9%；政府补偿上升较大，占到16.8%（见表4）。总之，拆迁之前，种地和打工为家庭主要收入来源；拆迁之后，打工、出租房屋和政府补偿为主要家庭来源。

表4 拆迁前后家庭收入来源比较

单位：%

类别	拆迁前家庭收入来源	拆迁后家庭收入来源	类别	拆迁前家庭收入来源	拆迁后家庭收入来源
种地	59.9	8.1	正式工资收入	2.2	5.2
在本地打工	13.1	18.8	政府补偿	1.4	16.8
在外地打工	14.7	23.6	其他来源	0.6	4.5
做生意	4.5	8.1	总计	100.0	100.0
出租房屋	4.5	14.9			

许多媒体用"一夜暴富"形容拆迁安置户的收入状况,其实拆迁安置户对拆迁后的满意程度不仅没有上升,而且有所下降。28%的被访者对拆迁前的家庭收入非常满意和比较满意;拆迁后只有14.7%的被访者对家庭收入非常满意和比较满意。拆迁前28.6%的被访者对家庭收入不太满意和很不满意;拆迁后这一比例上升到47.8%(见表5)。通过对"村改居"社区的深度访谈发现,对收入满意度降低的原因主要体现以下三个方面:第一,村民将大量原有收入和拆迁补偿款投入到购买安置房和安置房装修上;第二,由于所住"村改居"远离城市,地理位置较偏,房屋出租价格较低;第三,由于周围许多村庄完成回迁安置,回迁安置房较多,房屋出租竞争激烈。总之,房屋购买和装修投入较大,出租收益速度较慢,由此导致家庭收入状况下降,许多"村改居"社区居民在出租房屋同时,外出打工。

表5 拆迁前后对家庭收入的满意度比较

单位:%

类别	拆迁前满意度	拆迁后满意度	类别	拆迁前满意度	拆迁后满意度
非常满意	4.8	4.8	不太满意	22.1	32.0
比较满意	23.2	9.9	很不满意	6.5	15.8
一般	43.4	37.5	合计	100.0	100.0

除了对拆迁前后同一家庭收入比较之外,还对拆迁前后家庭收入在村庄所处的经济地位进行比较分析。9.9%的被访者认为拆迁前与周围家庭相比很富裕和比较富裕,拆迁后9.2%认为很富裕和比较富裕;74.3%的被访者认为与周围家庭相比差不多,拆迁后68.4%的被访者持相同看法;15.8%的被访者认为拆迁前比较贫穷和非常贫穷,22.4%的被访者认为拆迁后比较贫穷和非常贫穷。由此可见,拆迁前后家庭在社区中的经济地位变化不大,社区中的贫困阶层并没有因为拆迁而变为富裕阶层,富裕阶层也并没因为拆迁而变为贫困阶层。

（二）"村改居"社区居民将拆迁补偿款更多用于安置房购买、装修，对拆迁补偿满意度不高

在"村改居"社区调查中发现，房屋分配主要有两种方案：第一，按照人口安置，例如 X 社区每人免费安置 70 平方米的住宅用房，实得安置面积超出应得面积 3%以内部分，由安置户按 3000 元/平方米购买，超出 3%以上部分，由安置户按市场价格购买。第二，按照原有住宅基地和子女年龄性别结构分配，以 S 村为例，家里有两个男孩均年满 18 周岁，总共分配 800 平方米；家里有两个女孩均年满 18 周岁，总共分配 550 平方米；家里有两个男孩，其中一个为年满 18 周岁，总共 550 平方米；家里有一男一女两孩，总共分配 550 平方米；家里有一个男孩，享受 460 平方米（含 60 平方米的独生子女补贴）。家里有一个女孩，享受 460 平方米（含 60 平方米的独生子女补贴）。第一种方案的村民一部分补偿金用于超过实得面积的购房款和装修费；第二种方案的村民由于享受免费安置房较多，要出租，将更多钱用于房屋装修。总之，房屋装修和购买房屋是拆迁安置补偿款的主要使用领域（见表 6），"村改居"社区居民只是获得较多房产，没有获得更多金钱收入，而且村民安置房没有获得房产证，房屋难以交易获得收入。

表 6　拆迁安置补偿款的使用情况

单位：%

类别	有效百分比	类别	有效百分比
储蓄	3.8	社交方面	1.9
自己做生意	4.1	农业投资	0.4
用于子女教育	16.2	买汽车	4.1
购买房屋	25.9	其他	0.8
装修房屋	35.3	合计	100.0
健康治病	7.5		

拆迁安置更多以房屋置换为主，拆迁补偿款主要包括按期搬迁奖励、搬迁补助费、过渡性补助费、生活补贴和特殊人群补贴等。在调查中发现，这

些补贴只能满足过渡期间的基本生活,如果家庭有红白喜丧、重大疾病等情况,经济压力较大,许多村民过渡期间在周围打工。调查结果显示,只有4.4%的被访者对拆迁补偿情况非常满意,15%的被访者比较满意,26.7%被访者满意度一般,41.8%的被访者不满意,还有12.1%被访者非常不满意。

四 "村改居"社区居民再就业状况

(一)"村改居"社区居民再就业类型与工作稳定性

拆迁前,村民都有土地,因此农业生产是主要工作类型,所占比例为61.3%。另外,由于本研究所调查的地点位于郑州某开发区,周围厂房和商业中心较多,拆迁前许多村里年轻人在工厂或商场工作,因此技工类工作占11.4%,服务类占10%,在家待业的只占1.8%。拆迁之后,由于大量土地被征用,从事农业生产的农民大幅度下降,只占3.8%;在服务行业工作的占29.3%,这是因为拆迁之后并没有获得较高补偿收入,许多村民依然在周围打工,从事保洁、保安、服务员等行业的较多;11.3%的被访者从事个体经营;还有27.1%的被访者待业在家,这一比例与拆迁前有较大提升,年龄较大者居多(见表7)。

表7 拆迁前后从事工作类型比较

单位:%

类别	拆迁前从事什么工作	拆迁后从事什么工作	类别	拆迁前从事什么工作	拆迁后从事什么工作
农业生产	61.3	3.8	服务类	10.0	29.3
技工类	11.4	7.1	待业	1.8	27.1
个体经营	7.7	11.3	其他工作	1.9	10.5
文职类	2.2	1.5	合计	100.0	100.0
房屋租赁	3.7	9.4			

除了27.1%的"村改居"居民待业在家，72.9%的被访者实现再就业。他们的就业质量如何呢？一个重要指标为工作的稳定性。调查数据显示，只有9.1%的被访者认为目前工作非常稳定，15%的被访者认为目前工作比较稳定，26.9%的被访者认为工作稳定性一般，34%的被访者认为工作不稳定，15%的被访者认为目前工作非常不稳定。

（二）"村改居"社区居民就业意愿较高，实现就业途径的意愿较为分散

"村改居"社区居民，由于将大量资金投入房屋购买和装修中，房屋出租收益较慢，因此拆迁之后存在一定的经济压力，有较强的就业意愿。调查结果显示，63.9%的被访者愿意就业，25.7%被访者不愿意就业，还有10.4%被访者无所谓。

"村改居"居民拆迁以后有较强的就业意愿，但是如何实现在就业，他们有不同的观点。17.2%的被访者愿意通过招工安置实现就业，12.3%的被访者愿意通过外出务工实现就业，20.5%的被访者愿意通过做小生意实现就业，9%的被访者仍然希望经营农业，17.5%的被访者希望在本地务工，23.5%被访者愿意选择其他途径实现再就业。

（三）能力低和年龄限制是影响再就业的主要因素，政府在再就业方面提供的帮助较少

调查数据显示，"村改居"社区居民中有一定比例在家待业，还有一部分即使就业但是就业稳定性不高。23%的被访者认为自身能力低是影响就业的主要原因，31.5%的被访者认为年龄限制是主要原因。认为无适合岗位的占12.8%，获取就业信息难的占8%，工资低的占11.9%，就业途径少的占9.2%，其他要素占3.6%（见表8）。

拆迁之后，更多是村民自主就业，政府提供的再就业帮助很少，86.2%的被访者回答政府没有为他们的再就业提供帮助。拆迁安置房和拆迁补偿在一定程度上改善了他们的居住环境和物质生活条件，但是许多村民也担心可

表 8　影响的就业的主要因素

单位：%

类别	有效百分比	类别	有效百分比
能力低	23.0	工资低	11.9
年龄限制	31.5	就业途径少	9.2
无适合岗位	12.8	其他要素	3.6
获取信息难	8.0	合计	100.0

持续生计的问题。特别是"拆二代"的就业能力和生存能力的问题，许多"拆二代"拆迁以后，无所事事没有一技之长，甚至沉溺于游戏、赌博、打架斗殴等不良行为中。许多村民也希望政府能为他们及其子女提供相关就业帮助。调查数据显示，政府在提供用工信息、就业培训、提供岗位、资金支持和政策支持等方面都缺乏有效支持。希望政府能够关注村民的再就业愿望和需求，提出可操作性较强的再就业支持，提升就业质量。

五　"村改居"社区居民的社会适应状况

（一）"村改居"社区居民的市民身份认同度不高

"村改居"社区居民给人一种暴发户的形象，其实并非如此。他们尽管物质生活有一定的改善，但是仍有 19.4% 的被访者认为自己很符合弱势群体的身份，27.9% 的被访者认为自己比较符合弱势群体身份，10% 的被访者认为自己不符合弱势群体身份，17.7% 的被访者认为自己不太符合弱势群体身份。

"村改居"社区居民在子女教育、医疗、养老、休闲娱乐等公共服务方面与城市居民存在一定的差距。另外，由于自己所居住的社区位于城市边缘社区，与城市商品方社区距离较远，存在一定的空间距离。部分"村改居"社区与商品房社区相邻，但是商品房社区更多的是封闭式小区，需要刷卡进出，地理距离较近，但是社会距离依然较远。因此，只有 10.0% 的被访者认为自己很符合和比较符合城市人身份，65.4%的被访者认为自己不符合和不太符合城市人身份（见表9）。

表9 认为自己已经是城市人

单位：次，%

类别	频数	百分比	有效百分比	累计百分比
不符合	92	33.7	34.2	34.2
不太符合	84	30.8	31.2	65.4
一般	64	23.4	23.8	89.2
比较符合	21	7.7	7.8	97.0
很符合	8	2.9	3.0	100.0
合计	269	98.5	100.0	—
缺失	4	1.5	—	—
总计	273	100.0	—	—

尽管"村改居"社区居民不认同自己是城市人，但是一部分愿意居民获得市民身份，融入城市生活，36%的被访者很愿意和比较愿意与城市人交朋友，主要以青年群体为主。还有一部分不愿意成为城市人，29.2%的被访者不愿意和很不愿意与城市人交朋友，主要以老年群体为主。34.8%的被访者选择一般，这一群体以中年为主，如果城市人愿意与自己交朋友，自己也会愿意与其来往，城市人不愿意与自己交朋友，自己也不会主动与其来往。

（二）"村改居"社区居民的生活方式适应困境

"村改居"社区除了本地居民之外，还有大量流动人口居住，流动人口主要包括周围村庄拆迁未安置的村民、周围务工人员、周围高校已毕业准备考研和考公务员的"考试族"。而且许多"村改居"居民在周围打工，这都改变了原有社区的生活和工作节奏。调查数据显示，35.0%的被访者非常习惯和比较习惯节奏高的生活和工作方式，37.3%的被访者说不清楚，还有27.7%的被访者很不习惯和不太习惯。

与原有农村社区相比，"村改居"社区邻里关系疏离，社会互动频率较低。当问及是否习惯人们与周围的人（包括邻居）一般不来往时？12.2%的被访者非常习惯，16.2%的被访者比较习惯，22.5%的被访者说不清楚，30.3%的被访者不太习惯，18.8%的被访者很不习惯（见表10）。

表10 对邻里之间关系疏离的适应情况

单位：%

类别	有效百分比	类别	有效百分比
非常习惯	12.2	很不习惯	18.8
比较习惯	16.2	合计	100.0
说不太清楚	22.5	缺失	—
不太习惯	30.3	总计	—

在调查中发现，除了不适应生活和工作节奏快、人际关系疏离之外，许多居民还对居住空间密度高、购物方式变化、邻里互助减少、红白喜事的公共空间不足等方面存在一定的适应障碍。总之，42.4%的被访者很不适应和不适应目前社区生活，34.6%的被访者适应度一般，23%的被访者认为很适应和适应目前社区生活。

（三）"村改居"社区居民的心理适应困境

由于从农村社区搬入"村改居"社区时间较短，对未来充满了较强的不确定感。例如，未来房屋能否获得房产证、未来房屋是否容易出租、子代孙代的生存生活能力、老人的看病和养老等问题。14.2%的被访者感觉自己很符合生活不安的状态，23.1%的被访者认为比较符合，32.8%的被访者选择一般，21.3%的被访者感觉不太符合，8.6%的被访者感觉不符合。总之，37.3%的被访者还是感觉目前生活不安。

居住空间和生活方式发生了较大变化，但是原有的生活习惯和价值观念发生改变的速度较慢，产生了文化堕距现象。村民的原有行为规范在现在的行为实践中失去了效能，往往会产生一些失范行为。在调查中发现，许多老人不会坐电梯、上厕所不习惯、天然气使用问题、不知道如何与新的邻居交往等。39.8%的被访者很符合和比较符合现在做事紧张的状态，34.2%的被访者感觉一般，26%的被访者感觉不符合和不太符合现在做事紧张的状态。

在农村社区，邻里之间、亲属之间来往较为频繁。特别是在农闲时间相互帮助，赶集和庙会期间相互交流，节日期间相互拜访。进入"村改居"社区以后，由于公共空间不足、居住空间分散，社会互动减少。13.8%的被访者很孤独，24.3%被访者感觉比较孤独，28.7%的被访者一般，17.5%的被访者不太孤独，15.7%的被访者感觉不孤独（见表11）。

表11　与以前比，是否感觉孤独

单位：%

类别	有效百分比	类别	有效百分比
很孤独	13.8	不太孤独	17.5
比较孤独	24.3	不孤独	15.7
一般	28.7	合计	100.0

六　河南省"村改居"社区的治理对策

（一）完善拆迁补偿安置制度

通过实证分析发现，目前"村改居"社区回迁安置存在三个问题：第一，被动性拆迁为主，缺乏对农民意愿的尊重；第二，过渡安置期以租房为主，租房补贴数额不高；第三，拆迁补偿数额存在差异，按照子女性别分配房屋存在性别不平等。针对上述问题提出以下对策建议：第一，拆迁安置必须尊重农民意愿，在一定程度上可以引入听证会制度，使农民真正参与进来，充分听取相关意见，表达其利益诉求，确保拆迁行政许可符合多数人的愿望和利益；第二，过渡安置期租房补贴与临时就业安置相结合。房屋补贴只能满足家庭基本租房和日常生活需求，在应对看病、子女升学、红白喜丧等重大生活事件明显不足。过渡安置期一般为三年，有的甚至要超过三年，在这期间应该提供一定的工作机会，减轻家庭负担。第三，缩小补偿款和安置房分配差距，分配政策向弱势群体倾斜，体现公平公正。补偿款不应按照先拆多得的原则，而应按贫困多得的原则，对贫困户的过渡期生活费和租房补贴进行额外补贴。改变单一按照子女性别分配房屋的原则，要对家庭宅基地面积、耕地面积、家庭人口数量、经济状况等要素进行综合评估，根据评估结果进行科学合理分配。

（二）引导帮助"村改居"社区居民积累资产，提高家庭收入

通过实证分析，"村改居"社区居民的经济状况主要存在两个问题：第一，"村改居"社区居民家庭收入未明显增加，满意度下降；第二，"村改居"社区居民将拆迁补偿款更多用于安置房购买、装修，对拆迁补偿满意度不高。针对以上问题可以提出以下对策：第一，引导村民合理利用拆迁补偿款，更多用于创业和再就业中，实现可持续生计。第二，发展"村改居"社区集体经济，通过股份制改造，让"村改居"社区居民拥有集体资产股份，共享社区经济发展成果。同时，应建立健全社区集体经济组织，并在党组织的领导和居民委员会的支持下，按照法律法规行使集体资产所有权。集体资产所有权要严格按照产权归属进行，不能打乱原有集体所有的界限。第三，规范"村改居"社区房屋租赁市场，目前"村改居"社区居民拥有较多闲置房屋，但是租赁市场混乱，应该完善社区房屋租赁、登记制度。

（三）完善"村改居"社区居民再就业制度

通过实证分析发现，"村改居"社区居民再就业主要存在以下问题：第一，就业稳定性不高；第二，有效就业途径不足；第三，存在一定的再就业障碍因素；第四，政府和社区对再就业支持不足。针对上述问题，提出以下对策：第一，政府或社区发挥中介桥梁作用，将"村改居"社区居民与周围企业有效衔接，将用工信息、招聘信息在社区及时发布，对工作过程、薪酬发放、工作绩效进行有效监督和及时协调沟通。第二，在引导再就业的同

时，鼓励积极创业。提升被征地农民创业服务水平；建立被征地农民创业服务平台；全面落实扶持被征地农民创业优惠政策。总之，在资金、政策、服务等方面进行有效支持，通过创业进一步带动就业，从而增加就业机会，拓展就业途径。第三，提升就业能力，政府加强对"村改居"社区居民的职业培训。以市场需求和农民需求定培训项目，以市场竞争定培训机构，以提高补贴促进"村改居"居民参与职业培训的积极性。

（四）构建"村改居"社区居民的社区融入路径

基于经验资料分析，"村改居"社区居民存在一定的社区适应困境，具体体现在以下几个方面：第一，市民身份认同度不高；第二，生活方式适应困境；第三，心理适应困境。针对这些问题，提出以下对策：第一，完善户籍、医疗、养老、教育等社会政策，实现社会政策从农村社区向城市社区有效过渡。第二，加强"村改居"社区居民与城市居民的良好互动，特别是与周围商品房社区、高校、商业区等社区形式的互动。第三，完善社区基础设施和公共服务，为村民提供公共活动空间，使更多的社区居民走出私人空间，进入公共空间。更为重要的是提高社区居民参与社区公共生活的参与度，在参与中，提高社区居民身份的归属感。第四，为"村改居"居民适应社区生活提供"心理援助""心理调适"。社区定期邀请专家授课、接受居民咨询，同时成立心理辅导室，甚至在其中设立谈话室和舒心室，为居民提供"一对一"的心理疏导服务。

（五）构建"村改居"社区可持续生计模式

可持续生计，是指个人或家庭为了改善长远的生活状况所有拥有和获得的谋生能力、资产和有收入的活动。政府不仅要关注农民的短期生存质量，还要重视长期持续发展的能力；不仅要关注要物质生活，还要综合考虑就业、教育、医疗、养老等民生问题。应构建以"征地经济补偿、集体预留发展用地保障、社会保障、就业服务"为主的"四位一体"的安置保障体系。这就需要搭建政策平台，建立和完善各类保障制度；加大各级政府执行力度，妥善有力、依法依规解决失地农民的生存问题；保障资金，多渠道筹集资金，除政府出资外，可以考虑集体资产收益、用地单位利润分成等其他渠道；充分利用社区网格化力量，帮助各项保障服务落地实施。总之，给"村改居"社区居民可持续生计的政策安排，能够安抚由失地带来的是失意和不满，对农民生活稳定、社区安定、社会和谐具有极其重要的意义。

河南省村规民约建设现状及对策研究

王海昌　王奎清*

摘　要： 村规民约是村民根据党的路线方针政策和国家法律法规，结合当地习俗，为维护本村社会秩序、公共道德、村风民俗、精神文明建设等做出的相互约定并共同遵守的行为规范，是村民根据《村民委员会组织法》进行自我管理、自我教育、自我服务和自我监督的自治载体。河南省村规民约建设在促进全省社会和谐稳定、经济社会发展中发挥了重要作用，同时，在实施过程中存在诸多问题。健全和完善河南省村规民约建设，在总结村规民约建设有益经验和规律性的基础上，需要进一步加大政策宣传和引导力度、规范制定程序与内容、加强指导督查、提高村规民约执行力。

关键词： 河南　农村社区建设　村规民约建设

村规民约是村民根据党的路线方针政策和国家法律法规，结合当地习俗，为维护本村社会秩序、公共道德、村风民俗、精神文明建设等做出共同约定并遵守的行为规范。作为村民自治的重要载体，河南省村规民约建设在促进全省社会和谐稳定、经济社会发展中发挥了重要作用。同时，在实施过

---

* 王海昌，河南省民政厅办公室副主任，哲学博士，研究方向为社会治理政策研究和实务工作；
王奎清，中原工学院马克思主义学院副教授，哲学硕士，研究方向为思想政治理论教育。

程中存在诸多问题。研究分析存在的问题及其原因，提出促进村规民约建设的对策建议，对于发挥村规民约村民自治作用、促进经济社会发展与和谐稳定具有重要的现实意义。

一 全省村规民约实施的基本情况

河南省共有村民委员会有46115个。[①] 从有关部门摸底调研情况看，河南省村规民约建设呈现以下特点。一是覆盖率高。全省已经制定并实施村规民约的村委员会约有43486个，建制率为94.3%。二是涉及面广。全省各地村规民约重点围绕村情民情，内容主要涉及社会治安、环境卫生、扶贫攻坚、计划生育、村民福利、精神文明建设、基础设施建设等，基本体现了党的路线方针政策和国家法律、法规精神，并结合当地风俗习惯、生活方式以及农村居民关心的重要事务和热点问题。三是城乡差异明显。与城市居民公约相比，农村村规民约在内容上比较丰富、建制率较高、落实执行比较到位。正如村民所言，"村规民约是自己定的，约束着咱呢，不照着做，自己都不好意思。"

全省各地在村规民约建设中采取如下措施积极推进。一是领导重视、引导推动。各级党委政府和有关部门高度重视村规民约工作，坚持把引导村民制定村规民约作为实现村民自治、为民办实事的一项重要工作着力抓紧抓好抓实。有的地方成立了专门领导协调机构，指导和推动本地村规民约建设和实施工作。二是多种形式、加强宣传。在村规民约制定和实施过程中，各地通过电视、广播、公开栏、宣传单、党员联户等各种形式，提高群众对村规民约的知晓率和认可度，使广大群众真正了解自己在村民自治中的权利和义务，调动群众参与自治的积极性。三是因地制宜、务求实用。全省各地制定或修改村规民约，坚持以法律法规和国家政策为指导，

---

① 河南省统计局、国家统计局河南调查总队：《河南统计年鉴2016》，中国统计出版社，2016，第3页。

根据"因地制宜、贴近群众、贴近生活、贴近时代"的原则，内容主要涉及农村社会方方面面，与村民日常生活息息相关，语言表述通俗易懂，具有较强的可操作性和实用性。四是探索创新、与时俱进。在村规民约制定、修改、实施中，全省各地讲求方法，强化措施，根据时代变化，一方面，在内容上不断丰富，不仅包括遵纪守法、治安稳定、卫生计生、邻里家庭关系等，还随着时代发展涵盖到公益环境、村镇建设、脱贫攻坚、国防双拥、纠反"四风"等；另一方面，在形式上不断探索创新，注重传统与现代、文字与图片结合，增强村规民约的针对性、实用性和时效性。五是坚持"三合法"、注重民主协商。首先是主体合法。各地均在村"两委"的组织下，由村民自己决定村规民约拟定的内容，做到村民全程参与，保证了制定主体的合法性。其次是内容合法。村规民约都以法律法规和国家政策为指导，确保制定条款符合国家法律规定。最后是程序合法。坚持运用"四议两个开"工作法，做到村规民约的提议修改、确定修订内容、征求意见建议、讨论表决等每个环节，都按照《村民委员会组织法》相关规定进行，并报乡镇办备案，保证了程序合法。同时，各地在修订村规民约工作中，坚持多元主体参与协商，集思广益，寻求最大公约数，增强了村民的社会参与感和当家做主精神。

二　全省村规民约实施取得的成效

作为村民自我管理、自我教育、自我服务和自我监督的重要规范，村规民约的实施，对促进全省社会稳定和经济社会发展发挥了重要作用。

（一）改善了乡风文明，推动了人居环境的建设

大多数村规民约针对基层乡村社会实际情况，制定了关于移风易俗、崇尚礼仪、尊老爱幼、村容清洁、环境卫生等约定，这些条款的实施，促进了乡风文明、环境美化，改进了乡村精神文化风貌，提高了村民整体素质，对经济社会发展起到了良好的促进作用。

（二）促进了农村经济发展，增加了村民收入

多数村规民约都有倡导学习科学知识、运用先进科技的规定，约定大力发展生产，做到科技致富。在村规民约的激励下，辖区村民运用所掌握了先进科学技术，增强了科技致富能力，提高了家庭收入，提升了生活水平。

（三）促进村务公开，改善了干群关系

大多数村规民约对村务公开的内容、形式以及监督方式做出了明确约定，一方面规范了村级组织和村干部依法行政、依规履职的行为；另一方面提高了村务公开的透明度，畅通了村民与村干部之间沟通，加强了彼此之间的交流，融洽了干群关系。正如村干部和村民所讲的，实施村规民约，"还了干部一个清白、给了群众一个明白"。

（四）提升了治理能力，提高了管理运行效率

村规民约因其本土性、约定性、自律性契合了村民的现实需求，符合基层农村社会治理实际。在基层社会，特别是针对各村的特殊情况，村规民约一定程度上延伸了政府职能，承载了法治功效，有效降低了基层社会治理成本，提高了农村社会运行效率。

（五）构建了和谐关系，维护了社会安定团结

村规民约是村民集体意志的体现。在制定过程中村民广泛参与，各抒己见，反复修改，在讨论中凝聚共识，在交流中相互沟通，形成了和谐共处的良好氛围。在实施中较好地调解了村民、邻里及家庭内部各种纠纷及社会关系，有效维护了农村生产、生活和社会秩序，促进了基层社会的安定团结。

三 全省村规民约制定和执行中存在的主要问题

虽然全省各地在制定完善村规民约活动过程中取得了一定成效，但在实践中还存在不少问题与不足，突出表现在以下几个方面。

（一）对村规民约的认识片面、把握不到位

一是部分村干部、村民对村规民约的作用认识不足。一些农村虽然制定了村规民约，但对村规民约的内容及执行不关心、不支持，没有从内心认识到村规民约是规范自己行为、保障自身利益的共同约定。二是一些村干部、村民扩大了村规民约的作用。在处理村民事务过程中，在村规民约与现行法律法规、国家政策的适用上，甚至在两者相抵触时，强调村规民约效力的优先性和范围的广泛性，这种现象在城中村较为普遍，特别是农村村集体经济分配上表现得尤为突出。

（二）制定程序、规定内容等不合法的现象不同程度存在

一是制定程序有瑕疵。河南省《基层民主科学决策暂行办法》规定，村重要事项决策按照"四议两公开"工作法进行。调研中发现，作为村重大事项的村规民约建设，有的村以"四议两公开"工作法成本高、程序烦琐为由，简化程序。二是制定主体不合法。《村民委会组织法》规定，村规民约应由村民会议制定或修改。但调研中发现，少数村规民约由村民代表会议决定，或由村民代表签字确认，甚至个别的由村委会或村干部商议制定或修改。三是内容规定不科学。村规民约应当规定与村民生产生活息息相关的自律性内容，但有的超出了生活和道德范畴，而对村民的权利和义务甚至是政治生活做出法律性规定，带有强制性色彩；有些村规民约内容脱离本村实际，过时、笼统、缺乏操作性。

（三）指导监督力度不够、机制有待完善

《村民委员会组织法》规定，村民会议制定村规民约出台后应当报乡镇人民政府备案，这是一种监督机制。而实际中，部分乡镇目前还没有对村规民约进行备案，各村也没有依法将本村的村规民约报送乡镇人民政府备案；有的乡镇虽然对村规民约进行备案，但有的乡镇人民政府过分强调村民自治，没有对其是否与国家法律、政策相抵触，是否侵犯公民合法权利等进行

合法性审查；加之村规民约遍布各个村、面广量多，乡镇力量不足，指导、监督缺位现象时有发生。同时，针对如何更有效地发挥村规民约的作用，很多地方也缺少一套科学合理的激励和惩戒机制。

四 河南省村规民约建设的基本经验和基本规律

村规民约是城乡居民自治的重要形式，也是城乡基层民主法治建设的重要内容。河南省多年的村规民约建设实践，形成了一些基本经验和基本规律。

（一）党委政府领导是根本保障

实践表明：党和政府的领导是村规民约建设健康发展的有效保障。在规民约建设中，必须强化党和政府的领导作用。一是坚持正确方向。村规民约建设要在党和政府的领导下进行，始终把党的路线方针政策和国家法律法规贯穿于村规民约建设全过程，这是村规民约建设健康持续发展的根本保证。二是改善领导方式。基层党组织和政府要支持和保障村民充分行使职权，帮助解决村民在村规民约建设中遇到的困难和问题，使他们有能力、有条件开展村规民约建设。同时，坚持群众路线，相信群众、依靠群众、发动群众参与村规民约建设。三是改进工作方法。基层党和政府坚持指导不指挥、放手不放纵、参与不干预，教育引导村民通过村规民约建设的方式用村民的集体智慧解决村民之间事情。四是加大宣传力度。基层党组织要做好村规民约建设的宣传发动工作，提高农村居民的民主参与意识，引导群众广泛参与各类形式的村规民约建设活动。

（二）提高认识是重要基础

村规民约建设，是基层自治组织深入开展自治活动的重要内容，事关农村广大群众公共利益的表达、民主法治水平的提升，事关党的群众基础、执政基础以及国家政权基础的巩固。村民开展村规民约建设，是从村民内部解决村民间关注的热点难点问题、化解社会矛盾、促进邻里和睦的有效手段，是培养村民法治意识、民主意识，调动村民参政议政的积极性，实现村民人民当家做主的有效途径，是促进基层公共政策决策的科学化、民主化，健全基层社会治理体系，提升基层社会治理能力的有效载体，是提高基层社会法治化水平，建立健全基层社会治理体制机制，推进基层社会治理体系和治理能力现代化的有效措施。

（三）坚持原则是基本要求

村规民约属于村民间公约的一种形式，它有着基本内涵。村规民约建设应当坚持以下五个原则：一是程序原则。从调查了解情况看，凡是村规民约建设开展得比较好的地方，对村规民约建设的程序都有明确规定，突出强调"四议两个开"工作法要求。二是诉求原则。制定村规民约必须把基层存在的现实问题作为出发点和立足点，从村民最关心的现实问题入手，以广大村民的利益诉求为根本基点，回应村民关切，实现以最小的投入获得最大的收益。三是广泛原则。广大村民是村规民约建设的主体和受益人，也是村规民约执行和监督主体，应当在每个环节充分吸收广大村民深度参与。四是公开原则。要把村规民约建设的主体、内容、程序、结果以及执行情况向村民公开，接受村民的监督，保证制度的公平公正。五是协商原则。充分尊重各方代表意志表达和意见建议，集思广益，经过民主协商逐步取得共识，寻求村民间最大公约数。

五 进一步规范河南省村规民约的政策建议

（一）进一步加大法制宣传和引导力度

一是着力增强基层干部的法律意识和依法建章立约的自觉性，运用法律法规指导和管理村务，自觉执行村规民约。二是用村民喜闻乐见的形式，对村规民约进行宣传和解读，阐释村规民约的性质、效力，使广大村民正确认识制定和实施村规民约的意义和作用，保证村民在法律、法规、政策允许的范围内实行自治。三是基层党组织和政府要进行以《村民委员会组织法》为主体的国家法律法规的宣传，进一步提高广大群众的法律意识和权利保护意识。

（二）进一步规范和完善制定程序及内容

一是规范村规民约制定程序。在村规民约的制定和修改中，根据《村民委员会组织法》和河南省《基层民主科学决策暂行办法》规定，深入开展调查研究、广泛集中意见、提交村民大会审议、公布、备案等有关程序和步骤，以程序合法保证实体合法。二是修改、完善村规民约内容。坚持合法性原则，村规民约应当注重倡导性、自律性，力避义务性、强制性，不得有与宪法、法律、法规和国家的政策相抵触，不得有侵犯村民人身权利、民主权利和合法财产权利的内容。三是维护村民主体地位。制定和修改村规民约，充分尊重村民的主体地位，坚持从村民中来、到村民中去，广泛发扬民主，真正反映全体村民的共同利益和愿望。四是注重操作性，做到简捷易行，便于理解、便于执行；违规惩戒要适度，既能缓解矛盾，又能达到警示约束功能。

（三）进一步加大指导和监督力度

一是村级组织应当从源头上把好村规民约制定和修改关口，引导村民按照合法程序，制定或修改出合法有效的村规民约。二是乡镇政府注重工作指导，从程序和内容加强监督和引导，确保村规民约由村民会议制定、修改，防止由村级组织和少数人越俎代庖，维护广大村民根本利益。三是完善备案审查机制。乡镇政府履行《村民委员会组织法》法定责任，对于没有备案的村规民约，应责令备案，对内容、程序、主体不合法的村规民约，责令村民会议纠偏、改正。四是充分发挥基层人大的监督职能。适时组织人大代表对村规民约建设开展视察，督促各级政府和各有关部门贯彻实施《村民委员会组织法》，指导村民会议制定和完善村规民约。

方城县 W 村"光棍村"问题及其治理

栗志强 王浩 魏晓燕[*]

摘　要： 由于严重的婚姻挤压，农村"光棍"数量不断增加，在河南省一些地理位置偏僻、经济欠发达的村庄，由于"光棍"数量的不断增加，已经成为名副其实的"光棍村"，与"光棍"问题相关的其他问题也随之而来，例如养老问题、社区治理问题、可持续发展问题等。本文对河南省南阳市 W 村"光棍"的成因和生活状态进行调研，分析"光棍村"的形成可能带来的后果，探讨如何对"光棍村"进行治理等相关问题。从社区治理角度出发，针对农村"光棍"问题提出一些有实践意义的社区治理对策，以期实现对农村"光棍村"问题的有效治理。

关键词： 南阳　"光棍"村　社区治理

所谓"光棍"，在《现代汉语词典》中的意思有三层，一是指地痞、无赖，二是做农俗指称没有结婚没有后代的男人，三是方言中的好汉、聪明人。在本研究中，"光棍"是根据农俗中的第二层意思，指的是出于各种原因未能有妻子的男性，具体是指 28 岁以上非主动单身的男性村民。本研究中的"光棍村"，是指地理位置较为偏僻、经济较为欠发达、达到法定婚龄

---

[*] 栗志强，郑州轻工业学院社会工作系主任，社会学博士、副教授；王浩，郑州轻工业学院 2016 级社会工作硕士研究生；魏晓燕，郑州轻工业学院 2016 级社会工作硕士研究生。

而找不到配偶的男性青年的数量占到较大比例的村庄。具体来讲，主要是指28岁以上有结婚意愿却无法找到配偶的男青年的比例达到同龄男青年的25%以上的村庄。

根据第六次人口普查的出生人口性别比数据，在20～45岁年龄阶段，男性将比女性多大约2000万人，在性别比长期失衡的情况下，到2020年我国可能会出现2000多万"光棍"，主要以农村地区为主。根据笔者多年的研究和观察，多数农村地区都存在大量"光棍"群体，那么到底是什么原因导致"光棍村"的存在呢？他们的存在又会对社会产生什么样的影响呢？为此笔者选择了河南省南阳市F镇W村的"光棍"问题进行了调查研究。

一 方城县W村"光棍"现状分析

（一）"光棍"的界定与资料的收集

1. "光棍"的界定

从年龄和当地农民的共识来看，男性超过28岁还未结婚，就基本上断定他们可能一辈子都是自己一人度过了，所以本文的"光棍"以28岁为界，以28岁及以上农村大龄未婚男性为研究对象。本研究中的"光棍"指的是28岁以上有结婚意愿却无法找到配偶的农村大龄未婚男性。

2. 资料的收集

本文资料收集主要采用无结构式访谈法，访谈对象主要是W村的"光棍"和他们家人以及村支书。根据笔者多年对农村"光棍"问题的关注和研究，在查阅相关文献资料的基础上，结合以往的调查经验，通过对村支书以及"光棍"自身和家人的访谈收集资料。

（二）W村基本情况

W村位于河南省南阳市方城县F镇，地处盆地地带。W村是一个由9

个自然村组成的行政村,9个自然村间距离各约有1.5公里,该村临近公路,距离所在乡镇约20公里,距所在县城约40公里,村里没有通柏油路,每逢雨雪天气,道路泥泞不堪,十分难走。据村支书介绍,村里的人除非万不得已(比如办结婚证、身份证等),一般很少有人会去县城,而且每天只有两班车是发往县城的,村民需要买什么东西之类的,大部分是去临近W市的。一直以来,W村都是省级贫困村,虽然每年政府都会拨款项资助,但因为地理位置的偏僻,加上当地经济发展落后,村里大部分村民家庭条件还是很差的,这也使得很多女性不愿意嫁进来,或者要求男方在临近的W市买房,极大地加重了农民家庭的婚礼负担,增加"光棍"数量。

该村村民以种植小麦和玉米等粮食为主,由于技术和成本等问题,多数农民难以种植高经济作物,经济来源十分单一,其他收入主要就是外出务工和养殖家畜家禽等。笔者在调研中发现,该村老一代的"光棍"因为年龄原因,都是在家务农,且种植的农作物多是低经济作物(经济价值高的作物,例如温室大棚、烟草等,一方面没有技术,另一方面成本相对高且销路难寻,故种植不了),一年下来收入并不高;而新一代"光棍"由于受到农村风俗的压力(在农村"光棍"会受到村民非议,也会让家人"没面子")和维护自我自尊等的影响,一般会选择外出打工。

近几年农村彩礼钱不断上涨,就W村而言,目前娶媳妇需要买车、买房,而且女方大部分都会要求在W市或者县城买房,这样算下来,娶一个媳妇一个家庭需要承担的花费在20万~30万元,对于很多家庭年收入仅2~3万元的家庭来说,娶妻负债不说,很可能根本就承担不了这样的费用,这也导致W村"光棍"数量不断上升。

(三)W村"光棍"基本情况

笔者通过对村支书和研究对象的访谈,就W村"光棍"的基本情况从以下几个方面进行汇总描述。

1. W村"光棍"的数量及年龄分布

据村支书介绍,全村28岁以上还没找到对象的大龄未婚男性平均每个自然村都有 8 个左右,9 个行政村共有 70 多人,其中老一代大龄未婚男性所占比例为 65%,年青一代大龄未婚男性所占比例为 35% 左右,主要的年龄分布集中在 35～60 岁。

2. 职业特点

村里老一代"光棍"都是在家种地,因为家庭经济条件不好或者缺乏技术指导,绝大多数种植的都是低经济含量的农作物,家庭经济年收入仅够维持基本的生活。而年青一代的"光棍"一部分外出打工,一部分则留在家里种地,在家种地的大多是因为自身缺乏"精明劲",即"才料"不足(即农村所说的"憨人"),或者是身体状况不好的一些人;外出务工的多是在建筑工地上干活,或者临时工,总之都是以体力活为主的,收入也并不是很好。

在访谈中,笔者发现之所以年青一代会成为"光棍",经济条件是一个原因,个人的整体能力以及心态其实也是很重要的,甚至是导致其成为"光棍"的根本原因。

3. 身体状况

从村支书的介绍和调研中发现,年青一代的"光棍"除了家庭经济条件不好之外,另一个重要原因就是身体存在健康问题,使得他们错过了很多姻缘;而老一代"光棍"多是年龄在 60 岁及以上的,身体状况一般,都患有慢性疾病,享受国家"五保户"政策的待遇。

在和访谈对象 E 进行访谈过程中,笔者能明显感觉到其说话有气无力,且呼气困难。他本人解释说是因为贫血,但据村支书介绍此人患的是糖尿病,因为本人没有及时医治导致病情严重。其新建的房子,屋外也没有砌院子,农具很少,屋内凌乱,几乎没有什么现代家电,只有一台十几寸的小电视机,很多东西上都布满了灰尘。

4. 学历情况

就学历来看,老一代的"光棍"多是文盲或者小学毕业,都是在家种地、务农,有的甚至只会写自己的名字。年青一代"光棍"多是小学或者初中毕业,极个别是中专毕业生,学历低再加上没有专业技能,使得很多的年青一代"光棍"外出务工也多以干体力活为主，年收入并不高。

5. 性格特点

因为农村"传孙接代"观念的根深蒂固，很多"光棍"在农村其实是受到歧视的。村支书介绍说，"光棍"大多数不爱在街上说话，平时在村里路上见人了也不打招呼，都是绕着走，费孝通曾说"中国农村是一个熟人社会"，而在熟人圈里不积极主动融入这个圈子是会被人看不起的，或者被人责备的，而"光棍"由于其自身的自卑，很少也不愿意往人群中站或者说笑，这样就使得原本就自卑的性格更加封闭。

据村支书说，村里"光棍"们都是比较自卑的，甚至有的人除非必要的时候，要不然跟成天没见过似的，都忘了有这个人。笔者在调研时也发现，一些研究对象都是坐在一边，如果不主动问，半天都不说话，性格非常内向、自卑。这样的性格，又使得村里人对其评价不是很好，影响其择偶。

二 "光棍村"的成因分析

我国第六次人口普查出生人口性别比数据显示，男性比女性多近2000多万人，其中欠发达地区的男性是人口性别比偏高的主要买单者，而贫困地区的"光棍"问题更是严重，已引起社会广泛关注。

W村村支书说，"光棍"的成因是多种多样的，对于老一代"光棍"来说，贫穷是主要原因，再者就是人本身有些问题，导致没有婚嫁；而新生代"光棍"除了贫穷外，还有一个主要的原因就是人口性别的不平衡。W村男女的性别比是15∶10，再加上好多女孩外嫁，更加造成本村的男性在娶妻方面比较困难。男女比例的不平衡导致农村的彩礼钱年年攀高，使得很多男性因为娶一个媳妇，整个家庭都要背上负债，甚至这样也难以实现婚娶。老一代"光棍"和新生代"光棍"成因方面有相同之处也有不同之处，但总的来说，贫穷是主要原因，而人口性别比偏高是又是造成新生代"光棍"数量不断增加的主要推手。

（一）经济上的贫困："光棍村"形成的基本因素

经济上的贫困是"光棍"被挤出婚姻市场的主要原因，表现为两个方面：一个是农村一路飙升的彩礼，另一个是女性的择偶观。在大多数农村，给女方一定的彩礼是传统婚姻的风俗，彩礼是男女结婚必不可少的条件。由于人口性别比失衡，农村男青年娶妻的成本越来越高，尤其是彩礼逐年上升。W村现在的彩礼已经涨到10万元左右，彩礼的猛涨已经超出了农民的承受范围。农村的男青年为了在婚姻市场中获得更多的机会，只能向女方出高彩礼。那些经济能力低下的男青年由于出不起高额的彩礼，只能被剩下。另外，随着社会经济的发展，女性的择偶观也在发生变化，其中最突出的就是择偶标准。传统的择偶标准是门当户对、工作、人品、经济状况、健康，现在"有房有车"逐渐成为女性择偶的一个重要指标，但是这里的"房"，一般指在城镇的商品房。总的来说，由于一些农村男青年经济上的贫困，无法满足女性的要求，只能被迫单身。

（二）性别比失衡："光棍村"形成的时代背景

出生性别比失衡，造成男多女少，是"光棍村"形成的根本原因，也是其形成的时代背景。1980年，我国开始实行计划生育政策，一对夫妻只能生育一个孩子。在农村，头胎是女孩，隔一段时间，可以再生育一胎。由于农村传统的生育观念，农民普遍想要一个男孩，如果超生就要支付巨额的社会抚养费，就通过B超技术鉴别胎儿性别，一旦发现是女孩，便选择堕胎，还有的村民弃、溺女婴，使女婴的相对死亡率升高。这些行为都会造成男女出生性别比失衡，加剧农村男性的婚姻困境，从而出现"光棍"现象。

（三）人口流动：加重了性别失衡

随着改革开放和城镇化的发展，农村女性青年大量流失，使农村男女比例更加失调，女性资源匮乏。农村女性青年的流向主要有两种：一种是考上大学的青年女性，她们接受过高等教育，习惯了大城市的生活，见识广博，不愿意再回到农村生活,更不愿意与文化程度不高的农村男青年结婚。另一种是外出打工的青年女性,她们到经济发达的地方打工,拓宽了交往圈子,增加了嫁到城市和其他地方的机会,她们回来的可能微乎其微。这更加剧了农村男女比例失调,进一步影响男性青年的婚姻。

(四)个人素质低:导致在婚姻市场上的竞争力不足

个人在婚姻市场上的竞争力不足,主要体现在"光棍"形成的个体因素,包括文化程度、个人能力或者技能、性格因素、身体健康等。现代社会倡导婚姻恋爱自由,农村女性青年在结婚时,不仅看中男方家庭的经济条件,还要考虑男方的文化水平、个人素质、挣钱的能力和是否能谈得来等。在对W村进行调查时发现,大部分"光棍"的文化水平普遍不高,没有专业技能,只能靠体力工作挣钱,同时因为文化水平低,性格内向不善言语。还有一些被剩下的"光棍",身体有一定程度的残疾。"光棍"群体自身的素质和能力低下,也进一步影响其在婚姻市场的竞争力,导致其被挤出婚姻市场。

三 "光棍村"的社会风险

W村是中国欠发达地区"光棍村"的一个缩影,但是它折射出来的问题具有普遍性,因而不容忽视。人口性别比偏高造成婚姻挤压,婚姻挤压使得农村出现了严重的"光棍"问题,这将引发大量社会问题和不良后果,进而影响社会协调发展。W村"光棍"问题产生的社会风险主要集中在个人层面的风险和社会层面的风险。

(一)影响个人身心健康,养老没有保障

农村"光棍"现象的不良后果有很多,首先会直接对其身心健康造成伤害,其次这类群体会面临"老无所依"的困境。"光棍"群体被迫成为单身,没有正常的婚姻生活,缺乏配偶的关爱,生理上得不到满足,同时他们

会有一定程度上的自卑、挫败感和心理压力。农村的传统思想是养儿防老，即传统的家庭养老方式，"光棍"年老时只有自己一人，生活不便，没有子女的赡养，亦没有经济来源，会面临养老困境。虽然农村有"低保""五保"等政策，但是养老水平还比较低下，不够日常开销和医疗费用。W村的养老院只能容纳十几个人，目前已不再接受老人，同时养老院的服务水平也不高，缺少专业人员。该村目前50~70岁的单身汉有40多个，这些人仅仅依靠养老院养老，是远远不够的。

（二）加重社区治理负担

随着城镇化的发展，新型农村建设也在不断推进过程中。新型农村的建设不仅体现在农村居住环境的变化，而且更重要的是建设过程中农民心态的改变，即能否适应这种变化。而"光棍"在村里作为一个弱势群体，很容易就被边缘化。笔者通过查阅文献和实地调研发现，在农村关于"光棍"问题仍是比较负面的话题，"光棍"家庭也经常被其他村民瞧不起，而"光棍"更是会被贴上"高危群体"的标签，所以在进行社区治理时针对这个群体，如果没有恰当的处理方式，很容易会产生更多农村问题，使得社区治理负担加重。

（三）不利于农村的可持续发展

人口是经济增长的主要动力，是国家昌盛的前提。大批农村男青年无法结婚生子，人口再生产的循环会难以维系，不利于人口可持续发展。一方面会减少该地的劳动力，严重影响该地的生产的开展；另一方面，由于男青年无法成婚，心理压抑，将显著降低其生产活力，进而阻碍该地和全国的经济发展。

（四）挑战农村的现有养老体制

"光棍"群体，缺乏家庭和子女的照顾，养老重担最后落在国家财政上，生活来源主要依靠国家的"五保""低保"和新农村合作医疗。随着"光棍"群体数量的增加，政府要承担更多的人本主义义务，支付更加庞大的财政支出。W

村有将近 50 个老年"光棍"享受"五保"或者"低保"补助，一年每人大概 5000 块钱左右，总共 25 万元。在"光棍"群体养老问题上，一个村一年支付 25 万元，中国的人口庞大，村落众多，财政总支出一定是一个天文数字。如果贫困地区的"光棍"现象得不到缓解，那么数量还会持续上升，国家财政支出会更多。国家财政在这方面支出过多，必然会影响其他方面的发展。

四 "光棍村"治理的对策建议

家庭是社会重要的细胞，婚姻是这个细胞的通道。婚姻的缔结和家庭的形成是人生的大事，在中国婚姻尤其被赋予更重要的意义。因此，W 村"光棍村"治理需要从政府、社会、社区、个人等多个层面来解决，才能使"光棍"现象得到改善，进而提升社会的整体治理水平，构建和谐社会，维护弱势群体的利益。

（一）实施精准扶贫，切实帮扶"光棍"群体

贫困是"光棍村"形成的主要原因，因此必须加强该村的经济建设，转变经济发展方式。政府应该加大扶贫力度，增加财政补助。W 村适合种植猕猴桃，但村民缺乏资金、技术和销售渠道，再加上交通不便，许多村民只选择种植传统作物。所以，政府可以通过采取以下措施来发展 W 村经济，提高农民收入，吸收当地剩余劳动力就近择业。第一，增加财政补助，或者提供低息贷款，解决猕猴桃农户的资金难题；第二，为村民聘用专门的技术人员，免费提供技术培训，使村民科学种植猕猴桃，少走弯路；第三，可以成立一个电子商务部门，专门负责网上销售猕猴桃，然后集中收购农户的猕猴桃，集中销售；第四，加强当地基础设施建设，改善交通，方便与外界交流，更能便利地输出猕猴桃。

（二）倡导男女平等，淡化传统生育观念

人口性别比偏高是造成"光棍村"的根本原因。目前有 2000 多万男性

被剩下,因此,当地政府要做好宣传教育工作。首先,大力宣传先进的生育文化,即男女平等,生男生女都一样。争取在当地形成良好的生育文化氛围,逐渐淡化传统的生育观念。其次,利用当地的文化资源进行宣传,当地有一个规模较大的基督教堂,有一定的群众基础,可以利用传教的方式来向村民表达生命的可贵,上帝是不允许堕胎等观念,慢慢就会形成新的文化。最后,当地医院要严格执行不允许查看胎儿性别的规定。

(三)分散养老,解决"光棍"养老问题

养老问题是"光棍"群体必须要面对的问题,但是 W 村目前的敬老院已满,"五保""低保"等名额有限且水平不高,同时现在的潜在"光棍"还在日益增多。所以亟须采取一些措施来改善这种状况。首先,W 村可以考虑分散养老,即以村组为单位,组里负责解决,作为回报,"光棍"群体出让住宅地和土地的使用权。其次,政府给予贫困村补助,扩大原有养老院的容纳量,提高其服务水平,并且对"光棍"群体增加"五保""低保"的名额,同时可以链接外界资源,例如可以联系医院,免费提供一些老年检查项目,或者联系社工机构,建立"光棍"老人服务项目,并且承接给社工机构。最后,可以发动民间爱的力量,积极寻求爱心人士的捐赠,民间慈善事业的上升空间还很大。

(四)对"光棍"实施技术培训,增加就业机会,扩大交往圈子

"光棍"自己只有通过加强文化和科技方面的教育培训,培养职业技能,增强挣钱能力,才能在婚姻市场中占有优势。当地政府可以定期举办实用技术和职业技能培训,使新生代"光棍"掌握新技术、新知识,提高挣钱的能力。另外,政府可以大力鼓励和支持劳务输出,协调组织新生代"光棍"外出务工,提高其自身的能力和素质,扩大他们的视野和见识,扩大了他们的交际圈子和恋爱范围,为他们以后成家立业奠定经济和人际基础。

图书在版编目(CIP)数据

河南社会治理发展报告.2017/郑永扣主编.--北京:社会科学文献出版社,2017.7
(社会治理河南省协同创新中心智库丛书)
ISBN 978-7-5201-0976-5

Ⅰ.①河… Ⅱ.①郑… Ⅲ.①社会管理-研究报告-河南-2017 Ⅳ.①D676.1

中国版本图书馆CIP数据核字(2017)第142590号

社会治理河南省协同创新中心智库丛书
河南社会治理发展报告(2017)

主　　编／郑永扣
副 主 编／郑志龙　刘学民　高卫星　樊红敏

出 版 人／谢寿光
项目统筹／郑庆寰　邓泳红
责任编辑／张　媛

出　　版／社会科学文献出版社·皮书出版分社(010)59367127
　　　　　地址:北京市北三环中路甲29号院华龙大厦　邮编:100029
　　　　　网址:www.ssap.com.cn
发　　行／市场营销中心(010)59367081　59367018
印　　装／北京季蜂印刷有限公司

规　　格／开　本:787mm×1092mm　1/16
　　　　　印　张:24　字　数:364千字
版　　次／2017年7月第1版　2017年7月第1次印刷
书　　号／ISBN 978-7-5201-0976-5
定　　价／89.00元

本书如有印装质量问题,请与读者服务中心(010-59367028)联系

▲ 版权所有 翻印必究